Franz Herre
Friedrich Wilhelm IV.

Friedrich Wilhelm möchte lieber die Gewässer wieder gegen ihre Quellen leiten als ihren Lauf in die Ebene regeln.

Neidhardt von Gneisenau

Franz Herre

Friedrich Wilhelm IV.

Der andere Preußenkönig

Casimir Katz Verlag

CIP-Titelaufnahme für die Deutsche Bibliothek

Herre, Franz:
Friedrich Wilhelm IV.: Der andere Preußenkönig / Franz Herre
Gernsbach: Katz, 2007
ISBN: 978-3-938047-22-4

© Casimir Katz Verlag, Gernsbach 2007
Gesamtherstellung: AALEXX Druck GmbH, Großburgwedel
Umschlaggestaltung: Jörg Schumacher, Casimir Katz Verlag,
unter Verwendung eines Gemäldes von Franz Krüger
(zugeschrieben), Porträt im Park von Sanssouci, um 1845,
© AKG Images.
ISBN: 978-3-938047-22-4

Inhalt

Einleitung: Romantik und Realität 7

1. Kapitel: Ein begabter Bub 9
2. Kapitel: Vom Kind zum Kronprinzen 15
3. Kapitel: Die Befreiung 23
4. Kapitel: Thron und Altar 34
5. Kapitel: Die Herzdame: Elisabeth 42
6. Kapitel: In Arkadien 48
7. Kapitel: Das lange Warten 55
8. Kapitel: 1840: Erwartungen und Enttäuschungen 63
9. Kapitel: Christliche Kirche und christlicher Staat 74
10. Kapitel: Gekrönter Mäzen 84
11. Kapitel: Reich und arm 92
12. Kapitel: Der Vereinigte Landtag 101
13. Kapitel: Die Revolution 110
14. Kapitel: Die Reaktion 120
15. Kapitel: Keine preußisch-deutsche Union 130
16. Kapitel: Das Haus wankt 139
17. Kapitel: Ende der Heiligen Allianz 150
18. Kapitel: Ein langes Nachspiel 161
19. Kapitel: Begraben in der Friedenskirche 171

Zeittafel 177
Bibliographie 181
Personenregister 189
Bildnachweis 194

Einleitung
Romantik und Realität

Wie das Schicksal Deutschlands so hat Otto von Bismarck auch das Urteil über Friedrich Wilhelm IV. nachhaltig beeinflusst. Den Blick zurück auf das Mittelalter geheftet, habe dieser König „die Gelegenheiten zu praktischem Eingreifen in die Entwicklung der Gegenwart" versäumt, und „bei dessen selbstherrlichen Anwandlungen mit oft jähem Wechsel der Absichten, bei der Unregelmäßigkeit in Geschäften und bei der Zugänglichkeit für unberufene Hintertreppen-Einflüsse" sei eine konsequente Regierung nicht möglich gewesen.

Der Ministerpräsident Bismarck verübelte es diesem Hohenzoller, dass er „ein schwankendes Rohr" und nicht ein „eherner Fels" gewesen sei, den preußischen Staat nicht wie einen „rocher de bronze" stabilisiert habe. Friedrich Wilhelms IV. „teutsches" Nationalgefühl sei zwar „gemütlich lebhafter" als jenes Friedrich Wilhelms III. gewesen, „aber durch mittelalterliche Verbrämung und durch Abneigung gegen klare und feste Entschlüsse in der praktischen Betätigung gehemmt" und überdies durch Rücksichten auf den Kaiser in Wien bestimmt gewesen, sodass er die Chancen von 1848/49, Preußen an die Spitze Deutschlands zu bringen, vertan habe.

Der „Romantiker auf dem Thron", wie ihn der Zeitgenosse David Friedrich Strauß nannte, missfiel jenen Preußen, die ihren Staat, der gegen Kaiser und Reich groß geworden war, nicht auf Emotion, sondern auf Räson gegründet sahen. Für den Historiker Heinrich von Treitschke war er ein Monarch der „weichen Hände" und nicht ein „Mann des Degens", ein unpreußischer König, der in Zeiten lebte, die aus und vorbei waren und die seinem Staate zukommende Rolle als deutsche Einigungsmacht nicht wahrnahm.

Liberale kritisierten, dass er Grundwerte, wie die Pressefreiheit, niedrig hängte und als gläubiger Christ den Freisinn einzudämmen suchte. Demokraten machten Friedrich Wilhelm IV., der sich an die Monarchensouveränität klammerte und die Volkssouveränität auszuklammern suchte, für fortwirkende Defizite im Verfassungsleben verantwortlich. Heinrich Heine, der ihn so oft und heftig kritisierte, räumte immerhin ein:

> „Ich habe ein Faible für diesen König.
> Ich glaube, wir sind uns ähnlich ein wenig.
> Ein vornehmer Geist hat viel Talent.
> Auch ich, ich wäre ein schlechter Regent."

Nur wenige wurden ihm gerecht. Dazu gehörte der ihm nahe stehende Historiker Leopold von Ranke, der 1857 feststellte: „So viel Geist, Einsicht in alles, Sinn für alles – so viel Wohlwollen und Religion, so viel echte, allgemeine, großartige Bildung wird sich in *einer* Person nicht wieder vereinigt finden. Es war eine große Position dem Vernichtungsprozess des Jahrhunderts gegenüber ergriffen" – aber eben eine Position, die den Bewegungen der Zeit nicht standhielt. „Er hatte vielleicht mehr Gemüt, als der Staat ertragen kann", bilanzierte Ranke. „Seine ideale Anschauung stieß mit den Realitäten der Dinge vielfältig zusammen. Und in seiner persönlichen Eigenart lag etwas, das die Opposition erweckte."

„In den ersten Monaten seiner Krankheit", die 1857 ausbrach, „habe ich ihn noch einmal gesehen", berichtete Ranke; „er machte auf mich den Eindruck eines verfallenen Bergwerkes, aus dessen Tiefe Silberadern hervorblitzten". Lange wurde nur das Verfallene gesehen, doch im Verlaufe der Geschichte wurde das Hervorblitzende nicht mehr ganz übersehen. Neuere Forschungen kommen zu einem abgewogenen Urteil, nach der Maxime Lessings: „Verunstalte nichts, beschönige nichts."

Auf dem Grabstein des 1795 geborenen und 1861 gestorbenen Friedrich Wilhelm IV. wären die Worte angebracht gewesen, die auf jenem des Papstes Hadrian VI. eingemeißelt waren: „Wie viel kommt doch darauf an, in welche Zeit auch des trefflichsten Mannes Wirken fällt." Der Romantiker war in eine Zeit hineingestellt worden, deren Erfordernisse er nicht erkannte, weshalb er von Zeitgenossen wie Nachfahren verkannt wurde.

1.
Ein begabter Bub

Mit Kanonendonner wurde am 15. Oktober 1795 in Berlin die Geburt eines Prinzen verkündet, des späteren Königs Friedrich Wilhelm IV., der von martialischen Kundgebungen nicht viel halten sollte.

Seinem Vater, dem 1770 geborenen Kronprinzen und – seit 1797 – König Friedrich Wilhelm III. klangen die 72 Schüsse der 24 im Lustgarten aufgefahrenen Kanonen wie Schlachtmusik in den Ohren. Der Großneffe Friedrichs des Großen suchte dem großen Preußenkönig nachzueifern, doch das Vorbild blieb für ihn unerreichbar. Die Uniform hätte er am liebsten nie mehr abgelegt, weil sie dem Unsicheren einen gewissen Halt und dem Unzulänglichen die erwünschte Bedeutung zu geben versprach. Da er nicht viel zu sagen wusste, gab er nur wenige Worte, knappe Sätze von sich, was er für die passende Befehlssprache hielt, die aber selbst dem Haudegen Blücher wie Blöken vorkam. Wohlwollenden erschien er als Verkörperung preußischer Tugenden, schlicht und sparsam, Kritikern als Inkarnation der Märkischen Heide, eintönig und langweilig.

„Ach Herr Jemine", seufzte der Bildhauer Johann Gottfried Schadow, „was war der Herr unschlüssig, nicht die kleinste Sache war, über die er nicht gezweifelt hätte, die er nicht aufgeschoben hätte, solange es noch möglich war; er musste zu allem gedrängt, gestoßen werden und suchte doch immer bis auf die letzte Minute Ausflüchte."

Sogar seine Gemahlin musste ihm von seinem Vater, dem Frauenkenner Friedrich Wilhelm II., ans Herz gelegt und damit ihm zu seinem Glück verholfen werden. Die hübsche und zierliche Luise von Mecklenburg-Strelitz hatte viel Gemüt und noch mehr Temperament. Das erste gefiel in einer Zeit, die Sentimentalität schätzte, das zweite missfiel jenen, die am Hohenzollernhof würdevolle Steifheit für angemessen hielten. Königin Friederike Luise beanstandete, dass die sich 17-jährige Kronprinzessin sich liebend gern im Walzertakt wiegte, und die Oberhofmeisterin Voß war entsetzt, als die junge Frau bereits im Januar 1784, also einen Monat nach der Hochzeit, sich mit Prinz Louis Ferdinand anzufreunden und ihn als Tanzpartner zu bevorzugen schien. „Sie ist gefallsüchtig", konstatierte der Freiherr vom Stein, „ihr fehlt die Zartheit des Gefühls für Würde und Anstand."

Ihre Tugendhaftigkeit wurde von ihrem Gatten und von ihren Bewunderern nicht angezweifelt. Empfindsamen galt sie als Frauengestalt eines sentimentalen Romans, sittsam, häuslich und holdselig. Klassizisten sahen in ihr das weibliche Ideal, ein Marmorbild des Schönen, Wahren und Guten. Der Bildhauer Schadow verewigte sie in edler Einfalt und stiller Größe, nicht ohne das Tüchlein, das eine Schwellung ihres Halses verbergen sollte und in Berlin zur Mode wurde.

Die Ehe verlief nicht ohne Dissonanzen, die sich aber nie zu ernsthaften Differenzen auswuchsen. Der stocksteife Friedrich Wilhelm konnte sich nicht so rasch und nie ganz an das Quecksilber Luise gewöhnen. Der Spartaner nahm Anstoß an der Vergnügungssucht seiner Gemahlin und der Sparsame an der Putzsucht der Königin, deren neue Kleider ihm 64.000 Taler kosteten. Aber sie kamen immer besser miteinander aus, weil er, der Konflikte scheute, sich ihr zu fügen lernte und die Vorzüge ihres Temperaments im Intimverhältnis zu schätzen wusste.

Das befriedigte den Gatten wie den König, der die Fortdauer und die Geltung der Dynastie gesichert sah. Sie bekamen sieben Kinder: 1795 Friedrich Wilhelm, der 1840 als der Vierte dieses Namens den Thron bestieg. Der 1797 Zweitgeborene wurde 1861 als Wilhelm I. König von Preußen und 1871 Deutscher Kaiser. 1798 kam Charlotte, die unter dem Namen Alexandra Feodorowna als Gemahlin Nikolaus I. russische Zarin wurde. Der 1801 geborene Karl heiratete Maria von Sachsen-Weimar, die 1803 geborene Alexandrine den Großherzog Paul Friedrich von Mecklenburg-Schwerin, die 1808 geborene Luise den Prinzen Friedrich der Niederlande, und der 1809 geborene Albrecht vermählte sich mit Marianne der Niederlande.

Die wachsende Kinderschar trug zur Dämpfung des Temperaments Luises bei, und sie schien zur Genugtuung des Königs wie der Hochachtung der Untertanen eine vorbildliche Familienmutter geworden zu sein. Dies wagte der Freiherr vom Stein zu bezweifeln: „Sie erfüllt sehr unvollkommen und nachlässig ihre Pflichten als Mutter." Doch dieses Urteil mochte von den Enttäuschungen, die der Reformer mit den Preußen im allgemeinen und mit den Hohenzollern im besonderen erlebte, beeinflusst worden sein, und ohnedies zog der Reichsritter gegen alles und jeden vom Leder. Eher schon waren Zweifel an den Vaterqualitäten Friedrich Wilhelms angebracht. Verschlossen wie er war, kam er nur schwerfällig den Nächsten, auch den Allernächsten entgegen, noch eher der Gattin, weniger den Kindern, die Unruhe brachten und Sorgen bescherten.

Die meisten Preußen, die von den Monarchen nur das Beste anzunehmen geneigt waren, und empfindsame Zeitgenossen, die das Idyll suchten und gefunden zu haben glaubten, hielten die Königsfamilie für eine Musterfamilie. Ein Kupferstich aus dem Jahre 1798 zeigte den Vater und die Mutter Hand in Hand in inniger Eintracht mit ihren Söhnen Friedrich Wilhelm und Wilhelm. „Ein Familiengemälde" war der Begleittext überschrieben, in dem es hieß: „Sie wohnen alle beide, ja so gern noch itzt, wie vormals unter eines Hauses Obdach; sitzen gern an einem Tische... Gehen Arm in Arm ... sind 'mein Mann' und 'meine Frau', sind 'der Vater' und 'die Mutter' ... zeigen sich im Kreis der Lieben."

Als Schauplatz des Familienidylls war die Königsresidenz, das Kronprinzenpalais in Berlin, nicht besonders geeignet. Friedrich Wilhelm III. wohnte im Erdgeschoss, das mit seinem Waffenschmuck an ein Biwakzelt erinnerte. Königin Luise hatte sich in der Beletage eher bürgerlich, beinahe schon biedermeierlich eingerichtet, ohne die Zurückgezogenheit so richtig genießen zu können; denn inmitten der Haupt- und Residenzstadt konnte sie sich der höfischen Repräsentation nicht entziehen.

Im Landgut Paretz bei Potsdam fanden die Eheleute ein Refugium. Oberhofmeisterin Voß, die mitkommen musste und die Tage bis zur Rückkehr nach Berlin zählte, mutete das von Oberbaurat David Gilly „für einen schlichten Gutsherrn" erbaute Schloss wie eine Scheune an und ihr missfiel, dass König und Königin auf Leiterwagen ausfuhren und als „Schulze von Paretz" und „Patronin von Paretz" mit Gutsuntertanen ein Tänzchen wagten. Luise gefiel es. Mit ihrem Mann las sie Spießbürgerromane des Feldpredigers August Lafontaine, so das „Gemälde des menschlichen Herzens". Für Jean Paul, den sie besonders schätzte, konnte sie ihren Friedrich Wilhelm nicht erwärmen: „Mag ganz gute Romane geschrieben haben, für den Liebhaber, mir freilich ein bisschen gar zu kraus sein."

In Paretz konnte sich die Mutter mehr als in Berlin mit ihren Kindern abgeben. Mitunter durften sie zu ihr ins Bett hüpfen, in dem sie gerne bis Mittag liegen blieb. Es amüsierte sie, wenn sie unter Tische krochen, sich hinter Vorhängen versteckten. Ihr Ältester trieb es dabei oft zu bunt. „Fritz ist über alle Maßen lebhaft, oft unbändig, aber sehr gescheit und ein gutes Herz." Das erste zu dämpfen, das zweite zu fördern und das dritte zu pflegen vertraute sie Pädagogen an. „Allerdings", erwartete sie von ihnen, „ist es mein heißester Wunsch, meine Kinder zu wohlwollenden Menschenfreunden zu bilden."

Zum Erzieher des Kronprinzen wurde 1801 der 32-jährige Friedrich Delbrück bestellt. Der Rektor am Pädagogium des Klosters Unserer lieben Frauen zu Magdeburg war ein Schüler des Philantropen Johann Bernhard Basedow, der in der Heranbildung zu Menschenfreunden das Wunschziel der Pädagogik erblickte. Die Natur des Zöglings sollte berücksichtigt werden, sein Selbstgefühl entwickelt, aber an die Maßstäbe des Christentums, des Humanismus und des Klassizismus gebunden bleiben, nicht allzu fest, damit das Wachstum nicht behindert werde.

Die Natur des ihm anvertrauten Kindes machte Delbrück zu schaffen. Auf Friedrich Wilhelm, der wegen seines gedrungenen, untersetzten Körperbaus von seinen Geschwistern „Butt" genannt wurde, trafen keineswegs die mit der niederdeutschen Bezeichnung „butt" verbundenen Eigenschaften „stumpf" und „stumpfsinnig" zu. Er konnte nicht stillsitzen, war quecksilbrig, unkonzentriert und sprunghaft, „hatte stets etwas so Exzessives in seiner Lustigkeit, seiner Heftigkeit, wie in der Abspannung, mit der er fallen ließ, was ihn kurz zuvor maßlos bewegt hatte", bemerkte die Hofdame Karoline von Rochow. Die Mutter Luise seufzte, ihr Fritz werde immer „der Raub des mächtigen Augenblicks" und der Vater vermisste die Selbstbeherrschung, deren er sich selbst zu befleißigen bemühte, was ihm bei seinem unterkühlten Wesen nicht allzu schwer fiel.

Der Hofmeister setzte auf einen nicht zu streng geregelten Stundenplan, in der Erwartung, das eigenwillige Kind einigermaßen in den von ihm geplanten Erziehungsrahmen einpassen zu können. Beim Elementarunterricht legte er nicht nur Wert auf Lesen, Schreiben und Rechnen, sondern auch auf ein frühes Erwecken der „Gefühle des Schicklichen". Im einfühlsamen Eingehen auf Eigenheiten und Anlagen des Schülers erkannte er bald dessen künstlerische Begabung. Er bestellte einen Zeichenlehrer, mit der Aufgabe, „dass es der Natur gemäß und dem Alter eines Kindes von fünf Jahren vollkommen angemessen sei, dasselbe bei entschiedener Neigung zum Zeichnen mit ganzen Gegenständen anfangen zu lassen". Denn bei dieser Methode „lernt die ganze Einbildungskraft" und „übt sich im Auffassen".

Bereits 1803 begann der Sprachunterricht mit Französisch, der Sprache der Höfe, und später folgte Latein, als Grundlage für die humanistische Bildung und einer Begeisterung für das klassische Altertum. Der Heranwachsende wurde in die Geschichte eingeführt, vor allem in jene seines Hauses, zu dessen Hausherrn er bestimmt war.

„Delbrück ist mir wert und wichtig, vorzüglich darum, weil er die Liebe für den Erlöser und sein untrügliches heiliges Wort in den Herzen meiner Kinder weckt und nährt", erklärte die Mutter Luise. Auch Friedrich Wilhelm III., der König von Gottes Gnaden, war damit einverstanden, aber der preußische Soldatenkönig hielt es für unangebracht, dass Delbrück seinen beiden ältesten Söhnen zivilen Geist einzuimpfen suchte. So steckte er 1803 den achtjährigen Friedrich Wilhelm in die Uniform der Garde du Corps und den sechsjährigen Wilhelm in Husarenuniform. 1804 bestellte er zwei Unteroffiziere zu ihrer militärischen Grundausbildung. Wilhelm wurde ein Soldat mit Leib und Seele; unter dem bunten Rock

Friedrich Wilhelms schlug zeitlebens das Herz eines Zivilisten.

Im Frieden, den sich Preußen 1795 durch sein Ausscheren aus der antifranzösischen Koalition verschafft hatte, war der Kronprinz herangewachsen. Aber es war nur die Ruhe vor dem Sturm. Napoleon besiegte 1805 Österreich und Russland und ging daran, das isolierte Preußen niederzuwerfen, das ihm noch im Wege zur Hegemonie über Europa stand. Friedrich Wilhelm III. erinnerte sich an Friedrich II., der die Franzosen geschlagen hatte. Ein preußischer General erklärte: „Generäle wie der Herr von Bonaparte einer ist, hat die Armee Seiner Majestät mehrere aufzuweisen", und preußische Offiziere wetzten ihre Säbel an den Steinstufen der französischen Botschaft in Berlin.

Sie setzten auf die Militärmacht, die der Alte Fritz vor einem halben Jahrhundert geschaffen hatte. Der Kronprinz, der mit Zehn in diese glorreiche Armee aufgenommen worden war, erlebte im September 1806 den Auszug der Regimenter in das Feld. Wie zu einer Parade rückten sie aus, voran die stolze Reiterei, Garde du Corps und Gensd'armes, die Königin-Dragoner des Regiments Ansbach-Bayreuth und die Leibhusaren in roten Dolmans, blauen Pelzen und Bärenmützen, die Offiziere mit Tigerfellen behangen.

Das konnte einen nun fast elfjährigen Buben schon begeistern und ihm die Zuversicht geben, dass diese glänzende Armee von Sieg zu Sieg schreiten würde – gegen einen Feind, der nicht nur die alten monarchischen Staaten bekämpfte, sondern auch, als Vollstrecker der Französischen Revolution, neue, umstürzlerische Ideen verbreitete. Der Kronprinz musste zu Hause bleiben, aber er las Herders „Cid", mochte sich in der Phantasie ausgemalt haben, dass er, wie einst der spanische Nationalheld gegen die Mauren, als tapferer Ritter gegen die Franzosen zu Felde zog.

2.
Vom Kind zum Kronprinzen

Der König folgte am 21. September 1806 seinen Truppen. An diesem Tag fiel vom Giebel des vis-à-vis der Residenz Friedrich Wilhelms III. gelegenen Zeughauses eine der für preußische Siege stehenden Trophäen herab. Hinuntergestürzt hatte sie ein Gewittersturm, der schon bald als Vorbote für den Schlachtensturm gedeutet wurde, der am 14. Oktober 1806 bei Jena und Auerstädt mit der Armee des Alten Fritz das alte Preußen zerzauste.

„Alles ist verloren, ich muss fliehen", stöhnte die Königin. Am 18. Oktober verließ sie Berlin, auf das die Franzosen marschierten. Die Kinder waren bereits am Tage zuvor in Begleitung Delbrücks weggeschickt worden. Sie traf sie in Schwedt an der Oder, sagte den beiden Ältesten: „Ihr seht mich in Tränen. Ich beweine das schwere Geschick, das uns getroffen hat... Wir müssen flüchten." Sie fuhr mit ihnen über Stettin nach Küstrin, wohin sich der König zurückgezogen hatte. Die Kinder wurden – die Franzosen rückten immer weiter vor – über Danzig nach Königsberg gebracht, wo sich die Eltern einfanden. Der König war verzweifelt, die Königin, vor Gram erkrankt, schrieb in ihr Tagebuch die Verse Goethes:

> „Wer nie sein Brot mit Tränen aß,
> Wer nie die kummervollen Nächte
> Auf seinem Bette weinend saß,
> Der kennt euch nicht, ihr himmlischen Mächte!"

„Es scheint, die heilige Vorsehung hat beschlossen, uns vollkommen zu vernichten", klagte die Oberhofmeisterin Voß, und aus der verdüsterten Miene Delbrücks war zu schließen, dass auch er Schlimmes, wenn nicht das Schlimmste annahm. In Königsberg wurde erzählt, dass ein Uhu, den schon die Römer für einen Unglücksvogel hielten, von Schloss und Dom mit schaurigem Schrei das Unheil angekündigt habe.

Von all dem konnte der aufgeweckte und phantasiebegabte elfjährige Friedrich Wilhelm nicht unbeeindruckt bleiben. Die Not der Familie und des Königreiches prägte sich tief in ihm ein. Noch vermochte er sich nicht vorzustellen, dass sich das Blatt zu Preußens Gunsten wenden könnte oder gar, dass er bei der Revanche dabei sein würde.

Die Russen, die mit den Preußen verbündet blieben, vermochten die Franzosen nicht zurückzuwerfen. Schon war die Königsfamilie in Königsberg nicht mehr sicher. Am 3. Januar 1807 reisten die Kinder den Eltern nach Memel voraus, in die nordöstliche Ecke des Königreiches, an die Grenze zu Russland, unter dessen Schirm sie Zuflucht suchten.

In der kleinen Stadt am Kurischen Haff gab es kein Schloss, nicht einmal ein Gebäude, das groß genug gewesen wäre, die ganze Familie zu beherbergen. Der König und die Königin wohnten im Hause des Kaufmanns Cosentius, die Kinder beim Kaufmann Argelander. Sie mussten sich in Notunterkünften behelfen, und die Tafel war nur noch karg gedeckt. „Für unsere Kinder mag es gut sein", meinte die Mutter, „dass sie die ernste Seite des Lebens schon in der Jugend kennen lernen."

Noch schlimmer als die private Unbill wurde das politische Unglück empfunden. Am 7. Juli 1807 schlossen Kaiser Napoleon I. und Zar Alexander I. in Tilsit einen Frieden, den König Friedrich Wilhelm III. anerkennen musste: Preußen verlor Gebiete im Westen und Osten, büßte die Hälfte seines Territoriums und seiner Bevölkerung ein, wurde zu einer von französischen Besatzungstruppen kontrollierten Mittelmacht herabgedrückt, die durch die ihr auferlegte Kriegsentschädigung an den Rand des Staatsbankrotts geriet.

„Es wirkte tief", bemerkte der den Kronprinzen informierende Delbrück. Es war ein einschneidendes Ereignis in der Geschichte des Königreiches und in der Entwicklung Friedrich Wilhelms. „Aus der ersten Kindheit bist Du nun heraus, und ernstes Nachdenken tritt nun an die Stelle von mancher Spielerei", schrieb ihm die Königin zu seinem zwölften Geburtstag am 15. Oktober 1807. Preußen liege am Boden und es werde viel Kraft kosten, es wieder aufzurichten. „Muss nicht der so natürliche Wunsch in jedes Guten

Brust erwachen, alle seine Kräfte aufzubieten, um dem ganzen zu helfen und zu nützen?" Die Mutter erwartete von ihrem Ältesten, sich durch Gehorsam und Anstrengung dem Vaterlande nützlich zu erweisen, sich auf seine künftigen Herrscherpflichten vorzubereiten.

Nicht mehr als Kind, sondern als Kronprinz wurde der Zwölf-jährige angesprochen: Vom Vater, der ihn am Portepee fasste, von der Mutter, die an sein Herz appellierte, und von Delbrück, der aufgefordert wurde, sein Erziehungssystem zu modifizieren, die Förderung einer natürlichen Entwicklung aufzugeben. Der Zögling hatte darunter zu leiden. Zu unvermittelt musste er sich von einer unbeschwerten Kindheit verabschieden, zu jäh wurde die Entwicklung seiner natürlichen Anlagen unterbrochen.

Obgleich er die Umstellung seiner Erziehungsmethode proble-matisch fand, versuchte Delbrück den Unterricht an die neuen Gegebenheiten und Erfordernisse anzupassen. Er las mit seinem Schüler Goethes „Hermann und Dorothea", um ihm nahe zu legen, welche Folgen die Französische Revolution, mit der alles Unheil begonnen habe, nicht nur für die „dort oben", sondern auch für die „dort unten" zeitigte. Der Kronprinz „hat viele Stellen auswendig gelernt, zuerst die Herzensergießung Hermanns gegen die Mutter", berichtete Delbrück, der sich eingestehen musste, dass das Kind noch primär von Privatem und nicht von Politischem bewegt wurde. In den Geschichtsunterricht ließ er Lehrreiches für einen künftigen Herrscher einfließen, der sich – wie weiland Zar Peter III. – keinen Wankelmut leisten dürfe, wenn er seinen Thron behalten wolle. Warum Delbrück eine solche Reminiszenz für angebracht hielt, erläuterte er in seinem Tagebuch: „Peters Schwä-che des Charakters bei Feuereifer erinnere an des Kronprinzen ähn-liche Gemütsverfassung, sintemal er kühne Angriffe aller Art wagt, aber sich scheut, einer Köchin ein verbindliches Wort zu sagen, oder nicht mit sich einig werden kann, ob er auf einem Caroussel ein Ringstechen mitmachen will oder nicht."

In Königsberg, wo der Hof auf der Flucht Station gemacht hatte und wohin er im Januar 1808 aus Memel zurückgekehrt war, konnte dem Kronprinzen ein Vorbild hingestellt werden, das ihn an seine Pflichten als künftigen König mahnte: Immanuel Kant.

Delbrück regte an, „dem Andenken Kants einen Stein zu setzen im Namen des Kronprinzen" und ließ diesen dafür Entwürfe zeichnen. Doch die Philosophie des „kategorischen Imperativs", die preußischen Offizieren und Beamten als Hilfsmittel bei der Überwindung der staatlichen Not erschien, konnte der Bub noch nicht verstehen.

Delbrück hatte vorgehabt, ihn zu einem Philosophen heranzubilden. Selbst die von ihm auf Druck der Umstände vorgenommene Veränderung seiner Erziehungsmethode konnte jene nicht zufrieden stellen, die meinten, dass ein Kronprinz – zumal in diesen Zeiten – zu einem Soldatenkönig herangezogen werden müsste. „Wir nähern uns einem Zeitpunkte, wo der kriegerische Geist mehr als jemals eine Schutzwehr gegen Unterdrückung von außen her bilden, und wo er notwendig ganze Nationen ergreifen muss" – und vor allem den Thronfolger der von Napoleon niedergedrückten preußischen Nation. Dies forderte Oberst Friedrich Wilhelm von Gaudy, der im Frühjahr 1809 unter dem neu ernannten Obergouverneur General Otto Friedrich von Diericke zum militärischen Erzieher des Kronprinzen bestellt wurde.

Delbrück sah sich zurückgesetzt und Friedrich Wilhelm, der an ihm hing, fühlte sich gegängelt. Die abrupte Umstellung der zivilen zu einer militärischen Erziehung war nicht geeignet, ihn in der Uniform das passendste Gewand, im Strammstehen die wünschenswerte Haltung und im Marschieren die geeignetste Fortbewegungsart erkennen zu lassen. Der Gehorsam, der dem Eigenwilligen ohnehin nicht leicht fiel, wurde ihm durch strengen Befehlston noch schwerer gemacht.

Das Militärische in seiner preußischen Überspannung wurde ihm fürs Leben verleidet. Er begegnete zwar in Ostpreußen den Reformern Gneisenau und Scharnhorst, aber deren Bemühungen, das Friderizianische zu lockern, wenn nicht gar zu überwinden, mochten ihm – wenn sie der Bub überhaupt begriffen haben sollte – in seiner Distanz zum Militär nicht unbedingt als Fortschritt erschienen sein. Ohnehin war ihm Abscheu vor Revolutionären so eingeprägt worden, dass er für die Forderung des Ministers Hardenberg, Preußen müsse durch „eine Revolution von oben" instand gesetzt werden, der „Revolution von unten" zu begegnen, nur schwerlich Verständnis aufgebracht hätte.

Gegen den Freiherrn vom Stein, der das Volk zur Verantwortung im und für den Staat mobilisieren wollte, hatte er persönliche Vorbehalte. Der Kronprinz werde durch Delbrück auf eine „weibische und weichliche Art behandelt und erzogen", erklärte der Reformminister, der mit Urteilen schnell bei der Hand war. Königin Luise, der dies eigentlich nicht unsympathisch war, fühlte sich mit betroffen und ließ, auch unter dem Druck des Königs, den von ihr favorisierten Erzieher fallen. Anfang Dezember 1809 wurde Delbrück entlassen.

Sein 14-jähriger Zögling, der sich von ihm verstanden und gefördert gefühlt hatte, war tief getroffen, wurde krank. Ohne Delbrück wolle er nicht mit der Königsfamilie nach Berlin zurückkehren, erklärte er, und mit Weinen und Schreien setzte er es durch, dass ihn der Entlassene begleiten durfte. Sein Bild fand einen Ehrenplatz im Zimmer des Kronprinzen und dem 1830 in Zeitz als Superintendent und Pastor an der Marienkirche Verstorbenen ließ er ein Denkmal setzen.

Kaum in Berlin, schrieb er am 1. Januar 1810 dem nun seine eigenen Wege gehen müssenden Delbrück: Er könne es „unmöglich unterlassen, die ersten Zeilen, welche ich in diesem neuen Jahr schreibe, an Sie, als meinen teuersten Freund zu richten. Sie kennen mich besser als ich selbst. Ich brauche nicht zu schreiben, was ich Ihnen, und was ich mir, wünsche, bester Delbrück."

Der 1810 berufene neue Erzieher Jean Pierre François Ancillon brachte von den Staatsoberen geschätzte Qualitäten mit. Der Königin war der ehemalige Pastor der französischen Gemeinde zu Berlin willkommen, dem König der Staatsrat und Hofhistoriker, die Reformer erhofften sich von diesem Weltläufigen eine Aufgeschlossenheit für neue Notwendigkeiten, die Konservativen sahen in diesem entschiedenen Gegner der Französischen Revolution einen Anhänger des Ancien régime und diejenigen, die dem von Napoleon aus den Angeln gehobenen europäischen Staatensystem nachtrauerten, erwarteten von diesem „preußischen Metternich", dass er den Kronprinzen davon überzeugen würde, dass nur durch dessen Wiederherstellung der Frieden in Europa und die Existenz Preußens gesichert werden könnten.

Ancillon setzte auf Preußen, nicht auf Deutschland, suchte den Kronprinzen von der in Mode kommenden Schwärmerei für „Deutschheit" abzuhalten, ihn im Sinne der Aufklärung für ein rational bestimmtes und kontrolliertes Menschentum zu gewinnen und ihn zu einem Herrscher des Staates zu formen, der durch den starken Willen und die strenge Disziplin seiner Könige zustande gekommen war und zusammengehalten werden musste.

Doch an der Eigenheit seines Zöglings scheiterte das Bemühen dieses Erziehers. Das „ewige Zeichnen" hielt er ihm vergebens vor, wäre vielleicht „für einen künftigen Schinkel" nützlich, da jedoch „der Staat nicht in einem gotischen Tempel besteht und noch nie ein Volk vermittelst romantischer Bilder regiert worden ist, so wird dieses ewige Zeichnen für Sie eine wahre Verschwendung der edlen Zeit". Nach zweijähriger Erziehungsbemühung warf er ihm vor: „Sie sind noch immer der Raub des mächtigen Augenblicks, und dieser Fehler erklärt alle Ihre anderen Fehler... Wer sich selbst nicht beherrscht, ist ein Sklave, zum Gehorchen und zum Dienen geboren, der unmöglich freie Männer zu beherrschen verstehen kann oder zu würdigen weiß... Bedenken Sie die Zeit, in welcher Sie leben! Sie fordert von den Fürsten große Eigenschaften, um sie zu benutzen oder zu bekämpfen; wer ihr nicht überlegen und über sie erhaben ist, geht in ihr unter, ohne von den Besseren bedauert zu werden."

Auch die militärische Erziehung, die mit fortschreitendem Alter verstärkt wurde, vermochte ihn nicht so zu disziplinieren, wie es vom künftigen König eines Militärstaates erwartet worden wäre. Fliegenden Fahnen, blitzenden Säbeln und klingendem Spiel vermochte er einiges abzugewinnen, so am 23. Dezember 1809 beim Wiedereinzug in Berlin. Der Kronprinz marschierte als blutjunger Offizier des Garderegiments zu Fuß vor dessen erstem Zug. In Reih und Glied ließ er sich nicht so gerne stecken und schon gar nicht schätzte er das Exerzieren, wobei er sich wie eine Marionette am Befehlsstrang vorgekommen sein mochte.

Die Einführung des künftigen Obersten Kriegsherrn in die Kriegskunst durch Carl von Clausewitz hinterließ keine nennenswerten Spuren. Dazu trug auch seine geringe Wertschätzung jenes Preußen bei, der in der Stunde der Not sein Vaterland verlassen hatte und in russische Dienste getreten war. Er mochte „Monseur Lausewitz", wie er ihn nannte, ebenso wenig wie den Freiherrn vom Stein. Die persönliche Abneigung gegen Reformer stärkte seinen Widerwillen gegen Reformen, die der Vater wohl oder übel bis auf weiteres passieren ließ.

Die militärischen wie die zivilen Erzieher vermochten ihn nicht so zu modeln, wie sie es bei einem Thronerben für angebracht gehalten hätten. Der ihn auch nach der Entlassung weiter beobachtende und ermahnende Delbrück lobte zwar seine „Empfänglichkeit für das Heilige und Schöne, für das Wahre und Rechte, für das Große und Gute", bemerkte aber, „dass dies in Ihrem Leben und Tun zu wenig sich ausspricht". Seinen Vorsätzen mangele es an Festigkeit, seinem Gemüt an Ruhe und Frieden. „Wohin, Teuerster Kronprinz, würde dies führen, wenn Sie nicht selber Einhalt täten", zur „Beherrschung des Selbst" gelangten?

Der Vater nahm sich vor, ihm die Leviten zu lesen, aber, wie es seine Art war, schob er es immer wieder vor sich her, in der Hoffnung, dass es die berufenen Erzieher schon richten würden. Die Mutter, die ihn noch am ehesten hätte beeinflussen können, verlor er mit 14.

Königin Luise schien in Berlin die düsteren Tage in Ostpreußen weit hinter sich gelassen zu haben. In einer lilafarbenen Kutsche, dem Willkommensgeschenk der Bürgerschaft, kehrte sie am 23. Dezember 1809 in die Haupt- und Residenzstadt zurück. Mit dem König und den Prinzen Friedrich Wilhelm und Wilhelm nahm sie, auf dem Balkon ihres Palais stehend, das dreimalige Lebehoch der Berliner entgegen. Kaum war es verklungen, bedrückten sie wieder bange Gefühle. Das Königreich war verstümmelt und gedemütigt, stand unter der Kuratel des Kaisers der Franzosen.

Über den 34. Geburtstag Luises am 10. März 1810 berichtete die Hofdame Frau von Berg: „Von Paris aus ergingen beständig Aufforderungen wegen rückständiger Zahlungen einer unerschwinglichen Kontribution, Ankündigungen einer französischen

Exekutionsarmee, welche das Land besetzen sollte. Die Königin bedurfte vieler Kräfte, um an diesem Tage die Fassung zu behalten; denn ihre Seele war mit Sorgen erfüllt; ... und so sagte sie mitten unter der Feier des Tages zu einigen Personen: 'Ich denke, es wird wohl das letzte Mal sein, dass ich meinen Geburtstag hier feiere'."

„Schwarze Ahnungen ängstigen mich", klagte die Königin und befürchtete nicht nur, dass „der König seinen Untertanen entrissen werden würde", sondern auch, dass ein Thronfolger heranwuchs, der seine Pflichten nicht zu erfüllen vermöchte. „Höre meine mütterliche Stimme", schrieb sie ihm am 26. April 1810, „zähme das jugendliche Feuer, mit dem Du alles, was Du möchtest haben willst." Aber „nur durch Bändigung Deines Willens wirst Du zur Ausführung des Guten kommen, selbst wenn es mit Deinen Neigungen, Deinem Geschmack, Deiner Bequemlichkeit im Widerspruch steht".

Der Sohn fürchtete den Vater und liebte seine Mutter. Die Bindung an sie war so nachhaltig, dass das Mutterbild sein ideales Frauenbild wurde. Er stürzte aus allen Wolken, als ihm der König mitteilte, dass die Königin in Hohen-Zieritz, wo sie ihren Vater, den Herzog Karl von Mecklenburg besuchte, von Brustkrämpfen befallen, auf den Tod erkrankt war. Am Morgen des 19. Juli 1810 durfte der Sohn, den der Vater nach Hohen-Zieritz mitgenommen hatte, seine Mutter noch einmal sehen, nur für wenige Augenblicke, denn die Sterbende bot nicht mehr den Anblick, den er in Erinnerung behalten sollte. Wenig später, um 9.30 Uhr, verschied sie.

Patrioten verneigten sich vor der toten Königin, die sie als Opfer der französischen Fremdherrschaft betrachteten, als preußische Märtyrerin verehrten. Ihr Sohn Friedrich Wilhelm schrieb am 26. Juli 1810: „An ihrem Sterbebette fasste ich den Entschluss, mich von allen meinen Fehlern zu bessern, denn dies war ja einer ihrer sehnlichsten Wünsche." Fünf Jahre später gestand er ein, dass er immer noch nicht so sei, wie es die Mutter gewünscht habe. So war es und so sollte es bleiben. Die Vorsätze hielten ihn nicht davon ab, seinen eigenen Weg zu gehen, zu einer Selbstverwirklichung, die ihn mehr und mehr aus dem Bereich der Wirklichkeit in ein Reich der Träume führte.

3.
Die Befreiung

Weil sie ihn nicht so haben mochten, wie er sein und bleiben wollte, zog er sich immer mehr in sich zurück. Dabei ließ er sich von der Zeitströmung der Romantik treiben, die weg von der Vernunft und ihren Sachzwängen und hin zu einem vom Gefühl bestimmten Sichausleben strebte.

Er war zum Romantiker prädestiniert: gemütvoll und phantasiebegabt, zu Überschwänglichkeit und Unstetigkeit neigend. Er trug sein Herz auf der Zunge, wurde von Emotionen hin und her gerissen, ließ sich von seiner Einbildungskraft in Wolkenkuckucksheime fortreißen, die er für ideale Behausungen hielt.

Von den Ossian-Dichtungen fühlte er sich zu den gälischen Sagen, von den „Geschichten aus Tausendundeiner Nacht" zu den orientalischen Märchen hingezogen. In das Mittelalter ließ er sich von Dichtungen des Barons Friedrich de la Motte Fouqué entführen, vornehmlich vom Roman „Der Zauberring", in dem eine heile Welt der Ritter und Troubadoure, gottesfürchtiger Herrscher und ihnen treu ergebener Untertanen beschworen wurde. Der erwachsene Friedrich Wilhelm, der in seiner Jugend dieses Buch verschlungen hatte, bedankte sich bei dem Dichter, er habe ihn „auf diesen Sinn der schönsten Zeit" hingeleitet, ihn „ganz in die Zeiten versetzt, in denen ich so gerne mich träume".

Das Mittelalter. Aufklärer hatten es als eine dunkle Zeit verdammt, in der die Menschen von der Kirche bevormundet und von weltlichen Gewalten unterdrückt worden seien. Romantikern erschien das Mittelalter als das goldene Zeitalter, in dem Wunderbares nicht nur in Kirchenfenstern aufleuchtete, in dem die gottgegebene Ordnung in der Gesellschaft, im Staat, im ganzen Abendland noch geherrscht habe.

Frankreich war – wie Novalis konstatierte – „Sitz und Schoß" der Aufklärung geworden, „dieses neuen Glaubens, der aus lauter Wissen zusammengeklebt war". Die Französische Revolution war von Aufklärern angedacht und ausgeführt worden. Ihr Erbe, Napoleon

Bonaparte, suchte mit Feuer und Schwert europäische Völker zum neuen Glauben zu bekehren und unterwarf europäische Staaten seinem französischen Imperialismus. Immer mehr Deutsche wandten sich gegen die politische wie geistige Fremdherrschaft, angefeuert von der romantischen Bewegung, die das von ihr beschworene Ideal des christlich-germanischen Mittelalters dem unheiligen aufgeklärten Reich französischer Nation entgegensetzte.

Patrioten im von Napoleon gedemütigten Preußen mobilisierten die Romantik zur Befreiung aus fremdem Joch. Der Beamte Max von Schenkendorf dichtete „Freiheitsgesänge" in „Muttersprache, Mutterlaut". Der Offizier Friedrich de la Motte Fouqué zitierte mittelalterliche Ritter und dachte dabei an preußische Ulanen, die gegen französische Kürassiere attackieren sollten. Und der Kronprinz begann sich auf einen Kreuzzug gegen die neuen Ungläubigen einzustimmen.

Noch war es nicht so weit. Napoleon hatte Preußen an Frankreich gebunden und zwang es dazu, ihm in seinem Russlandfeldzug mit 20.000 Mann Heeresfolge zu leisten. Im März 1812 rückte ein französisches Korps auf dem Marsch nach Osten in Berlin ein. Die einem Befehl gleichende Einladung des Marschalls Oudinot zur Besichtigung seiner Truppen mussten der König und der Kronprinz annehmen, um sich von der Schlagkraft der Franzosen zu überzeugen. Im Mai 1812, kurz vor seinem Aufbruch nach Russland, zitierte Napoleon seine Satelliten, auch die Hohenzollern, nach Dresden. Der Empereur lobte das offenherzige Wesen des preußischen Kronprinzen, wohl annehmend, dass er mit ihm als künftigem König gut zurechtkommen könnte. Der 16-jährige Friedrich Wilhelm fühlte sich zwar geschmeichelt, dass sich Napoleon für ihn zu interessieren schien, aber er wollte weder vergessen noch verzeihen, was der französische Kaiser Preußen angetan hatte.

Aus Russland wurden Erfolge des Empereurs gemeldet, welche die Aussichten auf ein Entkommen aus seinem Machtbereich trübten. Doch schon bald wendete sich das Blatt. Die Grande Armée musste den Rückzug antreten und ging im russischen Winter zugrunde. War nun nicht die Zeit gekommen, das französische Joch abzuschütteln? König Friedrich Wilhelm III. zauderte, doch Zar Alexander I., der die Franzosen aus seinem Land gedrängt und sie weiter nach Frankreich zurückwerfen wollte, gewann ihn für den gemeinsamen Befreiungskrieg.

In Breslau appellierte am 13. März 1813 Friedrich Wilhelm III. „An mein Kriegsheer", auf das er in erster Linie setzte, und „An mein Volk", dessen Sympathie für das Vaterland und Antipathie gegen die geistige wie politische Fremdherrschaft der König von Preußen für sich nutzbar zu machen gedachte.

„Erst die Konfirmation des Kronprinzen", hatte der Vater bestimmt, bevor er mit ihm nach Breslau aufgebrochen war. Die Einsegnung fand am 20. Januar 1813 im Königlichen Schloss zu Potsdam statt. „Was soll der Glaube an Gottes all weise und all gütige Weltregierung in einer dunklen Zeit, wie die gegenwärtige, auf Sie wirken", fragte der Oberhofprediger Sack und Friedrich Wilhelm antwortete: „Dieser Glaube soll und wird mich erheben, stärken und kräftigen. Fest und ruhig glaube ich an den, der zum Übermut spricht: Bis hierher und nicht weiter! ... Das Morgenrot eines besseren Tages bricht an. Ich hoffe mit freudiger Zuversicht, der allmächtige, gnädige Gott wird mit meinem Königlichen Vater, seinem Hause und treuen Volk sein."

„Mit Gott für König und Vaterland" – die Parole für den Befreiungskampf gegen den „Übermut" Napoleons war ausgegeben. Sie wurde der Leitspruch der Erhebung, in der Patriotisches mit Religiösem zusammenklang und blieb der Tenor des Konfirmierten. „In einer frommen romantischen Stimmung" ging der Kronprinz mit dem König nach Breslau. „Mir war zu Mute, als zöge ich in einen Kreuzzug, ... und meine romantische Stimmung ward durch die Lesung des 'Zauberrings' von la Motte Fouqué vermehrt."

Romantisch bewegt war er und schien ihm auch das Volk zu sein, das „den Krieg gegen den Unterdrücker der Menschheit" gewagt habe. „Keiner hätte dies Volk dieses göttlichen Enthusiasmus für fähig geachtet", und mit Gottes und dieser Menschen Hilfe würden „des Satans finstre Heerscharen" besiegt und „zur ewigen Nacht der Hölle zurückgeschleudert werden".

Indessen siegten am 2. Mai 1813 bei Großgörschen, in der Nähe von Merseburg, in der ersten Schlacht, die der 17-jährige

Stabskapitän im ersten Garderegiment zu Fuß miterlebte, die „Mächte der Finsternis" über die „Engel des Lichts". Napoleon war mit einem neuen Heer in Deutschland einmarschiert und zeigte es den Preußen und Russen, dass er noch zu kämpfen und zu siegen verstand. Seitdem wusste Friedrich Wilhelm, „was der Krieg ist". Die Verbündeten verloren 11.500 Mann, die Preußen allein 8.500. Zum ersten Mal sah er ein Schlachtfeld, das mit Toten und Verwundeten bedeckt war.

Die Franzosen besetzten Sachsen, die Verbündeten zogen sich nach Schlesien zurück. Erst nach dem Beitritt Österreichs zur antinapoleonischen Koalition wendete sich das Blatt. Im Oktober 1813 wurde Napoleon in der Völkerschlacht bei Leipzig entscheidend geschlagen. „Ehre sei Gott in der Höhe, und Friede auf Erden den Menschen ein Wohlgefallen", verkündete der Kronprinz seiner Schwester Charlotte „den herrlichen Sieg", den „unsere Heere, unter dem göttlichen Beistande, nach viertägiger blutiger Schlacht errungen haben".

Napoleon zog sich nach Frankreich zurück, die Verbündeten folgten ihm an den Rhein und die Monarchen Russlands, Österreichs und Preußens berieten in Frankfurt am Main, wie es weitergehen sollte. Kronprinz Friedrich Wilhelm schwelgte in Erinnerungen an das „heilige römische Reich", dessen Kaiser im „göttlichen Frankfurt" gekrönt worden waren, und versuchte sich in jene Zeit zurück zu versetzen, die ihm, wie anderen Romantikern, als die schönste und beste erschien. Der König von Preußen, dessen Land gegen Kaiser und Reich groß und mächtig geworden war, dachte nicht an das untergegangene Sacrum imperium, schon gar nicht an dessen von Nationalromantikern ersehnte Erneuerung, sondern nur daran, wie er und die anderen deutschen Fürsten endgültig die Gefahr aus Frankreich bannen könnten.

Friedrich Wilhelm III. hätte es begrüßt, wenn sich der Empereur – wie ihm von den Verbündeten angeboten – auf Frankreich beschränkt hätte. Als er diesen Vorschlag nicht annahm, ging der Krieg weiter. Der Kronprinz, der den Frieden herbeigesehnt hatte, musste wieder mit ins Feld ziehen.

Er sah zu, wie am Morgen des 1. Januar 1814 die ersten Truppen, russische Jäger, bei Mannheim über den Rhein setzten und auf dem linken Ufer die Schanze der Franzosen berannten und eroberten. Dann gingen auch der König und seine beiden Söhne Friedrich Wilhelm und Wilhelm über den Rhein, der nicht mehr Deutschlands Grenze, sondern wieder Deutschlands Strom sein sollte.

Friedrich Wilhelm III. schloss sich mit den beiden Prinzen den Kaisern von Russland und Österreich an, die mit der Hauptarmee aus der Schweiz nach Frankreich vorstießen. Am 1. Februar 1814 erlebte der Kronprinz – weitab vom Schuss – die Schlacht bei La Rothière, in der die Verbündeten siegten. Bei Rosny, wo ein Angriff der Verbündeten fehlschlug, hörte er Kugeln aus nächster Nähe pfeifen. Ununterbrochen fiel Schnee, der das Kampffeld wie ein Leichentuch bedeckte und die Prinzen – wie Bruder Wilhelm klagte – beinahe in Schneebälle verwandelte.

Nein, ein Feldzug war kein fröhliches Jagen. Hoffnungen auf ein baldiges Ende richteten sich auf den Kongress in Châtillon, bei dem die Verbündeten als Friedensbedingung Napoleon den Thron und den Besitz Frankreichs in den Grenzen von 1792 zugestehen wollten. Doch „Nöppel", wie ihn die Prinzen nannten, wollte das Angebot nicht annehmen, weil er weiterhin an seinen Stern glaubte und immer noch nicht einsah, dass er am Verlöschen war.

Am 10. März 1814, am Geburtstag der verstorbenen Mutter, der Königin Luise, schrieb Friedrich Wilhelm seiner Schwester Charlotte: Ein solcher Tag müsse mehr als die anderen „dem Glauben, der Liebe und der Hoffnung geweihet sein; für solche Augenblicke sind Politik und alle Wünsche dieser Erde zu klein". Seine Gedanken und Gefühle würden ihn dabei „auf Unendliches und Ewiges" leiten. „Wie ich in vielem sonderbar und anders als andre bin, so wünschte ich, dass solchen Tagen, statt der Sonne, nur der Mond und die Sterne schienen! Diejenigen, die mit der Sonne nur zum Morden und Politisieren aufstehen würden, blieben liegen, und nur durch schönen Schmerz verwandte Seelen würden, diese zwölf Stunden lang, sich begegnen!"

Das „Politisieren" in Châtillon war gescheitert, ein Friede nicht erreicht worden, und mit dem Krieg ging das „Morden" weiter – in den Schlachten bei Bar-sur-Aube, Laon, Arcis-sur-Aube, La Fère Champenoise und – am 30. März – vor Paris. Allein diese letzte Schlacht des Feldzuges kostete beiden Seiten 18.000 Tote und Verwundete.

„Man geht aus Grau in Wonne, man geht aus Nacht in Sonne, aus Tod in Leben ein." Mit diesen Versen de la Motte Fouqués suchte sich der junge Friedrich Wilhelm der rauen Wirklichkeit zu entziehen. Im „Zauberring" seines Lieblingspoeten, den er mit sich trug, glaubte er einen Mentor gefunden zu haben, der ihm den Weg zurück in das Mittelalter wies, in die für ihn beste aller Welten. Deren steinerne Zeugen bewunderte er in Frankreich; die gotischen Kathedralen von Chaumont und Troyes fand er „superb" und „göttlich". Schon versuchte er sich selber als Architekt: In Bray-sur-Seine entwarf er den Plan einer Basilika.

Von der Anhöhe von Belleville erblickte er zum ersten Mal die Türme von Notre-Dame, inmitten von Paris, in das die Verbündeten am nächsten Tag, am 31. März 1814, als Sieger einzogen. Der Kronprinz ritt dicht hinter dem Kaiser von Russland, dem König von Preußen und dem den Kaiser von Österreich vertretenden Feldmarschall Schwarzenberg. Sie wurden von Parisern nicht wie Feinde, sondern wie Freunde empfangen, die sie von Napoleon befreit hatten und ihnen den angestammten König zurückbrachten, den Bourbonen Ludwig XVIII., den Bruder des 1793 von den Revolutionären hingerichteten Ludwig XVI.

Dem preußischen Kronprinzen gefiel die Vorstellung, dass jetzt „die Franzosen unsere Freunde sind". Müsse man nicht „allen National-Hass" vergessen, nachdem der Empereur gestürzt und Frankreich unter seinem König in die europäische Staatengemeinschaft wieder aufgenommen wurde? „Wie kann man noch einen Krieg mit heiligem Eifer führen, wenn Napoleon nicht mehr sein wird?" Die Opfer, die der Befreiungskrieg gefordert hatte, schienen nicht umsonst gewesen zu sein. Denn mit dem Sturz des „Menschheitsfeindes" schien der Frieden gefunden und gesichert zu sein – und das war und blieb für Friedrich Wilhelm das Wichtigste.

Architektonische Hinterlassenschaften Napoleons in Paris wusste er zu schätzen: Die klassizistische Madeleine, die er zum Tempel seines Ruhmes bestimmt hatte; die Rue de Rivoli im Renaissance-Stil Palladios; das Hôtel du Vice-Roi d'Italie; das Palais Beauharnais, das Friedrich Wilhelm III., der dort abgestiegen war, als preußisches Gesandtschaftshaus erwarb. Sein Sohn begann Napoleons Architekten Fontaine, den Großmeister des Empire-Stils, besonders zu schätzen. Im Louvre, den der Empereur zum ersten Museum der Welt – freilich auch mit in halb Europa geraubten Kunstschätzen – gemacht hatte, bewunderte er Werke des klassischen Altertums und der italienischen Renaissance.

Mit dem Vater besuchte er die Exkaiserin Joséphine in Malmaison, in dem Napoleonisches in gedämpfter Form zu betrachten und die Liebhabereien seiner ersten Gemahlin zu bewundern waren. Der König interessierte sich mehr für die Musterschäferei spanischer Merinos, der Kronprinz mehr für die Pflanzenpracht des Parks sowie die Kunstwerke und die Büchersammlung im Schloss. Die Hausherrin hielt keinen Vergleich mit der vom Vater wie vom Sohn vergötterten Königin Luise stand.

Jenes „Vie parisienne", dem sich Joséphine hingegeben hatte, verabscheute der junge Friedrich Wilhelm. Als Brennpunkt des „Sündenpfuhls" und des „Narrenhauses" Paris erschien das Palais Royal. Nicht wenige Preußen fühlten sich dort sauwohl, Offiziere, die sich Liebe kauften, oder ihr Marschall Blücher, der in einer Spielhölle an einem einzigen Abend ein Vermögen verlor. Der Kronprinz hörte sich lieber Spontinis Oper „Die Vestalin" an, ohne die Begeisterung seines jüngeren Bruders Wilhelm zu teilen: „Nein, die himmlischen Balletts der großen Oper!!! Göttlich!!!"

Zwei Monate lang blieben die Prinzen in Paris und warteten auf den Friedensvertrag, der am 30. Mai 1814 zustande kam. Das Königreich Frankreich behielt seine Grenzen von 1792, also auch das Elsass. Dies missfiel Nationalromantikern, die die deutschsprachigen Elsässer dem von französischer Fremdherrschaft befreiten Deutschland anschließen, heim in das von ihnen erträumte Nationalreich holen wollten. Der preußische Kronprinz, auch er ein Romantiker, verstieg sich nicht in Deutschtümelei, die, wie er befürchtete, mit dem endlich gewonnenen Frieden die restaurierte Staatenordnung gefährden würde.

Sieg und Frieden wurden im Juni 1814 in England gefeiert, das zwei Jahrzehnte lang gegen das revolutionäre und napoleonische Frankreich gekämpft hatte und dem die Wiederherstellung der Balance of power gelegen kam. Der Kaiser von Russland und der König von Preußen mit seinen beiden Söhnen folgten der Einladung. Nach der Ankunft in Dover stieg der Kronprinz auf den Shakespeare-Cliff, jene Klippe – wie es im „König Lear" hieß – „deren hohes Haupt / Mit Grausen sich zur Tiefe nieder neigt", unter sich „Die dumpfe Brandung, / Die murmelnd auf zahllosen Kieseln tobt". Sie konnte – wie Shakespeare schrieb – dem ins Meer gefassten England nichts anhaben.

Von den zwei Gesichtern Londons, dem modernen und dem traditionellen, interessierte ihn das letztere am meisten. An den Denkmälern der Westminster Abtei war die Geschichte Englands abzulesen. Die St.-Pauls-Kathedrale erschien als triumphierende Kirche des Anglikanismus, des evangelischen Glaubens, der – wie er überzeugt war – nicht allein die Engländer im Widerstand gegen den 'Satan in Person' bestärkt und zu dessen Höllenfahrt beigetragen hatte, sondern zur Friedenssicherung unabdingbar war.

Auf der Rückreise begegnete er in Köln wieder dem Kunsthistoriker und Kunstsammler Sulpiz Boisserée, der ihm im vorigen Jahr in Frankfurt Pläne zum Weiterbau des Kölner Doms gezeigt hatte. „Drei Nächte habe ich über Ihre Zeichnungen vom Dom nicht schlafen können", gestand er später Boisserée, der ihn am 16. Juli 1814 durch die unvollendete Kathedrale führte. „Sehen Sie, dass das viel herrlicher ist als alles, was wir gesehen", sagte der Kronprinz zu seiner Umgebung und wollte – wie Sulpiz seinem Bruder Melchior Boisserée berichtete – „nun eben gleich den Dom ausbauen". Dies sollte ihm erst viel später als König gelingen, doch der von Ostpreußen an den Rhein versetzte preußische Beamte Max von Schenkendorf dichtete: „Wachet, betet und vertraut, / Denn der Jüngling ist gefunden, / Der den Tempel wieder baut!"

Zurück in Potsdam fand ihn die Oberhofmeisterin Voß „sehr gewachsen, sehr liebenswürdig". Nach dem langen Umherschweifen müsse er sich nun wieder auf den Hosenboden setzen, befand der König und befahl die Wiederaufnahme der unterbrochenen Studien.

Der Staatsrat und Althistoriker Barthold Georg Niebuhr unterrichtete ihn in Finanzkunde und Staatswissenschaft. „Sein Verstand und seine Liebenswürdigkeit ziehen ihn zu den ausgezeichnetsten Menschen hin, aber sein wirklich edles Herz noch weit mehr zu den reinen Menschen", meinte der Lehrer und erwartete vom Schüler „die Vollendung von allem, was wider Gottes Willen jetzt noch mangelhaft bleibt". Niebuhr dachte dabei in erster Linie an eine Lockerung des preußischen Herrschaftssystems, aber die Erfahrung blieb ihm nicht erspart, dass dabei auf seinen Schüler kaum zu rechnen war,

„L'Histoire de mon temps" Friedrich des Großen las der Generalstäbler Ludwig von Wolzogen mit dem Kronprinzen und „knüpfte an diese Lektüre die Regeln der Kriegskunst in besonderen Unterrichtsstunden". Dies setzte ein anderer Militär, Ludwig von Reiche, fort, der jedoch erkennen musste: „Friedrich Wilhelm hatte in seiner Genialität und überreichen Phantasie sich ganz in das Gebiet der Kunst und Altertümer geworfen... Daher zu befürchten stand, dass das Kriegswesen eigentlich wenig Reiz für ihn haben würde." Doch man käme nicht darum herum, meinte der General von Borstell, „des Thronerben Aufmerksamkeit scharf auf die Notwendigkeit des kräftigen Wehrstandes des Landes und der Nation zu richten, ihn auch in der wahrscheinlich schon Wurzel fassenden Abneigung gegen den Krieg zwar zu bestärken, ihm doch aber auch, wenn das nötig sein sollte, Kriegsfeuer einzuhauchen, damit, wenn der Krieg zur Ehre und Sicherheit geführt werden müsse, rücksichtslos frisch und klug darauf losgegangen werde".

Notwendig wurde dies, als Napoleon im März 1815 aus Elba nach Frankreich zurückgekommen war und die alten Mächte, kaum war der eine Krieg beendet, zu einem neuen Krieg herausforderte. An diesem müsse sich auch der Kronprinz beteiligen, verfügte der König und forderte ihn auf, zur Vorbereitung in Potsdam das Kommando eines Bataillons des ersten Garderegiments zu Fuß anzutreten. „Ach! Könnte dieser Kelch vorübergehen!", klagte er dem Vetter und Freund Friedrich der Niederlande. „Das vermaledeite Exerzieren! Das ist wahrlich um die Spree aufwärts zu schwimmen! Io sono desperato!"

Doch er musste sich auf den Krieg einstimmen, in das Feld ziehen, freilich ohne in Kampfhandlungen verwickelt zu werden. Bereits am 18. Juni 1815 wurde Napoleon vom Briten Wellington und Preußen Blücher bei Waterloo vernichtend geschlagen. Der Kronprinz war noch auf dem Weg zur Armee. Einen Tag vor der Entscheidungsschlacht stieß er angesichts der Ruine der Klosterkirche Paulinzelle in Thüringen einen „lauten Schrei des Entzückens aus" und skizzierte vier Kapitelle vom romanischen Hauptportal. Am 29. Juni schrieb er seinem Bruder Karl: „Der göttliche Rhein! Ich habe meine Rechte in den Strom getaucht und mir drei Kreuze auf die Stirn gezeichnet."

Als er – zum zweiten Mal – nach Paris kam, war der Kaiser der Franzosen endgültig vom Thron gestoßen, auf dem, dank der Verbündeten, König Ludwig XVIII. wieder Platz nahm. Dazu war ein zweiter Krieg notwendig gewesen, den Kronprinz Friedrich Wilhelm so gerne vermieden gesehen hätte, der aber auch von ihm für unvermeidbar gehalten worden war; denn nur mit Waffengewalt konnte Europa für immer von seinem Bedrücker befreit werden. Es erfüllte ihn mit Genugtuung, dass diesmal in erster Linie die Preußen unter Blücher daran beteiligt gewesen waren. Voller Stolz nahm er, an der Seite des Königs, deren Parade ab. Aber das Wichtigste war und blieb für ihn, dass der Friede wiederhergestellt war und er sich wieder Dingen zuwenden konnte, die für ihn wichtiger waren als „Feldgetöse" und Waffengeklirr.

Die Rückreise von Paris nach Berlin führte ihn wiederum an den Rhein, an „all den tausend göttlichen Burgen und Felsen und Bergen und Strömungen vorbei; ich war matt vor Seligkeit". Am liebsten wäre er im preußisch gewordenen Rheinland geblieben.

Bereits im Februar 1815 hatte er zu Niebuhr gesagt, „sein allerliebstes Luftschloss" wäre es, wenn das rheinische Land einen Repräsentanten des königlichen Hauses erhalten und er als Vizekönig „nach seinem geliebten Köln" gehen könnte. „Was hier den Wunsch in ihm erregt, sind seine Phantasie und altdeutsche schöne Träume", meinte Niebuhr, der Gneisenau, der als Militärgouverneur des Rheinlandes vorgesehen war, dafür einzunehmen suchte. Zum einen könnte der Kronprinz mit seiner „unbeschreiblichen Liebenswürdigkeit" die Herzen der Rheinländer gewinnen und sie für die preußische Herrschaft erwärmen. Zum anderen „würde die Gewöhnung, Geschäfte verhandeln zu sehen und teil an ihnen zu nehmen, die Anstrengungsfähigkeit in ihm entwickeln", die in ihm durchaus vorhanden sei, und ihn mit den Aufgaben eines künftigen Königs vertraut machen.

Aber er wurde nicht Vizekönig in Köln. Doch 1817 bereiste der Kronprinz im Auftrag des Königs ein paar Monate lang das Rheinland. Im Kölner Dom fand er das „schönste Schauspiel von der Welt. Ein großer illuminierter Stern war das einzige Licht, und schwebte hoch im Chore. Das ungeheure Gewölbe schimmerte nur im Nebel oben... Es waren wirklich unaussprechliche Augenblicke."

Lange durfte er sie nicht genießen. Er musste zurück nach Berlin, wo ihn, wie er klagte, die „matte Luft" wie der geregelte Dienst umbringen würden. Doch er konnte sich Pflichten des Kronprinzen nicht entziehen, des Thronfolgers des Königreiches Preußen, das aus den Trümmern von 1806 wie Phönix aus der Asche zu einer europäischen Macht aufgestiegen war.

4.

Thron und Altar

„Was geschieht nun?", fragte der Kronprinz nach dem Sturze Napoleons. „Gott hat gerichtet: Was werden die Menschen tun?" Die Sieger traten zum Wiener Kongress zusammen, setzten der revolutionären Dreiheit von „Freiheit, Gleichheit und Brüderlichkeit" die reaktionäre Dreieinigkeit von Legitimität, monarchischem Prinzip und Stabilität entgegen und restaurierten das europäische Staatensystem.

Was er aus Wien vernahm, gefiel dem Kronprinzen, den der König nicht zum Kongress mitgenommen hatte. Preußen erhielt die Hälfte Sachsens, Schwedisch-Pommern mit Rügen, eine Vergrößerung Westfalens und die Rheinprovinz, was der Rheinromantiker besonders begrüßte. Als Partner der Pentarchie war Preußen mit Österreich, Russland, England und Frankreich an der Friedenssicherung durch ein Gleichgewicht der Mächte beteiligt. In dieses Friedenssystem wurde der Deutsche Bund eingefügt, der den Mitgliedsstaaten die Souveränität beließ und doch Gemeinsames betonte. Dem Mittelalterschwärmer erschien diese Föderation als eine zeitgemäße Fortsetzung des Heiligen Römischen Reiches deutscher Nation.

Das alte Herrschaftssystem der Staaten wurde durch zwei Grundgesetze bestätigt: Das Prinzip der Legitimität besagte, dass nur der Herrscher, der Krone und Land geerbt habe, zur Herrschaft berechtigt sei. Das monarchische Prinzip bestimmte, dass die Staatsgewalt einzig und allein ihrem Inhaber, dem Monarchen zustehe.

Das konnte dem Thronfolger gefallen, der durch Geburt zum künftigen König und Herrn ausersehen war. Sein Lehrer Ancillon hatte ihm diese Prinzipien nahe gebracht. Der Dirigent des Wiener Kongresses, der Österreicher Metternich, schien die Friedenssehnsucht Friedrich Wilhelms im Wiener Friedenssystem erfüllt zu haben. Doch beide Staatsmänner blieben dem Ancien régime wie dem aufgeklärten Geist verhaftet; Balance of power, Legitimität und monarchisches Prinzip waren rational begründet und wurden rationell angewandt. Dies konnte einem Romantiker nicht genügen, der mehr wollte als nur Verstandesgemäßes und Zweckmäßiges, nur begrifflich Fassbares und vernünftig Angewandtes. Für ihn musste es im Gefühl verankert und ins Religiöse erhoben sein, der Staatenverein als Glaubensgemeinschaft und das monarchische Prinzip als Gottesgnadentum empfunden werden.

So hielt er es für recht und billig, dass das in Wien konstituierte Staatensystem durch die Heilige Allianz vervollständigt wurde. Er war in Paris dabei gewesen, als Zar Alexander I. dem Kaiser von Österreich und dem König von Preußen vorschlug, die erneuerte alte Ordnung durch ein christliches Credo zu weihen. Metternich, der auf die Staatsräson und ein rational begründetes Völkerrecht setzte, hielt die „moralische Manifestation" für unnütz. Aber er ließ sie passieren, nachdem er einiges, so den „Bußruf", daraus gestrichen hatte, weil er erkannte, dass sie seiner restaurativen und repressiven Politik eine höhere Weihe zu geben vermöchte.

„Im Namen der Heiligen und Unteilbaren Dreieinigkeit", des Vaters, des Sohnes und des Heiligen Geistes, schlossen am 26. September 1815 Alexander I., Franz I. und Friedrich Wilhelm III. die Heilige Allianz zur Wahrung der irdischen Ordnung nach göttlichen Geboten. Die Monarchen bekannten sich zur Gestaltung des Staatslebens nach christlichen Prinzipien, zu einer patriarchalischen Regierungsweise, zum Gottesgnadentum und zum „Frieden auf Erden". Der Kampf gegen Napoleon, den Erben der Französischen Revolution, sei ein Heiliger Krieg gewesen; nun müsse durch die Heilige Allianz der Sieger über dem befreiten Europa das Kreuz wieder aufgerichtet werden.

Die Menschen hatten in über zwanzig Kriegsjahren wieder beten gelernt. Der Antiklerikalismus der Aufklärung und der Atheismus der Revolution waren weithin diskreditiert, Religion und Kirche gewannen wachsende Wertschätzung, nicht nur im privaten, sondern auch im öffentlichen Bereich. Zustimmung fand die Feststellung in der Präambel der Heiligen Allianz, dass die Majestäten entschlossen seien, „sowohl in der Verwaltung ihrer Staaten wie in ihren politischen Beziehungen mit anderen

Regierungen allein die Gebote dieser heiligen Religion zur Richtschnur ihres Verhaltens zu machen, die Gebote der Gerechtigkeit, der Liebe und der Friedfertigkeit, die keineswegs bloß für das Privatleben gelten, sondern im Gegenteil unmittelbar auf die Entschlüsse der Fürsten Einfluss üben und alle ihre Schritte lenken müssen, da sie das einzige Mittel sind, die menschlichen Institutionen zu festigen und ihren Unvollkommenheiten abzuhelfen".

Dieses Manifest war für den gläubigen Kronprinzen von Preußen nicht, wie für aufgeklärte Kritiker, ein „laut tönendes Nichts". Vom Christentum geprägt und von Romantik erfasst, erwartete er die Verwirklichung dieser Grundsatzerklärung und erhoffte sich davon eine auf die Bibel eingeschworene „Eidgenossenschaft unter den Staaten", wie es der ihn beeinflussende Staatsphilosoph Adam Müller ausdrückte.

Die Staaten wie der Staatenbund müssten wieder Christus unzertrennlich verbunden sein, denn ohne ihn gebe es „kein Recht, keinen Nationalreichtum, kein persönliches, kein Staatenglück", hieß es in „Die Elemente der Staatskunst", dem 1809 erschienenen Werk Adam Müllers. Rückgängig gemacht werden müssten der Absolutismus des Ancien régime, der Liberalismus und der Kosmopolitismus der Aufklärung, Demokratie und Atheismus der Revolution – in einer Rückbesinnung auf das christliche Mittelalter, auf dessen universale, föderale und ständische Ordnung.

Er trage „den Heiland im Herzen", bekannte der 22-jährige Friedrich Wilhelm, und er setzte sich die organische Staatslehre in den Kopf, wie sie Adam Müller begründete und Karl Ludwig von Haller ausbaute, in seinem seit 1816 erscheinenden Werk „Restauration der Staatswissenschaft". Darunter verstand der Schweizer, im Widerspruch zur Lehre vom Staatsvertrag, die patrimoniale Begründung der monarchischen Herrschaft und ihre patriarchalische Ausübung, gestützt auf die Gliederung der Gesellschaft in Stände, wobei dem Feudaladel eine hervorgehobene Stellung zukäme.

Das Alpha und Omega von Friedrich Wilhelms romantischer und restaurativer Auffassung von Staat und Gesellschaft war und blieb die religiöse Motivation. Er bekannte sich zur Erweckungsbewegung, die sich als Befreiungsbewegung von dem in den Protestantismus eingedrungenen Rationalismus verstand, auf die Bibel baute und ein persönliches Heilserlebnis erwartete. Sie konnte sich auf den evangelischen Theologen Schleiermacher berufen. Der religiöse Romantiker lehrte: Religion sei die Gegenwart des Unendlichen im Gefühl, und Frömmigkeit bestehe darin, dass der Gläubige sich des Gefühls dieser Abhängigkeit von Gott bewusst werde und sie anerkenne.

Friedrich Wilhelm suchte einen Einklang zwischen der von der Erweckungsbewegung geförderten persönlichen Religiosität und dem von der romantischen Staatslehre geforderten Bündnis von Thron und Altar. Als Mensch blieb er ein Erweckungschrist, der mehr dem Überirdischen als dem Irdischen zugewandt blieb. Als künftiger König ergab er sich der restaurativen Staatslehre, die ihm den modernen Staat als Ausgeburt der Aufklärung, als Teufelswerk, und ein ständisches und patriarchalisches Staatswesen als Gebot der christlich-germanischen Tradition, als Gotteswerk erscheinen ließ.

So begann seine Gratwanderung zwischen Absolutismus und Bürokratie auf der einen und Liberalismus und Demokratie auf der anderen Seite. Eine vom Monarchen gewährte moderne Verfassung, wie sie Reformer erstrebten, lehnte er als „Revolution von oben" ab. So war es ihm ganz recht, dass sich sein Vater, Friedrich Wilhelm III., nicht an das ihm in der Kriegsnot abgerungene Versprechen hielt, in naher Zukunft eine „Repräsentation des Volkes", eine preußische Nationalrepräsentation zu bilden.

Der Sohn hielt es mit Karl Ludwig von Haller, der mahnte: „Fliehet das Wort Konstitution; es ist Gift in Monarchien, darum, weil es eine demokratische Grundlage voraussetzt, den inneren Krieg organisiert und zwei auf Leben und Tod gegeneinander kämpfende Elemente schafft." Nur Land- oder Provinzialstände ziemten der Monarchie, denn sie beruhten, wie der sich auf Adam Müller und Haller berufende Friedrich von Gentz erläuterte, auf den von Gott geschaffenen Standesunterschieden und beschränkten die monarchische Gewalt nicht wesentlich.

Der Kronprinz begrüßte die Kabinettsordre vom 11. Juni 1821, durch die der König Reichsständen absagte und sich für Provinzialstände aussprach. Eine Kommission des Staatsrates unter Vorsitz des Kronprinzen verwarf alle konstitutionellen Pläne und befasste sich mit der Einrichtung von Provinzialständen.

Staatskanzler Hardenberg, dem als Krönung seiner Reformen eine Nationalrepräsentation vorschwebte, geriet in das Visier der altständischen Konservativen. Von einer „Kronprinzenpartei" wurde gesprochen, doch der Thronfolger war mehr ein Schirmherr als der Anführer der Fronde gegen den „Revolutionär von oben". Der Kronprinz klebe am Alten, kritisierte Hardenberg, dessen persönlichem Charme Friedrich Wilhelm mitunter erlag, doch dem er als einem Fortsetzer des aufgeklärten 18. Jahrhunderts Paroli bieten musste. Allein auf sich gestellt, wäre ihm dies nicht gelungen. Aber er hatte die ostelbischen Rittergutsbesitzer hinter sich, genau gesagt, vor sich, und dieser Phalanx schloss sich der König an, dem zwar romantische Strömungen wesensfremd waren, der es jedoch für ein Gebot der Staatsräson hielt, das größere Übel, Reichsstände, zu vermeiden.

Im Jahre 1823 wurde das allgemeine Gesetz zur Einrichtung von Provinzialständen „im Geiste der älteren deutschen Verfassungen" erlassen. In diesem und im nächsten Jahr ergingen die besonderen Provinzialverfassungen für Brandenburg, Ost- und Westpreußen, Pommern, Posen, Schlesien, Sachsen, Westfalen und die Rheinprovinz. Die Hälfte der Sitze wurde dem ritterschaftlichen Grundbesitz, ein Drittel dem städtischen Grundbesitz, ein Sechstel dem bäuerlichen Grundbesitz zugewiesen. Von insgesamt 584 ständischen Vertretern waren 278 Adlige, 182 Bürger und 124 meist begüterte Bauern.

Ostelbische Rittergutsbesitzer erblickten darin Hallers altständische, patrimoniale Staatslehre bekräftigt, ebenso der in das Mittelalter zurückblickende Kronprinz, der ein Kernstück einer christlich-germanischen Verfassung verwirklicht sah. Doch der Freiherr vom Stein, der bei seinen – im Wesentlichen gescheiterten – Reformen von altdeutschen Zuständen ausgegangen war, verwies darauf, dass an das „historische Recht" nicht angeknüpft wurde und die gegenwärtigen Interessen der Ständevertreter ausschlaggebend seien.

Tatsächlich entstanden an Stelle der alten Stände neue Stände, die nicht mehr korporativ verfasst waren, sondern in denen Abgeordnete wie Volksvertreter nach persönlicher Überzeugung abstimmten. Damit hatte, was der Kronprinz und seine Gesinnungsgenossen eigentlich vermeiden wollten, ein Prinzip der modernen Repräsentativverfassung Eingang gefunden. Schon bald zeigte sich, dass sich die Provinzialstände, über die besondere Interessenvertretung ihrer Mitglieder hinaus, als allgemeine Vertretung ihrer Provinzen fühlten, als provinzielle Vorreiter von Reichsständen, einer nationalen Gesamtrepräsentation.

Mit gemischten Gefühlen hörte sich der Kronprinz eine akademische Festrede des Historikers Friedrich von Raumer an, die in der Feststellung gipfelte: Provinzialstände ohne einen preußischen Reichstag glichen einem Körper ohne Haupt. Reichsstände hätte sich der Thronfolger vorstellen können, wenn sie – wie Haller meinte – „wesentlich antirevolutionär und restaurierend" gewesen wären und „eine Rückkehr zur natürlichen Ordnung der Dinge" bedeutet hätten. Aber ihm blieb die Erkenntnis nicht erspart, dass moderner repräsentativer Wermut in den altständischen Wein gegossen wurde und seine Besorgnis wuchs, dass dieser durch einen Reichstag vollends vergällt würde.

Immerhin waren die Befugnisse der Provinzialstände so beschränkt worden, dass sie nicht an den Grundpfeilern des Monarchenstaates zu rütteln vermochten. Beschließen konnten sie nur in Selbstverwaltungsangelegenheiten; ansonsten durften sie nur begutachten und beraten. Preußen blieb in das restaurierte und reaktionäre System eingebunden, das nicht nur die Beziehungen zwischen den Staaten, sondern auch die Verhältnisse in den Staaten zu regulieren sich vorgenommen hatte.

Außenpolitische Dimensionen des „Metternichschen Systems" lernte der preußische Thronfolger auf dem Kongress in Troppau kennen. Die fünf Großmächte hatten vereinbart, ab und zu auf Gipfeltreffen zu prüfen, welche gemeinsamen Maßnahmen zur „Erhaltung des europäischen Friedens am heilsamsten erachtet werden können". Die erste Konferenz hatte 1818 in Aachen stattgefunden, die zweite wurde 1820 nach Troppau einberufen.

Vor seinem Vater traf Kronprinz Friedrich Wilhelm im Hauptort des österreichischen Schlesiens ein. Metternich, der Geschäftsführer des Kongresses, bemühte sich um den künftigen König von Preußen und musste sich nicht besonders anstrengen, ihn für seine Person und für seine Politik einzunehmen: Die Wahrung des äußeren Friedens durch einen Interessenausgleich der Großmächte und des inneren Friedens durch ein Abblocken konstitutioneller Ansprüche und eine Unterdrückung revolutionärer Bewegungen. Schon waren den Königen von Spanien und Neapel Verfassungen aufgezwungen worden. Wenn diese nicht allein mit den Aufrührern fertig werden konnten, müssten ihnen die Mitmonarchen zu Hilfe kommen, erklärte Metternich; denn ohne einen gemeinsamen Dammbau drohe allen eine Überflutung durch den revolutionären Strom.

Für eine Intervention, zunächst in Neapel, waren die Kaiser von Russland und Österreich wie der König von Preußen zu haben, nicht die diplomatischen Vertreter Englands und Frankreichs, die die Fortschritte, die in ihren Staaten erzielt worden waren, anderen Ländern nicht vorenthalten wollten. So unterzeichneten sie nicht das Troppauer Protokoll, in dem es hieß: Veränderungen des monarchischen Systems in einem Staat gefährdeten dieses auch in anderen Staaten, darum sei es deren Pflicht, Abtrünnige durch friedliche Mittel, nötigenfalls durch Waffengewalt, in den Schoß der großen Allianz zurückzuführen.

Auf dem Kongress von Laibach, der Fortsetzung der Konferenz von Troppau, beauftragten Kaiser Franz I. und Zar Alexander I. mit Zustimmung Preußens die Österreicher, mit einem Heer die Neapolitaner zur Monarchenräson zurück zu zwingen. Kronprinz Friedrich Wilhelm, der wie sein Vater nicht nach Laibach gekommen war, billigte die Intervention, missbilligte jedoch die Empfehlung an den König von Neapel, nach Wiederbefestigung seines Thrones „den Wünschen des Volkes gemäß" zu verfahren, „weil es etwas zur Norm erhebt, was keine Norm hat, nämlich die Wünsche des Volkes, die heute so, morgen anders sind und die in unseren Zeiten eher den Träumen eines Berauschten gleichen als den Launen eines Kindes".

Diese Wortwahl war wohl der unpräzisen Ausdrucksweise des schwärmerischen Alexanders I. zuzuschreiben, kaum Metternich, der unter Volk lediglich sich freiwillig oder gezwungenermaßen dem Monarchen sich unterwerfende Untertanen verstand, sozusagen nach Bedürfnissen der Staatsräson zurecht gehauene und zurecht geschliffene Bausteine der Pyramide seines reaktionären Systems. Wie Metternich wollte auch Friedrich Wilhelm keine von individuellen Staatsbürgern gewünschte, beschlossene und getragene Konstitution haben, aber der Anhänger der organischen Staatslehre wollte die Untertanen in ständischen Korporationen in eine patriarchalische Monarchie einbinden, zu deren Nutzen und zum Wohle aller.

Altdeutsch und altständisch, wie es im Mittelalter vorgezeichnet war und der Gegenwart anstünde, war und blieb der romantische Thronfolger Preußens gestimmt, das auf Staatsräson und nicht auf Staatsemotionen beruhte. An dem 1818/19 errichteten Nationaldenkmal auf dem Berliner Kreuzberg ließ sich der Kronprinz in altdeutscher Tracht und in der Pose eines heiligen Georg darstellen. Mit Waffen der Vergangenheit zog er in den Kampf gegen den liberalen und demokratischen Drachen, der – wie es sich herausstellte – zwar aufgehalten, aber nicht besiegt werden konnte.

5.
Die Herzdame: Elisabeth

Auf die Fünfundzwanzig zugehend, hatte er noch nicht eine wichtige dynastische Pflicht erfüllt: Zu heiraten und für die Fortpflanzung seines Herrschergeschlechts zu sorgen. So wurde er 1819 auf „Jungfrauensuche" geschickt. Der König erwartete, dass er dabei die Staatsräson im Auge behielte. Der Kronprinz sehnte sich „nach einer Freundin, nach einer Lieben", die „mit mir durchs Leben gehe und mich zugleich beglücke, erhöhe, bessre, beselige. – Ob ich solche je finde?"

Er fand sie noch im selben Jahr in Baden-Baden. Der dort mit seiner Familie kurende, mit Töchtern reich gesegnete König Maximilian I. Joseph von Bayern führte ihm ein „Cousinen-Bataillon" vor. Es könnte „keine liebenswürdigeren Prinzessinnen geben", schwärmte Friedrich Wilhelm. Am besten gefiel ihm die 17-jährige Elisabeth Ludowika: „Ein liebliches, ein rundes anmutiges Antlitz, Augen so klar wie der neapolitanische Himmel, schwarze Brauen, dunkles Haar, dabei ein Anstand, wie ich ihn träumen kann." Er übersah, oder sie wusste es zu kaschieren, dass sie wegen eines Hüftfehlers leicht mit dem linken Bein hinkte.

Sein Herz war in Baden-Baden entflammt und geriet beim folgenden Besuch in München in Brand. Elisabeth gewann ihn nicht nur durch ihren Liebreiz, der den Romantiker entzückte, sondern auch durch ihre für Prinzessinnen außergewöhnliche Bildung, von der er sich versprach, dass sie ihn bei seinen geistigen Höhenflügen zu begleiten und zu befördern vermöchte. Ihr Erzieher war der Altphilologe Friedrich Thiersch, der ihr Interesse für das klassische Altertum geweckt hatte.

Er hatte seine Herzdame und sie, die wie er romantisch bewegt war, ihren Herzensmann gefunden. Ihrer Familie war der Schwiegersohn in petto höchst willkommen. König Maximilian I. Joseph sah in ihm „eine Perle von Mensch", Königin Karoline bemerkte, „in jedem Wort erkennt man eine verzückte Seele", und Kronprinz Ludwig begrüßte es, dass seine Stiefschwester einen Partner gefunden hatte, der wie er von romantischen Gefühlen beschwingt war. Alle fanden es gut, „dass Elise und ihr Zukünftiger ausgezeichnet übereinstimmen" und hielten es für nützlich, dass eine Wittelsbacherin in das Haus Hohenzollern einheirate und eine Verbindung zwischen der deutschen Mittelmacht Bayern und der deutschen Großmacht Preußen zustande käme.

Aber König Friedrich Wilhelm III. war nicht einverstanden: Dynastische Allianzen würden nicht aus Liebe, sondern aus Staatsräson geschlossen, und die preußische gebiete es, dass ein Hohenzoller, zumal ein künftiger König, nur eine Protestantin heiraten dürfe. Wenn überhaupt, dann könnte er die katholische Prinzessin aus Bayern nur bekommen, wenn diese noch vor einer Eheschließung den evangelischen Glauben seines Hauses annehme.

Maximilian I. Joseph hätte sich damit abfinden können. Der Wittelsbacher hatte in zweiter Ehe die protestantische Prinzessin Karoline von Baden geheiratet, ohne von ihr zu verlangen, katholisch zu werden. Indessen wurden ihre Kinder katholisch erzogen und Elisabeth wurde eine entschiedene Katholikin. Die von ihr ersehnte Verbindung mit Friedrich Wilhelm, erklärte sie, könne sie nicht mit dem Opfer eines Übertritts zu dessen Konfession erkaufen, „ohne gegen sich selbst und des Kronprinzen königliche Hoheit zu sündigen, welcher Wahrheit und keine Heuchelei von ihr zu erwarten berechtigt sei".

Diese Haltung imponierte Friedrich Wilhelm, der nun felsenfest davon überzeugt war, dass er die Richtige gefunden hatte: Eine Frau, die wie er ihren Glauben für wichtiger als alles andere hielt, die ihr Gewissen, wozu auch er entschlossen war, zur Richtschnur ihrer Entscheidungen machte, und die, worum auch er sich bemühte, ihr Handeln an Grundsätzen und nicht, auf Vorteile bedacht, an Gegebenheiten orientierte. Die Herzdame erschien dem Verliebten nicht allein als die Verkörperung des Schönen, sondern auch des Wahren und Guten.

Wenn ein Protestant und eine Katholikin sich verbänden, wäre das nicht ein Beispiel für das von ihm anvisierte Zusammengehen der Konfessionen, ihr Einstehen für Christus, ihren gemeinsamen Heiland, in der Abwehr der breiter werdenden Front der Ungläubigen? Warum sollte Preußen nicht dem Beispiel Bayerns folgen, dessen katholischer Monarch eine Protestantin geheiratet hatte, nicht nur aus konfessioneller Toleranz, sondern auch aus der politischen Erwägung, dadurch die evangelische Minderheit im Lande stärker an den wittelsbachischen Thron zu binden? In Preußen lebten vier Millionen Katholiken, darunter die neuen Untertanen im Rheinland und in Westfalen, deren Integration in den von ihnen nicht sonderlich geschätzten Staat durch die Ehe des künftigen Königs mit einer Katholikin gefördert werden könnte.

Dieser Meinung des Kronprinzen mochte sich der König nicht anschließen. Der Sohn fand sich damit nicht ab, begann eine jahrelange Auseinandersetzung mit dem Vater, in der er zunehmend die Oberhand gewann, was sein Selbstbewusstsein und Selbstvertrauen bis auf weiteres zu stärken vermochte.

Er werde von seinen Grundsätzen und Absichten nie abweichen, sprach er sich in einem Brief an Schwester Charlotte Mut zu. Dem König versicherte er seine „Liebe und Dankbarkeit", stellte aber Forderungen, die diesem nicht gefallen konnten: Die Bedingung eines Konfessionswechsels seiner Auserwählten vor der Vermählung müsse ausgeschlossen, die Hoffnung auf eine spätere Konversion aus Überzeugung dürfe nicht aufgegeben werden. „Ich wünsche einen Weg ausfindig zu machen, auf dem der Übergang der Prinzessin zu unserer Lehre dergestalt herbeigeführt wird, dass über die Reinheit ihrer Überzeugung und ihrer Motive durchaus kein Zweifel stattfinden könne. Zugleich erkläre ich, dass es gegen mein Gewissen ist, einen Weg gut zu heißen, von dem ich nicht innig gewiss bin, dass er dieses vollkommen erreicht."

Beinahe wie Marquis Posa vor Philipp II. trat der junge vor den alten Friedrich Wilhelm, freilich nicht ganz so entschlossen und kompromisslos; denn auf einen folgenschweren Konflikt wollte er es nicht ankommen lassen. An einem solchen war auch dem Vater nicht gelegen. In einem Gespräch suchte er den Sohn von seinen Argumenten zu überzeugen. Als dies an dessen Unbeugsamkeit scheiterte, schob er die Angelegenheit auf die lange Bank, in der Hoffnung, dass diese sich von selbst in seinem Sinne erledigen würde. Sie zog sich von 1819 bis 1823 hin, und es endete schließlich mit einem

Kompromiss, durch den der König sein Gesicht nicht verlor und der Kronprinz seinen Willen und seine Elisabeth bekam.

Die Wittelsbacher signalisierten Entgegenkommen. Elisabeth erklärte, sie könne ihre Konfession aus Gewissensgründen nicht ohne weiteres aufgeben, sei jedoch einverstanden, sich von einem evangelischen Geistlichen trauen zu lassen, öffentlich dem evangelischen Gottesdienst beizuwohnen und zur Messe nicht in eine katholische Kirche, sondern in einen dafür vorgesehenen Raum im Schloss zu gehen. Vor der Eheschließung könne sie nicht konvertieren, doch man dürfe damit rechnen, dass sie nach einigen Ehejahren dazu bereit sei.

„Obgleich mich das Opfer" – eines Konfessionswechsels – „unendlich mehr kostet, als ich auszudrücken vermag, so bin ich doch fest entschlossen, den Willen Eurer Majestät einst zu erfüllen", schrieb Elisabeth 1823 an Friedrich Wilhelm III. Er sei „von einem Moment des Glücks überrannt worden", bekannte der Sohn, als er von diesem Schreiben erfuhr. „In den vier schweren Jahren habe ich den Glauben an Lebensglück verloren, und nur allein, wenn ich es fasse und halte und mit reinem Gewissen sagen kann, dass ich mich rein und fleckenlos ihm übergeben darf, werde ich den verlorenen Glauben wieder gewinnen. Bei der schrecklichen Agitation meines ganzen Wesens hielt mich nichts aufrecht als das Gefühl, recht gehandelt und dem einzig richtigen Wege in dieser Sache gefolgt zu sein... Es ist der Weg des Gewissens und des christlichen Glaubens und der reinsten, heiligsten Liebe."

Das Eis war gebrochen. Um die Angelegenheit unter Dach und Fach zu bringen, wurde der Hofprediger und Bischof Eylert in die Sommerresidenz der Wittelsbacher am Tegernsee entsandt. Am 21. August 1823 berichtete König Maximilian I. Joseph dem Kronprinzen Ludwig: „Freuen Sie sich mit ihrem alten Vater. Elise ist Kronprinzessin von Preußen. Der Bischof Eylert hat gestern Ihrer Mutter mitgeteilt, dass der König seine Zustimmung gegeben hat und über diese Verbindung so entzückt ist, dass er die Heirat noch in diesem Jahr vollzogen haben möchte."

„Können wir hoffen, den Kronprinzen hier zu sehen?", antwortete der König von Bayern auf den Werbebrief des Königs von Preußen vom 27. August 1823. Der Bräutigam eilte zur Braut. „Seine Freude, seine Ergriffenheit übertreffen jede Vorstellung, auch die Begeisterung", berichtete die Brautmutter. „Er ist immer völlig von ihr erfüllt. Ich finde ihn verschönert, weil er magerer geworden ist, aber seine Zähne deuten auf Ruin, obwohl er sie noch alle hat."

Am 1. Oktober hatte Friedrich Wilhelm seine Elise zum ersten Mal nach vier Jahren wieder gesehen, am 12. Oktober musste er sie schon wieder verlassen. Bei der nach katholischem Ritus am 13. November 1823 vollzogenen Vermählung war der protestantische Bräutigam nicht anwesend; bei der Prokura-Trauung in der Hofkapelle der Münchner Residenz vertrat ihn Karl Theodor, der Stiefbruder der Braut, der dafür die höchste preußische Auszeichnung, den Schwarzen Adler-Orden, erhielt.

Zum protestantischen Akt der Eheschließung mit dem 28-jährigen Friedrich Wilhelm traf die 22-jährige Elisabeth am 28. November in Berlin ein. Als sie das Brandenburger Tor passierte, begrüßten sie 72 Kanonenschüsse. An der Schlossbrücke verneigten sich vor ihr 150 Ehrenjungfrauen. Vor dem Schloss kam ihr der Bräutigam entgegen. Am Abend war die Stadt illuminiert. Auf der Schlossbrücke entstand eine Panik; 22 Menschen kamen um. Man verschwieg es dem Brautpaar, wollte es ihm ersparen, dies für ein böses Omen zu halten.

Am Tag darauf wurden sie in der Kapelle des Berliner Schlosses evangelisch getraut. „Im Namen Gottes", erklärte Bischof Eylert, „und nach Vorschrift der evangelischen Kirche empfange jetzt Ihr ehelicher Bund seine feierliche Vollziehung, seine gesetzliche Bestätigung." Erst sechseinhalb Jahre später, am 5. Mai 1830, trat die Kronprinzessin zur Kirche des Kronprinzen über. Der Protestant hatte sie nie dazu gedrängt, die Hingabe an ihren katholischen Glauben respektiert. Nun war er glücklich, dass nicht dynastischer Druck, sondern ihre Gewissensentscheidung zur Konversion geführt hatte.

Dennoch wurde in Berlin gemunkelt, die Bayerin sei insgeheim katholisch geblieben. Dies trug dazu bei, dass sie von den Preußen nie voll und ganz angenommen wurde. Ohnehin vermochte sie das, was für die erste Pflicht und Schuldigkeit einer künftigen

Königin gehalten wurde, nicht erfüllen: Für einen Thronerben zu sorgen. Am meisten litt sie selbst darunter. Über die Gründe wurde gerätselt. War es ihre labile Konstitution, vielleicht eine chronische Unterleibsentzündung? Oder lag es am Gatten, von dem eine medizinische Koryphäe, der Hofarzt Hufeland, behauptete, er sei impotent gewesen?

Jedenfalls wurde dadurch ihr Verhältnis nicht belastet. Sie finde in ihrer Ehe „fabelhaftes Glück und ungetrübte Heiterkeit", bekannte Elisabeth, und Friedrich Wilhelm liebte sie „feurig, tief und heilig", so wie sie war, und schätzte das, was sie ihm zu geben vermochte: Sanftmütige Hingabe und verständnisvolles Eingehen auf seine Eigenheiten, den ruhigen Hafen, den sie dem inneren Stürmen Ausgesetzten bot. „So gewann sie nach und nach eine stille Gewalt über sein unstetes Gemüt", bemerkte der das Paar kritisch betrachtende Historiker Treitschke, „und bestärkte ihn unwillkürlich in seiner romantischen, hochkonservativen Staatsanschauung, obwohl sie sich niemals mit Staatsgeschäften befasste."

6.

In Arkadien

Zur Vermählung mit Elisabeth hatten ihm 38 in Rom lebende deutsche Künstler ein Album mit Zeichnungen gewidmet. Das Titelblatt „Die Hochzeit zu Kana" zeigte das Brautpaar im Kreise der Geschwister, umgeben von Deutsch-Römern, die sich auch vom Kronprinzen von Preußen die Förderung versprachen, die ihnen der Kronprinz von Bayern und spätere König Ludwig I. angedeihen ließ.

Aber Friedrich Wilhelm war immer noch nicht in Rom gewesen, das er sich schon als Knaben zum Traumziel gesetzt hatte. Er lernte Italienisch, vertiefte sich in die Geschichte der „Ewigen Stadt" und rühmte sich, dass er „fast jeden Winkel in Rom kenne"; denn „1.000 Pläne und 1.000 Bilder habe ich studiert". Barthold Georg Niebuhr, ein Kenner des alten wie des neuen Rom, wunderte sich: „Die Lokalkenntnisse des Kronprinzen von Rom haben wirklich etwas Märchenhaftes von Intention." Als sich der Bildhauer Christian Daniel Rauch zu einer Italienreise verabschiedete, hörte er ihn sagen: „Wenn mich mein Vater dorthin ließe, käme ich gewiss nicht wieder."

Aber der Vater ließ den Sohn lange nicht in das „Wunderland" ziehen, nach dem dieser sich „immer gesehnt hatte". Bereits 1818 hatte er ihn vergebens um die Reiseerlaubnis gebeten. Der Preußenkönig war auf das „Welschland" nicht gut zu sprechen, hielt nichts von dem Hinweis seines Sohnes, dass er Italien gesehen haben müsse, „um reif zu sein", befürchtete vielmehr, dass dort sein romantisch bewegtes Gemüt, von dem er ohnehin zu viel für einen preußischen Thronfolger habe, noch mehr in Wallung geriete. So musste er zehn Jahre warten, bis der König endlich eine Reise von zehn Wochen und zehn Tagen genehmigte.

Am 23. September 1828, kurz vor seinem 33. Geburtstag, verließ er Potsdam. Begleitet wurde er von Ancillon, von dem sich der König erhoffte, dass er den Kronprinzen zu zügeln vermöchte, seinem Adjutanten Karl von der Gröben, dem Leibarzt Johann Nepomuk Rust und Hofmarschall Ludwig von Massow, dem Kassenverwalter. Nicht mit von der Partie war die Gemahlin Elisabeth, deren schwache Gesundheit den Reisestrapazen kaum gewachsen gewesen wäre. Während seiner Abwesenheit wollte sie sich am heimatlichen Tegernsee erholen. Er versprach ihr oft und viel zu schreiben, was ihm keineswegs schwer fiel; denn er war versessen, in ausführlichen und detailreichen Mitteilungen an andere sich selbst über seine Gefühle und Gedanken klarer zu werden.

„Es ist alles herrlich und unbeschreiblich in dem ganzen Lande hier", schrieb er seiner Elisabeth aus Florenz. „Ohne Dich mein Lieb, ist das alles schal und leer, nur ein Bild." Doch die vielen Bilder, die er sah und über die er ihr laufend berichtete, beflügelten seine Phantasie, rissen ihn von einem Entzücken zum anderen.

Aber er absolvierte ja weniger eine Lustreise als eine Bildungsreise. So bemühte er sich, die Bilder in eine Gesamtschau einzuordnen, Schlüsse zu ziehen und dabei die christlichen Leitlinien nicht aus den Augen zu lassen, welche er der Lektüre der „Losungen" der Brüdergemeine entnahm, die er auch in Italien bei sich trug.

Durch Florenz und Siena führte ihn der Kunsthistoriker Karl Friedrich von Rumohr, der zwar vom Klassizismus ausging, aber über ihn hinaus strebte. Er verwarf „nutzlose Nachahmung" einer Kunstepoche und forderte die Anerkennung der Natur als „einzige Lehrerin der Kunst". Dies habe die Renaissance zu beherzigen begonnen, und Rumohr vermochte Friedrich Wilhelm so manches Beispiel in der Toskana zu zeigen. Diesem sagten Perugino und auch Raffael besonders zu, namentlich das Gemälde „Verklärung Christi", das er dann in Rom bewunderte. Er schätzte Rumohr nicht nur als Cicerone, sondern auch als Feinschmecker, dem er nicht nur in der Theorie, in seinem Buch „Geist der Kochkunst", sondern auch in der Praxis, bei denkwürdigen Tafelfreuden begegnete. Friedrich Wilhelm erwies sich freilich mehr als Gourmand als Gourmet, und auch dem Wein sprach er mehr zu, als es dem in allem Maß haltenden Rumohr gefallen konnte.

Noch wichtiger für Friedrich Wilhelms Italienerlebnis – und darüber hinaus – wurde Christian Karl Josias von Bunsen, der in Florenz zur Reisegesellschaft stieß. Er hatte Theologie und Philosophie studiert, mehrere Sprachen, darunter Isländisch, Persisch und

Arabisch gelernt, eine Engländerin geheiratet, war – auf Niebuhrs Empfehlung – 1818 Gesandtschaftssekretär und 1827 preußischer Ministerresident beim Heiligen Stuhl geworden, vertiefte sich in die Kulturgeschichte Roms im Altertum und im frühen Mittelalter, wurde ein Mittelpunkt des deutschen Künstlerkreises in der „Ewigen Stadt".

Friedrich Wilhelm fühlte sich zu Bunsen hingezogen: Zum Weltmann, der in allen Sätteln gerecht zu sein schien. Zum Polyhistor, der in so vielen Wissensgebieten bewandert war und dabei nicht das Alpha und Omega seines Christentums aus den Augen verlor, „den sicheren Pfad Gottes durch den Strom der Zeiten verfolgte". War er ihm nicht wesensverwandt? Auch Bunsen, wie Treitschke bemerkte, „litt gleich seinem prinzlichen Freunde unter dem Verhängnis einer vielseitigen Begabung, die zu allem Großen berufen schien und sich in stolzen Entwürfen übernahm, ohne je ein vollendetes Werk zu gestalten".

Die Beziehung, die in Rom begann, verband sie ihr Leben lang. Bunsen versuchte – vornehmlich in langen Briefen – den Kronprinzen und König nach eigenen Vorstellungen, die er für richtig hielt, zu modeln, was ihm eher in theologischer und künstlerischer als in politischer Hinsicht gelang. Friedrich Wilhelm bedurfte eines Mentors, der ihm Ratschläge zu geben vermochte, ohne ihm die Leviten lesen zu dürfen.

Am 23. Oktober 1828 sah der Kronprinz, vom Monte Mario aus, zum ersten Mal die „Ewige Stadt", in die er über die antike Via triumphalis einfuhr. „Ich war moralisch über alles Gesehene und durch das Gefühl in Rom, in Rom, in Rom zu sein so aufgeregt, dass ich mich nicht fassen konnte", schrieb er seiner Frau. „Das war ein Tag. Ich bin wie erdrückt davon, ich habe kaum noch einen Kopf – nur am Kopfweh, das übrigens nicht stark ist, merke ich, dass ich noch einen habe."

Die Eindrücke stürmten auf ihn ein: Sankt Peter, „die unermessliche Kirche", deren Barock er jedoch, wie Bunsen, nicht goutierte; das Kapitol, wo ihn das Reiterdenkmal Marc Aurels wie einen Civis romanus begrüßte; das Forum Romanum, das an die Vergänglichkeit erinnerte, die er verlebendigen wollte; das Colosseum, das an die Grausamkeit der alten Römer erinnerte, die der Klassizist, der nur an das Schöne, Wahre und Gute dachte, zu verdrängen suchte. „Ein solches Weltwunder von Architektur, Exposition, Wert der Kunstschätze und denkbare Pracht des Materials!!! Enfin das ist mal ganz und gar zum Verzappeln."

Bunsen bemühte sich, die stürmischen Gefühle seines hohen Gastes in geordnete Bahnen zu lenken, ihm die Kunst des klassischen Altertums, die von Maß und Mitte geprägt war, als Vorbild hinzustellen. Doch der Cicerone, der das Werk „Die Basiliken des christlichen Rom" verfassen sollte, konnte die frühchristliche Kunst nicht unbeachtet lassen. Friedrich Wilhelm fand Maria Maggiore „herrlich und prachtvoll". Auf dem Caelius besuchte er die auf einem frühchristlichen Bau errichtete Basilika SS. Giovanni e Paolo, aber mehr als diese gefiel ihm die Aussicht auf den Palatin und das Colosseum.

Der Antike galt, wie so vielen anderen Italienfahrern, sein Hauptaugenmerk. Aber es konnte nicht ausbleiben, dass er sich mehr und mehr für das Mittelalter zu interessieren begann. Galten ihm nicht ein idealisiertes Altertum und ein idealisiertes Mittelalter als die zwei Seiten der romantischen Medaille? In Rom begegnete er Nazarenern, die in ihren Werken die religiöse Malerei des Mittelalters erneuern wollten. In Ravenna, „dem ehemaligen zweiten Rom", begeisterten ihn die altchristlichen Mosaiken, die sich auf Goldgrund präsentierenden Gestalten des Übergangs von einer Epoche in die andere, in denen sich der Romantiker gleicherweise heimisch zu fühlen begann.

Aus Italien, seinem Arkadien, kam Friedrich Wilhelm nach Berlin zurück, in das die Klassik in preußischer Translation bereits eingezogen war und – zunehmend von ihm gefördert – den Triumphzug fortsetzte.

Der Klassizismus betrat Berlin durch das Brandenburger Tor, das Karl Gotthard Langhans 1788-1791 nach dem Vorbild der Athener Propyläen aus preußischem Sandstein errichtet hatte. Karl Friedrich Schinkel folgte „dem einfachen, erhabenen Stile der reinen griechischen Kunst", vollendete 1818 die Neue Wache mit griechischer Säulenvorhalle und dem einem römischen Castrum nachempfundenen Hauptbau, der militärischen Zwecken diente. Dabei mochte sich Schinkel an Sparta erinnert haben. Bei zwei weiteren Bauten dachte er an Athen. Auf dem First des 1818-1821 errichteten Schauspielhauses am Gendarmenmarkt stand Apollon, der Gott der Musen, dem dieser Tempel geweiht war. Mit dem 1831 eröffneten Alten Museum gelang dem Oberbaurat, wie der Kunsthistoriker Hermann Grimm lobte, „eine Reproduktion griechischer Baukunst im höchsten Sinne".

Als Architekt galt Schinkel als Klassizist, als Maler – beispielsweise mit seinem Gemälde „Mittelalterliche Stadt am Wasser" – als Romantiker. In seinem Bühnenbild zu Mozarts „Zauberflöte" verschmolz Klassisches und Romantisches: Klare Form und tiefes Blau.

Auch Friedrich Wilhelm blickte zurück in die Antike wie in das Mittelalter, und er schätzte beide Epochen als Gefilde seiner „Sommernachtsträume". In Süditalien, der Magna Graecia, suchte er das Land der Griechen, in Rom fand er griechischen Geist in römischer Form, aber auch altchristliche Basiliken, in denen Mittelalterliches anklang.

Trug nicht auch Schinkel beide Seelen in seiner Brust? Friedrich Wilhelm sah in ihm einen Wesensverwandten, der als Baumeister vieles, was er sich vorstellte, auszuführen vermochte. Schinkel schätzte ihn vor allem als Bauherrn, der ihm Aufträge gab, aber auch als Sachverständigen. Was vom Architekten geplant wurde, „beurteilte er mit der geistreichsten Kritik, modifizierte es noch und stellte es endgültig fest". Diese Eingriffe machten Schinkel nicht selten zu schaffen, doch im allgemeinen suchte er ihnen zu entsprechen, was ihm umso leichter fiel, als sich Friedrich Wilhelm kaum um Einzelheiten kümmerte, sondern – wie in anderen Bereichen – auch seinen architektonischen Träumen ohne klare Konturen nachhing.

Der Kronprinz bezog 1815 im Berliner Stadtschloss die ehemalige Wohnung Friedrichs II., die Schinkel 1824-1826 nach dem Geschmack Friedrich Wilhelms umgestaltete. Das Arbeitszimmer des großen Königs blieb unangetastet. Sein Schlafzimmer wurde der Kronprinzessin eingeräumt. Sein Konzertzimmer wurde als Teesalon eingerichtet, wobei sich Schinkel an eine Skizze des Auftraggebers hielt. Der alte „Cour- und Speisesaal" wurde zum „Sternensaal". Bei den Skizzen zur Schlosskapelle ließ sich Friedrich Wilhelm von frühchristlichen Vorbildern anregen.

Antikes hatte er bei seinen Entwürfen zu einem geplanten Schloss auf dem Tornow bei Potsdam, gegenüber Sanssouci, vor Augen: Eine griechische Akropolis mit italienischem Namen – Belriguardo. Eine Ausführung des Projekts kam nicht zustande, war nicht vorgesehen, blieb ein Phantasiegebilde seiner Südsehnsucht.

Verwirklicht wurde sein Vorhaben, das ihm 1815 vom König geschenkte Gutshaus Charlottenhof im Park von Sanssouci zu einem Schloss umzubauen. Was der Bauherr in Skizzen vorgab, führte 1826 bis 1828 der Baumeister Schinkel aus. Friedrich Wilhelm nannte das klassizistische Refugium sein „Siam", sein „Land der Freien", in dem er sich, unbehelligt von den Sachzwängen des Kronprinzenamtes, nach Lust und Laune tummeln konnte.

Zum Schloss gehörte ein weitläufiger Garten, kamen das Gärtnerhaus, das Gehilfenhaus und das Römische Bad hinzu. Die Anlage sei, wie Schinkel zugestand, der „reichen, stets ergiebigen Phantasie des erhabenen Besitzers" entsprungen. So bilde das Ensemble von Charlottenhof „ein malerisch-gruppiertes Ganzes, welches mannigfaltige angenehme Ansichten, heimliche Ruheplätzchen, behagliche Zimmer und offene Räume für den Genuss des Landlebens darbietet".

Mit Charlottenhof hatte sich Friedrich Wilhelm ein griechisches Arkadien geschaffen. In der Burg Stolzenfels am Rhein schuf er sich eine mittelalterliche Fluchtburg. Dazu verhalf ihm wiederum Schinkel, der sich – wie er selbst – in beiden Bereichen, freilich mehr im antiken heimisch fühlte. Der Baumeister fügte sich den Vorstellungen des Bauherrn, der besonderen Wert darauf gelegt habe, dass „dieselbe Steinart "wie beim alten Bau" wieder angewendet, die äußeren Mauerflächen ungeputzt rau gehalten und die Maurerarbeit nicht genauer und sorgfältiger als die alte ausgeführt werde: damit womöglich gar nicht bemerkt werden kann, wo das alte Mauerwerk aufhört und das neue anfängt".

Nicht eine Renovation, sondern eine Restaurierung, wie es der künstlerischen wie politischen Vorstellung des Kronprinzen entsprach, sollte entstehen – am preußisch gewordenen deutschen Rhein, an dem er sich eine Behausung für seine romantischen Gefühle verschaffte. Erst 1842, bereits als König, konnte er in seine Burg Stolzenfels einziehen. „S. M. schildern den Aufenthalt zu Stolzenfels mit gr. Entzücken, ich habe mich wiederholt backpfeifen müssen; denn ich glaubte zu träumen", notierte der Architekt Ludwig Persius, der schon bei der Ausgestaltung von Charlottenhof beteiligt war und nach dem Tode Karl Friedrich Schinkels im Jahre 1841 der bevorzugte Baumeister des Königs wurde.

Persius plante die Friedenskirche im Park von Sanssouci, die nach seinem Tod im Jahr 1845 von Friedrich August Stüler erbaut wurde. Friedrich Wilhelm, der auch dieses Werk inspirierte, dachte dabei im allgemeinen an den Stil altchristlicher Basiliken und im besonderen an die Basilika San Clemente in Rom. Er erinnerte sich an einschlägige Vorbilder in Italien und meinte: „Es sei nur gerade so, wie damals gebaut wurde, wieder zu bauen" – in jener Zeit, da in antike Behausungen das Christentum einzog.

Zuerst hatte er die mittelalterliche Gotik und dann das klassische Altertum, griechische und römische Bauten vor Augen gehabt. Schließlich fand er sein ideales Arkadien im frühen Mittelalter, in der römischen Basilika, die zur christlichen Kirche wurde. Er folgte den Spuren seines Cicerone Bunsen, der mit seinem Werk „Die Basiliken des christlichen Rom" auch ein politisches Ziel anstrebte: Die Kirche solle aus den Trümmern, in die sie gesunken, wieder aufgebaut werden; „alles soll neu werden, aber zugleich den Gemütern das Gefühl und den Glauben einflößen, dass es dauernd bestehen werde, damit das Verlangen nach Neuerungen und Umwälzungen, welches alle Völker Europas fast ohne Ausnahme ergriffen hat, aufhören und ein freudiges ruhiges Dasein auf die Zeit des Verfalls und der Zerstörung folgen möge".

Friedrich Wilhelm glaubte an das Gottesgnadentum und die daraus resultierende Verpflichtung, in Verantwortung vor dem Höchsten und zum Besten der Untertanen, im Geiste und nach den Geboten des Christentums das Herrscheramt auszuüben. Den ihm unvertrauten Staat stellte er sich wie eine altchristliche Basilika vor, die wohl gegründet und fest gebaut den Stürmen der Gegenwart trotzte.

7.
Das lange Warten

Das „Fest der Weißen Rose", das am 13. Juli 1829 in Potsdam gefeiert wurde, begeisterte den Kronprinzen. Baron de la Motte Fouqué, sein romantischer Lieblingsdichter, hatte es als Huldigung an das Mittelalter der Ritter und Troubadoure inszeniert, mit denen Friedrich Wilhelm am liebsten durch die Gegenwart in die Zukunft gezogen wäre. Auf dem Turnierplatz, in den der Vorhof des Neuen Palais verwandelt worden war, ritt an der Spitze der als Ritter des 12. Jahrhunderts kostümierten Preußen der Kronprinz in den Farben Schwarz, Weiß und Gold. Unter Trompetenschall senkten sie ihre Schwerter vor der Herrin des Festes, Friedrich Wilhelms Schwester Charlotte, der russischen Zarin, die ganz in Weiß gekleidet war und im Haar einen Kranz weißer Rosen, ihrer Lieblingsblumen, trug.

Nach dem Ritterspiel mit Lanzenstechen auf Mohrenköpfe und Werfen nach Kränzen aus weißen Rosen wurden lebende Bilder gezeigt: Eine jugendliche Berolina, Rübezahl und Flussnymphen aus dem Riesengebirge, die von Pulverdampf umgebene Kriegsgöttin Bellona und der Moskauer Kreml, über dem eine Lichtgestalt schwebte, womit die dorthin als Gemahlin Nikolaus I. entsandte Tochter Friedrich Wilhelms III. gemeint war. Beim Festbankett im Muschelsaal traten Minnesänger auf, und auf dem anschließenden Kostümball hätten die bis in den frühen Morgen tanzenden Kavaliere und ihre Damen das aus dem Mittelalter kommende monarchisch-feudale Spiel am liebsten ad infinitum fortgesetzt.

„Es war das letzte großartige und vom Zauber der Kunst durchleuchtete höfische Spiel der neuen Geschichte, der letzte Triumph der alten Romantik und der aristokratischen Gesellschaft der Restauration", bemerkte der Historiker Treitschke. Im Jahre 1829 glaubte jedoch Friedrich Wilhelm, dass der „Zauber der Weißen Rose" fortwirken, die alte Ordnung in Staat und Gesellschaft, die Heilige Allianz der Monarchen fortdauern würde. Berechtigte zu dieser Erwartung nicht der eben in Potsdam gefeierte Bund des reaktionären Russland mit dem reaktionären Preußen? Wachte nicht in Österreich der Staatskanzler Metternich über das System von 1815, dessen Erhaltung die drei Ostmächte garantierten?

Doch schon im Jahr darauf erschütterte eine neue, die zweite französische Revolution, den Bestand der alten, von mehr und mehr Menschen für veraltet gehaltenen Ordnung. Im Juli 1830 wurde der Bourbone Karl X. gestürzt und der Orléans Louis-Philippe als Bürgerkönig eingesetzt. Die Wellen, die von Paris ausgingen, schwappten über die Grenzen Frankreichs.

Die Belgier fielen von dem auf dem Wiener Kongress geschaffenen Königreich der Niederlande ab, schufen sich eine konstitutionelle Monarchie und wählten den Coburger Leopold zum König der Belgier. Nach dem französischen gab es nun einen zweiten König, der weder nach dem Grundsatz der Legitimität auf den Thron gekommen war, noch nach dem monarchischen Prinzip regierte.

In Warschau erhoben sich Polen gegen Russland, an das sie der Wiener Kongress ausgeliefert hatte. Davon fühlten sich auch die über polnische Untertanen verfügenden Mächte Österreich und Preußen betroffen. Zur Genugtuung des Kaisers in Wien und des Königs in Berlin schlug Nikolaus I. den Aufstand nieder. Friedrich Wilhelm III. sah sich zwischen „dem alles Bestehende bedrohenden Frankreich" und dem „rein tollen Belgien" auf der einen und den „verräterischen und fanatischen Polen" auf der anderen Seite in einer schlimmen Situation. „Den Geist der Unruhe, der im deutschen Vaterland spukt, will ich ganz übergehen, obgleich er die größte Aufmerksamkeit erfordert."

In Sachsen, Kurhessen, Hannover und Braunschweig gab es Unruhen, die – zur Genugtuung des Königs – bald aufhörten, jedoch – zu seinem Verdruss – zu Konstitutionen und einer gewissen Liberalisierung führten. Der stürmische Westwind fachte auch in Preußen, in Aachen, Köln und Elberfeld einige Feuerchen an, die rasch verloschen. Selbst in Berlin rotteten sich Handwerksgesellen zusammen: „Auch hier haben wir", berichtete Friedrich Wilhelm III., „um in der jetzigen allgemeinen Mode nicht zurückzubleiben, einige tumultarische Pöbel-Bewegungen gehabt, welche sogleich im Entstehen unterdrückt wurden."

Die rasche Wiederherstellung von Ruhe und Ordnung begrüßte der Kronprinz, er meinte jedoch, dass der König den Ernst der Lage nicht voll erfasst und deshalb nicht die nötigen Konsequenzen gezogen habe. Zwar hatte Friedrich Wilhelm III. drei Armeekorps in den Westprovinzen zusammengezogen, um die Franzosen, die wieder die Trikolore aufgepflanzt hatten, von einem erneuten Marsch an den Rhein abzuschrecken. Aber als erster der europäischen Monarchen erkannte er den Bürgerkönig an und damit ein Regime, das an die Stelle der reaktionären Dreieinigkeit von „Legitimität, monarchischem Prinzip und Stabilität" wieder die revolutionäre Trias von „Freiheit, Gleichheit, Brüderlichkeit" gesetzt zu haben schien, jedenfalls dem Liberalismus und der Bourgeoisie Tür und Tor geöffnet hatte.

„Es ist wahr, die Dinge stehen so in der Welt, dass auch dem Unerschrockensten ein Beben anwandeln möchte", klagte Kronprinz Friedrich Wilhelm. „Die Torheiten werden immer schamloser und verbrecherischer und ein Abfall vom gültigen Gesetz zeigt sich ... wie nie zuvor." In Frankreich erblickte er „das gekrönte Verbrechen in Louis-Philippes Gestalt", in Belgien sah er den Coburger Leopold sich auf einen „gestohlenen Thron" setzen. Von zwei Seuchen hielt er seine Welt bedroht, dem Konstitutionalismus, der sich vom Westen, und der Cholera, die sich vom Osten her ausbreitete. „Ja wahrlich, Gott spricht laut mit uns allen", warne vor dem Abfall von der Heiligen Allianz, strafe jene, die sie verrieten und auch diejenigen, die ihnen nicht entgegenträten.

Doch vor einer bewaffneten Intervention in Frankreich, ein ehedem angewandtes Instrument der Reaktion, schreckten Österreich, Russland und auch Preußen zurück. Zwar erklärte Metternich, was man 1789 unterlassen habe, dürfe 1830 nicht ein zweites Mal passieren, aber damit fand er nicht einmal in Wien das erwünschte Echo. Zar Nikolaus I. war mit der Knebelung der Polen beschäftigt, und König Friedrich Wilhelm III., der Konflikte scheute, war erleichtert, dass seine Bundesgenossen Gewehr bei Fuß blieben und erwartete, dass sich auch das Frankreich Louis-Philippes in das friedenssichernde Gleichgewichtssystem einfügen würde.

„Wie traurig anders sieht es jetzt aus als damals", als 1829 in Potsdam mit dem „Fest der Weißen Rose" die noch intakt scheinende alte Ordnung gefeiert wurde, schrieb er seiner Schwester, der Zarin. „Es war das letzte Jahr, wo der Himmel noch voller Geigen hing, wo man noch zehrte und sich freute an dem, was man 1812-1815 mit so viel Blut erkauft hatte." Das System, das nach der Beseitigung Napoleons, des Erben der Französischen Revolution, eingeführt worden war, geriet außenpolitisch aus den Fugen, war aber innenpolitisch noch weitgehend intakt. Auf die revolutionären Reden des Hambacher Festes 1832 und auf den bewaffneten Anschlag 1833 auf den Bundestag in Frankfurt reagierten Mitglieder des Deutschen Bundes, voran Österreich und Preußen, mit repressiven Maßnahmen wie Handhabung der Zensur und Überwachung der Universitäten.

Kronprinz Friedrich Wilhelm begrüßte es, dass sich die Reaktionäre zu Gegenmaßnahmen aufgerafft hatten, fand diese aber nicht scharf genug, um das „Tier" der Revolution zu bändigen. „Es ist eine grässliche Zeit", klagte er seiner Schwester Charlotte, der Zarin. „Deckenhoch könnte ich zuweilen vor wütigem Schmerz springen."

Der Vater konnte die Gefühlsausbrüche des Sohnes nicht verstehen, und der König mochte das starre Festhalten des Kronprinzen am Gottesgnadentum nicht billigen. Seines Bruders Friedrich Wilhelms „leidenschaftlicher Charakter" sei unberechenbar, meinte Prinz Wilhelm und befürchtete, dass „durch die schroffe Trennung der Ansichten des Vaters und des Sohnes das Volk besorgt und unruhig" gemacht werden könnte, „dass beim Wechsel der Regierung (den Gott weit hinaus schieben möge) auch ein solcher Wechsel von Regierungs-Art eintreten werde, die sehr große Besorgnisse einflöße, sowohl hinsichtlich der friedliebenden Politik als auch der Gesetzmäßigkeit, Gerechtigkeit, Fortschreibung der Administration im Geist der Zeit usw.".

Aber noch regierte Friedrich Wilhelm III., und noch war kein Ende seiner Regierungszeit abzusehen. Schon begann sich der

Sohn für einen ewigen Kronprinzen zu halten, dem zwar Zwischenrufe, aber keine Eingriffe in die Staatsgeschäfte gestattet waren. Im langen Warten auf den Thron zog sich der politisch Frustrierte zunehmend dorthin zurück, wo er sich ohnehin am wohlsten fühlte: In die Gefilde der Kunst und auch in Bereiche der Wissenschaft.

Nach Italien, wo er so oft im Geiste weilte, durfte er erst wieder im Sommer 1835 reisen, aber nur für wenige Tage nach Oberitalien, diesmal in Begleitung seiner Gemahlin Elisabeth. In der „alten Wunderstadt" Venedig besuchte er die Hauptkirchen, das Arsenal und die Oper. Auf der Insel Murano, in der verfallenden Kirche S. Cipriano, beeindruckte ihn das Apsismosaik, das er für 300 Gulden erwarb. Es fand seinen Platz in der Friedenskirche in Potsdam. Von ihm las Friedrich Wilhelm auch sein politisches Programm ab: Christus, im byzantinischen Kaiserornat, übt sein Richteramt auch als weltlicher Herrscher aus und in seiner Nachfolge und in seinem Namen habe der König von Gottes Gnaden zu richten und zu regieren, gewissermaßen nach dem Vorbild des byzantinischen Caesaropapismus.

„Im Königtum von Gottes Gnaden" fasse sich „die Autorität des Staates zusammen. Autorität ist der Eckpfeiler staatlicher Existenz", erklärte der Staatsphilosoph Friedrich Julius Stahl. Als „Theoretiker des Gottesgnadentums", der sich vom Rationalismus der Aufklärung abwandte und sich dem Irrationalismus der Romanik öffnete, lieferte er eine theoretische Begründung eines christlichen Staates und des monarchischen Prinzips.

Es sei „das dringende Gebot, dass uns das politische System des Westens fernbleibe: Die Volkssouveränität, die Teilung der Staatsgewalt, die Republik unter der Form der Monarchie, die Kammerherrschaft". Hinter diesen Satz Stahls setzte Friedrich Wilhelm ein Ausrufezeichen, hinter einen anderen ein Fragezeichen: „Die Teilnahme der Nation an der Gestaltung und Verbürgung des öffentlichen Rechtszustandes durch eine wohlgeordnete, ihrer ständischen Gliederung und ihren sachlichen Zuständen adäquate Vertretung" sei ein Ziel, „auf welches die neuere Staatenbildung mit einer inneren Notwendigkeit hinausstrebt". Der Via media, die

Stahl vorschwebte, mochte der Kronprinz bis auf weiteres nicht folgen, und dass der Staatsphilosoph nicht wie er ins Mittelalter und daraus eine organische Staatslehre à la Haller ableitete, kam ihm nicht zupass.

Er übte Kritik an Hegel, der den Staat als „wirklichen Gott" bezeichnete und zunehmend als Philosoph des preußischen Machtstaates galt. Friedrich Wilhelm verdammte die „Drachensaat" des Hegelschen Pantheismus. Als König berief er Schelling, einen romantischen Philosophen, auf den verwaisten Lehrstuhl Hegels in Berlin und begrüßte es, dass er gegen dessen Rationalismus zu Felde zog. Aber es enttäuschte ihn Schellings Antwort auf die Frage, ob er sich nicht an eine Philosophie des Christentums heranwagen wolle. Das könne und wolle er nicht tun: „Denn wer philosophiere, gestehe schon damit ein, am Glauben nicht genug zu haben."

Weil er vom Glauben nie genug bekam, die Religion das Alpha und Omega seines Lebens blieb, schätzte Friedrich Wilhelm die Philosophie nur als Magd der Theologie. Ohnehin drang er in Werke selbst von ihm geschätzter Philosophen nicht allzu tief ein; daran hinderte ihn schon seine Unstetigkeit, die ihn von konsequentem Nachdenken abhielt. Immerhin entnahm er ihnen, was ihm konvenierte, seinen Vorstellungen von Staat und Gesellschaft entgegenkam und seinen Vorhaben als künftigem Herrscher zu nützen versprach.

Zugänglicher waren für ihn Erfahrungswissenschaften, namentlich die Geschichte. Dabei ging es ihm weniger um die Erkenntnis, wie es wirklich gewesen war, als darum, wie er, der Romantiker, es sich vorstellte, vornehmlich das Mittelalter, in dem ihm selbst die Spinnweben vergoldet erschienen.

Im Jahre 1810 hörte der Kronprinz „juristische Vorträge" an, die Professor Friedrich Karl von Savigny hielt. Der Mitgründer der Berliner Universität und das Haupt der Historischen Rechtsschule wendete sich gegen den Rationalismus und das Naturrecht der Aufklärung, verwarf daraus resultierende Neuerungen, verteidigte das geschichtlich Gewachsene und begriff das „wahre Recht" aus der historischen Entwicklung eines Volkes. Der Romantiker, ein Schwager von Clemens und Bettina Brentano, der die Lehre vom Volksgeist in die Rechtstheorie übertrug, untermauerte damit die Restauration und gewann die Sympathie des romantisch bewegten und konservativ gesinnten Kronprinzen.

Die Historie war und blieb seine Lieblingswissenschaft. Dem Historiker Leopold Ranke begegnete er im Dezember 1828 in Venedig und notierte: „Professor Ranke aus Berlin (der jetzt hier die Archive studieren will, um sein herrliches Werk über die Fürsten und Völker Europas im 16. und 17. Jahrhundert fortzusetzen) aß auch mit uns. Ancillon hatte ihn mir schon am Vormittag vorgestellt." An Ranke schätzte er, dass er den Progressismus der Aufklärung ablehnte, nach den Exzessen der revolutionären und napoleonischen Zeit den Frieden in der Ruhe der inneren und äußeren Ordnung gesichert sah, in der Geschichtsforschung einen „Weg zur ahnenden Erkenntnis des göttlichen Wirkens" erblickte und in der Geschichtsschreibung jede Epoche aus ihrem Bezug „unmittelbar zu Gott" verständlich zu machen suchte.

Die Jahre nach dem Wiener Kongress erschienen Ranke – wie dem Kronprinzen – als Halkyonische Tage, als Tage glücklicher Stille, in denen Zeus alle Winde ruhen ließ, in der Windstille Kunst und Wissenschaft gediehen. Das kam auch dem Naturforscher Alexander von Humboldt zupass, doch er nahm an, dass die Ruhe in Preußen, die ihm wie eine Friedhofsruhe vorkam, bald von neuen Weststürmen gestört werden würde, was ihm, der den Ideen von 1789 nicht abgeneigt war, nicht ungelegen gekommen wäre.

Aus Paris zurückgekehrt, gründete Alexander von Humboldt in Berlin 1828 die Gesellschaft für Naturforscher und Ärzte, deren Eröffnungsveranstaltung der Kronprinz mit dem König beiwohnte. Friedrich Wilhelm III. hatte dem liberalen Gelehrten, der mit seinem internationalen Ansehen das Prestige Preußens erhöhte, die Würde eines Kammerherrn verliehen. Dem Thronfolger imponierte der Forschungsreisende, dem er in der Phantasie nach Südamerika und Sibirien zu folgen vermochte, aber am „Hofdemokraten" missfiel ihm, dass er das Gottesgnadentum für ein Trugbild hielt, das dem Monarchen den Blick auf die in einer fortgeschrittenen Zeit geforderten Maßnahmen verstellte. Aber er schätzte den Wissenschaftler wie den Weltmann und zog ihn schon als Kronprinz in seinen Kreis.

Dieser glich einem Parnass der Musen und nicht einem Areopag, auf dem Politik gemacht wurde. Lang, viel zu lange Jahre musste der Kronprinz auf seine Thronbesteigung warten. Je länger es dauerte, desto mehr entfernte er sich von seinen Staatspflichten, verstieg er sich in das Reich seiner Träume, aus dem er nie mehr herausfinden sollte.

8.
1840: Erwartungen und Enttäuschungen

König Friedrich Wilhelm III. starb am 7. Juni 1840. Am Totenbett standen und klagten die Kinder. „Wir umarmten uns alle untereinander", berichtete Charlotte, „besonders den armen Fritz und Elis, die nun König und Königin werden." König Friedrich Wilhelm IV. sagte zur Königin Elisabeth: „Jetzt stütze mich, Elise! Nun bedarf ich der Kraft."

Die Tore des Palais wurden für die davor harrende Menge geöffnet. „Männer und Frauen drängten sich in die königlichen Gemächer", berichtete ein Chronist. „Nach einigen Stunden wurde der Zudrang zu dem königlichen Sterbezimmer so massenhaft, das Gedränge so bedenklich, dass das Palais dem Volke geschlossen werden musste."

Der Abschied von Friedrich Wilhelm III. verband sich mit der Erwartung an Friedrich Wilhelm IV., dass er dem Volke nachhaltigen Zutritt zum Herrschaftsbereich einräume, ihm durch eine Konstitution eine Mitwirkung an den Staatsgeschäften gestatte, die der Vater – trotz seines Verfassungsversprechens – nicht erlaubt hatte.

Anzeichen dafür glaubte man wahrnehmen zu können. Der neue König, wurde in Berlin erzählt, habe eine Bürgerdeputation entgegenkommend empfangen, Bürgerfreundlichkeit erkennen lassen. Zu Alexander von Humboldt solle er gesagt haben, der König sei der erste Bürger, ein Bürgerkönig sozusagen, und nicht wenige gaben sich der Hoffnung hin, dass er Louis-Philippe nacheifern könnte. Hatte er nicht zu Repräsentanten der Justiz gesagt, man dürfe niemals aufhören, nach Fortschritt und Verbesserung zu streben? Hatte er nicht zu den Ministern gesagt, er wolle von ihnen immer und überall die Wahrheit hören, auch dann, wenn sie ihm unangenehm sei? Den Juden Berlins versicherte er, dass er nicht die Vorurteile früherer Jahrhunderte teile.

„Seit dem letzten Atemzuge des verstorbenen Königs", fand der Juraprofessor Karl Ernst Jarcke, „besteht ein anderes Preußen."

Dies ließen erste Maßnahmen Friedrich Wilhelms IV. vermuten. Er rehabilitierte – wie es ihm Savigny geraten hatte – Professoren der Göttinger Sieben, die König Ernst August von Hannover wegen ihrer Kritik an seinem Verfassungsbruch gemaßregelt hatte. Friedrich Christoph Dahlmann wurde an die Universität Bonn, Wilhelm Grimm an die Akademie der Wissenschaften in Berlin berufen. Ernst Moritz Arndt erhielt den durch die Karlsbader Beschlüsse verlorenen Bonner Lehrstuhl zurück. Der verfolgte Turnvater Jahn bekam nachträglich das Eiserne Kreuz. General Hermann Ludwig von Boyen, der als Kriegsminister um eine Verbindung zwischen Heer und Volk bemüht gewesen und von der Reaktion 1819 verdrängt worden war, wurde reaktiviert und zum Kriegsminister ernannt.

Der Geheime Rat Gustav Adolf Tzschoppe, der so genannte Demagogen besonders eifrig aufgespürt hatte, fiel in geistige Umnachtung, weil es ihm nicht in den Kopf ging, dass Friedrich Wilhelm IV. „politische Verbrecher" amnestierte, den einen und anderen aus dem Gefängnis Entlassenen oder aus dem Ausland Heimgekehrten sogar in Staatsdienste nahm. Varnhagen von Ense, der, „demokratischer Umtriebe" verdächtigt, 1819 von seinem diplomatischen Posten in Karlsruhe abberufen worden war und sich in seine Schriftstellerei zurückgezogen hatte, bemerkte nun: „Der König will die Presse freier machen, liberale Meinungen gestatten, ist aber doch bei jeder Äußerung empfindlich, ja aufgebracht, und es wird an solchen Leuten, die dies benützen, um ihn anders zu stimmen, nicht fehlen."

Die einen waren und blieben bemüht, den Sohn in der vom Vater vorgegebenen Bahn eines bürokratischen Absolutismus zu halten, während die anderen – die zunehmend Einfluss gewannen – ihn in seinen Vorstellungen vom patriarchalisch ausgeübten Gottesgnadentum bestärkten. Zu den ersteren zählte Fürst Wittgenstein, zu den letzteren der ihn als Hausminister ablösende Graf Anton Stolberg, der als frommer „Erweckter" das Gehör des Königs gewann. Der Kabinettsminister Ludwig Gustav von Thile, ein General, erklärte: „Über aller Macht von Ross und Reitern steht die Macht eines mit seinem König im Gebet vereinten Volkes."

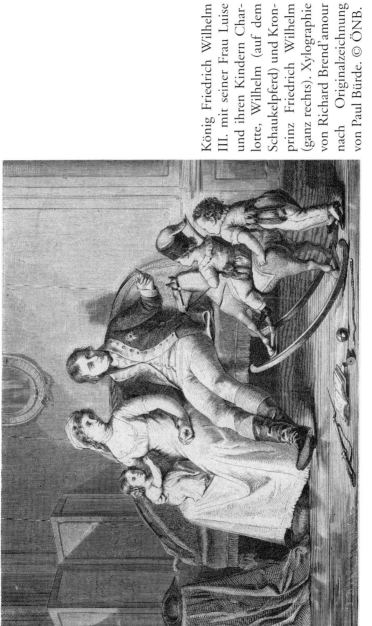

König Friedrich Wilhelm III. mit seiner Frau Luise und ihren Kindern Charlotte, Wilhelm (auf dem Schaukelpferd) und Kronprinz Friedrich Wilhelm (ganz rechts). Xylographie von Richard Brend'amour nach Originalzeichnung von Paul Bürde. © ÖNB.

Friedrich Wilhelm mit seinem Bruder Wilhelm im Jahre 1802. Xylographie nach einer Zeichnung aus dem Nachlass des Prinzenerziehers Friedrich Delbrück. © ÖNB.

Friedrich Wilhelm als Kronprinz 1815 in Uniform. Punktierstich von Daniel Berger nach Gemälde von Wagner. © ÖNB.

Elisabeth von Bayern als Kronprinzessin von Preußen im Jahr 1829. Lithographie (ad vivum) von Franz Hanfstaengel. © ÖNB.

Karl Josias Freiherr von Bunsen. Zeichnung von George Richmond. © ÖNB.

Zu den Vertrauten Friedrich Wilhelms gehörte der aus einer ungarischen Familie stammende preußische Offizier Josef Maria von Radowitz. Schon der Kronprinz war auf ihn aufmerksam geworden: Den Autor des konservativen „Berliner politischen Wochenblatts", der, sich auf restaurative Gedanken Hallers beziehend, eine christlich-germanische Monarchie anvisierte und gegen liberale Ideen und konstitutionelle Institutionen zu Felde zog. Seine altpreußischen Gegner bezichtigten den Verfasser einer „Ikonographie der Heiligen", den entschiedenen Katholiken, der verkappten Inquisition. Bismarck nannte ihn „den geschickten Garderobier der mittelalterlichen Phantasie des Königs".

Bedeutsam für die Gedankenwelt wie die Herrscherpraxis Friedrich Wilhelms IV. wurden auch und vor allem die Brüder Gerlach. Der Ältere, Leopold von Gerlach, war als Jurastudent und Schüler Savignys ein Anhänger der Historischen Rechtsschule geworden und blieb, von Romantik bewegt und von Haller beeinflusst, ein Befürworter eines christlich-germanischen Ständestaates und einer patrimonialen Monarchie. Das beeindruckte Friedrich Wilhelm, der den Soldaten, der Napoleon mit militärischen Waffen bekämpft hatte und die Revolution weiter mit geistigen Waffen bekämpfte, zunehmend zu Rate zog, ohne alle seine Ratschläge zu befolgen.

Leopolds jüngerer Bruder Ernst Ludwig von Gerlach, ebenso wie er von politischer Romantik geprägt, war und blieb Jurist, der als Richter mit Strenge urteilte, in Wort und Schrift gemäßigte wie radikale moderne Ideen verdammte und ihnen sein Ideal des monarchischen Gottesgnadentum entgegensetzte. Schon als Kronprinz war Friedrich Wilhelm vom Eifer des protestantischen Fundamentalisten und der Entschiedenheit des Legitimisten angetan gewesen, der erklärte: „Nach der Schrift ist Gott selbst der höchste, der ewige König aller Könige, und die Obrigkeit das von Gott eingesetzte Amt des Schwertes ..., das, Menschen anvertraute, Amt des göttlichen Gesetzes. Wer dieses Amt hat, der Vater, der Richter, der König, hat es von Gott und übt es in Gottes Namen."

Beide Gerlachs erhofften sich vom neuen König, dass er sich vom aufgeklärten, bürokratischen Absolutismus des alten Königs abwendete und sich – mit ihrem Beistand – einem romantischen

Patriarchalismus zuwendete. Vorsorglich legten sie ihm nahe, dass er „nicht mit bloßen noch so erhabenen Ideen werde regieren können, sondern dazu der Organe tüchtiger, gleich gesinnter Männer bedürfe", wobei sie nicht zuletzt an sich selbst dachten. Schon bald mussten sie einsehen, dass es sehr schwer, wenn nicht gar unmöglich werden würde, Friedrich Wilhelm IV. – wie Ernst Ludwig von Gerlach meinte – „von seinen unpraktischen Phantasien" abzubringen. Dies führte bereits am 12. Juli 1840 zu einer ersten Auseinandersetzung Leopold von Gerlachs mit dem Monarchen und ließ ihn feststellen, dass er – wie auch andere Günstlinge – keine wirkliche Macht über ihn besitze.

„Es gibt Dinge, die man nur als König weiß, die ich selbst als Kronprinz nicht gewusst und nun erst als König erfahren habe", erklärte Friedrich Wilhelm IV. Kraft seines Gottesgnadentums fühlte er sich befähigt, alles zu wissen und kraft seiner über allen anderen Menschen erhabenen Stellung für berechtigt, alles zu entscheiden.

„Auf Dich, mein lieber Fritz, geht die Bürde der Regierungsgeschäfte mit der ganzen Schwere ihrer Verantwortlichkeit über", hieß es im politischen Testament des Vaters. „Deine Grundsätze und Gesinnungen sind mir Bürge, dass Du ein Vater Deiner Untertanen sein wirst. Hüte Dich jedoch vor der so allgemein um sich greifenden Neuerungssucht, hüte Dich vor unpraktischen Theorien, deren unzählige jetzt im Umschwunge sind, hüte Dich aber auch zugleich vor einer fast ebenso schädlichen, zu weit getriebenen Vorliebe für das Alte, denn nur dann, wenn Du diese beiden Klippen zu vermeiden verstehst, nur dann sind wahrhaft nützliche Verbesserungen geraten."

Würde sich der neue König an das Vermächtnis des alten Königs halten? Am 12. Juni 1840 wurde dieses zur Veröffentlichung freigegeben, von Friedrich Wilhelm IV., „der Ich mit Gott entschlossen bin, in den Wegen des Vaters zu wandeln". Doch zunehmend wurde gefragt, ob er zwischen der Scylla der zeitgenössischen Forderungen und der Charybdis der zeitwidrigen Vorstellungen hindurch steuern könnte – dieser neue Odysseus, der sich den Sirenengesängen der Liberalen und Demokraten verschloss und nicht vorwärts in das 19. Jahrhundert, sondern zurück in das Mittelalter blickte.

Zu einer seiner ersten Regierungshandlungen zog es ihn in den Osten seines Königreiches. Dort stand die Marienburg, das alte Schloss des Deutschen Ritterordens, dessen Restaurierung vom Kronprinzen gefördert worden war. Im Jahre 1822 hatte er den wiederhergestellten Remter des Hochmeisterpalastes betreten, begrüßt vom Regierungsrat Joseph von Eichendorff, dem wie ihm die Gotik als adäquater Stil des christlich-germanischen Geistes erschien.

Der „Romantiker auf dem Thron" wollte sich, wie früher üblich, von Ständen seines Reiches huldigen lassen, zunächst im alten Herzogtum Preußen, dem eine Ausnahmestellung zugekommen war. Bei der Huldigung verpflichtete sich der Landesherr zur Anerkennung der Rechte und Pflichten der Stände, und diese leisteten ihm den Eid der Treue und des Gehorsams. Doch diese Gepflogenheit aus den Zeiten des Feudalismus passte nicht mehr so recht in eine Gegenwart, in der es – wegen der Stein-Hardenbergschen Reformen und der Einführung von Provinzialständen – keine Stände im alten Sinne mehr gab und die Befugnisse der Provinzialstände sehr beschränkt waren.

Doch der rückwärtsgewandte Friedrich Wilhelm IV. war im Sommer 1840 ganz in seinem Element bei der Huldigung in Königsberg, die der Zukunft Zugewandten wie ein mittelalterliches Schauspiel ohne aktuellen Gehalt erschien. Veraltet erschien ihnen schon die Zusammensetzung des Huldigungslandtages aus 45 Mitgliedern der Ritterschaft, 28 der Städte und 22 der Landgemeinden. Überraschend stellte der Kaufmann Heinrich, Deputierter der Stadt Königsberg, den Antrag, in dem an das nicht eingehaltene Verfassungsversprechen Friedrich Wilhelms III. erinnert und um dessen Erfüllung ersucht wurde. Vornehmlich Oberpräsident Theodor von Schön, ein Anhänger der Philosophie des Königsbergers Kant und Mitarbeiter an den Stein-Hardenbergschen Reformen, der eine baldige Einberufung der preußischen Reichsstände anstrebte, befürwortete den Antrag, der mit 90 von 95 Stimmen angenommen wurde.

Dem König passte es nicht, dass der Landtag, anstatt die Bestätigung seiner mittelalterlichen Privilegien zu erbitten, endlich die 1815 zugesagte Gesamtstaatsrepräsentation erhalten wollte. Wie es Reaktionäre erwarteten und Progressive befürchteten, lehnte Friedrich Wilhelm IV. diese Forderung ab, bekannte sich zur Einhaltung eines „auf geschichtlicher Entwicklung beruhenden und der deutschen Volkstümlichkeit" entsprechenden Weges und gelobte, als „christlicher König" das „Beste, das Gedeihen, die Ehre aller Stände mit gleicher Liebe umfassen und fördern" zu wollen.

An Beifall für diese Worte fehlte es nicht, denn nicht nur der König, auch Untertanen waren geneigt, in dieser immer noch romantisch bewegten Zeit mehr das Herz als den Verstand sprechen zu lassen. Dies zeigte sich auch am 15. Oktober 1840 beim Huldigungsfest in Berlin, einer ersten Massenkundgebung in einem Staat, in dem zwar der Applaus des Volkes, aber nicht dessen verfassungsmäßige Regierungsbeteiligung erwünscht war.

Wie in den Zeiten des Feudalismus wurden unter den Deputierten der Provinzen die Adeligen als der erste Stand angesehen und bevorzugt. Zunächst durfte die Ritterschaft dem König im Weißen Saal des Schlosses huldigen. Die Vertreter der Städte und der Landgemeinden mussten mit der Bürgerschaft Berlins im Lustgarten unter freiem Himmel bei nasskaltem Wetter ausharren, bis die Zeremonie im Schloss beendet war.

„Ich weiß zwar und bekenne es, dass Ich Meine Krone von Gott allein habe und dass es Mir wohl ansteht, zu sprechen: Wehe dem, der sie anrührt! Aber Ich weiß auch und bekenne es vor Ihnen Allen, dass ich Meine Krone zum Lehn trage von dem Allerhöchsten Herrn und dass Ich Ihm Rechenschaft schuldig bin von jedem Tage und von jeder Stunde Meiner Regierung", erklärte der an diesem Tage 45 gewordene Friedrich Wilhelm IV. im Weißen Saal. „Wem von Ihnen nun der Sinn nicht nach einer so genannten glorreichen Regierung steht, die mit Geschützesdonner und Posaunenton die Nachwelt ruhmvoll erfüllt, sondern wer sich begnügen lassen will mit einer einfachen, väterlichen, echt teutschen und christlichen Regierung, der fasse Vertrauen zu Mir."

Indessen standen vor dem Schloss – nach Schätzungen 40.000 bis 50.000 – Untertanen im strömenden Regen. Endlich, nach zwei Stunden, erschien der König auf der vor dem Schloss erbauten Tribüne und nahm auf dem Throne Platz. Am Fuße der zu ihm hinaufführenden Freitreppe hielt der Oberbürgermeister von Berlin entblößten Hauptes seine Ansprache. „Er durfte nicht hinauf", notierte Varnhagen von Ense, „ich dachte an den tiers-état von Frankreich, der seine Anträge dem Könige kniend vorbringen musste."

Vor dem Huldigungseid, den die beiden unteren Stände zu leisten hatten, setzte Friedrich Wilhelm IV. zu einer Rede an, in der er seinen Empfindungen freien Lauf ließ, von der die meisten, vor allem die ferner Stehenden, beim Sausen des Windes und dem Prasseln des Regens nicht die Worte, nur die sie begleitenden Gesten wahrnahmen.

„Ich gelobe, Mein Regiment in der Furcht Gottes und in der Liebe der Menschen zu führen", sprach Friedrich Wilhelm IV. „Aber die Wege der Könige sind tränenreich und tränenwert, wenn Herz und Geist ihrer Völker ihnen nicht hilfreich zur Hand gehen... Ich frage Sie: Wollen Sie mit Herz und Geist, mit Wort und Tat und ganzem Streben, in der heiligen Treue der Teutschen, in der heiligen Liebe der Christen ... mir helfen und beistehen, die Eigenschaften immer herrlicher zu entfalten, durch welche Preußen mit seinen nur 14 Millionen den Großmächten der Erde zugesellt ist? – nämlich: Ehre, Treue, Streben nach Licht, Recht und Wahrheit... O! Dann antworten Sie Mir mit dem klaren, schönsten Laute der Muttersprache, antworten Sie Mir ein ehrenfestes Ja!"

Das Ja des Volkes fiel nicht so donnernd aus, wie er es sich gewünscht hatte, denn im Peitschen von Wind und Regen hatten nur die Nächststehenden, vornehmlich Hofleute und Hochadelige, Minister und Militärs, seine Frage verstanden. Der Donner der Kanonen und das Läuten der Glocken übertönten dann alles wie gehabt und ein vieltausendstimmiges „Nun danket alle Gott!" stieg gen Himmel.

Friedrich Wilhelm IV. war der erste König von Preußen, der sein Volk, wenn auch nur rhetorisch, befragte. Er mochte dabei an das Märzfeld der Frankenkönige gedacht haben, auf dem sich wenigstens einmal im Jahr das Volk versammelte, um Gesetzen zuzustimmen und dem König zu huldigen, oder an das Maifeld Karls des Großen, auf das nur die Aristokratie berufen wurde, die gesamten Freien nur dann, wenn zugleich der Heerbann aufgeboten wurde. Jedenfalls erwartete der ins Mittelalter zurückblickende Hohenzoller von seinem Volk, das er sich lediglich in Ständen gegliedert vorzustellen vermochte, nur Antworten, die seiner Auffassung von der Hauptrolle des Monarchen und der Nebenrolle der ihm Anbefohlenen entsprachen.

Indessen begannen ihn Preußen, die das Volk nicht für die Summe der Untertanen hielten, zu fragen, wie er der Jahrhundertforderung nach einer von der Volkssouveränität ausgehenden Staatsverfassung entgegenkommen wolle. Johann Jacoby, ein jüdischer Arzt in Königsberg, veröffentlichte im Februar 1841 „Vier Fragen, beantwortet von einem Ostpreußen", mit dem Tenor: Ohne politische Bildung bleibe die geistige und sittliche Erziehung des einzelnen Menschen wie die eines ganzen Volkes unvollendet, und es gebe keinen anderen Weg zur politischen Bildung als „Beteiligung an dem Staatsleben". Deshalb müsse endlich das Verfassungsversprechen von 1815, das gültiges Gesetz sei, erfüllt und dem preußischen Volk, das ein Recht auf die Verfassung habe, Mitwirkung im Staate durch eine wahrhafte Repräsentation eingeräumt werden.

Dies war eine Kampfansage an das altständische System der preußischen Provinzialverfassung, die Friedrich Wilhelm IV. als einen persönlichen Angriff auf sein patriarchalisches Regime empfand. Die Verbreitung der „revolutionären Schrift" wurde nicht nur in seinem Königreich, sondern auch durch preußischen Antrag im gesamten Deutschen Bund verboten und gegen den Verfasser ein Strafverfahren eingeleitet, das – es gab immer noch unabhängige Richter in Preußen – mit einem Freispruch endete.

Jacobys Männerstolz vor dem Königsthron wurde von Fortschrittlichen im ganzen Land gelobt, vor allem in Ostpreußen, wo – was Friedrich Wilhelm erboste – Juden ihren jüdischen Mitbürger feierten. „Getaufte Juden zähle ich nicht zu meinen Ostpreußen", ließ er den Oberpräsidenten Schön wissen. „Machen Sie nur, dass unbeschnittene Männer von alter Treue und die ein Herz zu mir haben, die Schmach gutmachen, welche die Beschnittenen Ostpreußen angetan." Wie andere Reaktionäre hielt Friedrich Wilhelm die Juden für die revolutionäre Avantgarde, die mit der allgemeinen die besondere Ordnung seines christlich-germanischen Staatswesens bedrohten.

Die Flugschrift Jacobys wurde von Befürwortern wie Widersachern mit der Kampfschrift „Qu'est-ce que le tiers-état" verglichen, in der Abbé Sieyès im Januar 1789 mit dem Selbstverständnis das Selbstbewusstsein des Dritten Standes gestärkt und Ludwig XVI. nahe gelegt hatte, dem Bürgertum politische Mitwirkung im Staate zu gewähren. Der Hohenzollernkönig, hofften preußische Verfechter einer Repräsentativverfassung, würde aus den Fehlern des Bourbonenkönigs lernen und den Weg zu einer Nationalrepräsentation freigeben.

Aber Friedrich Wilhelm IV. konnte sich nur zu einem kleinen Schritt aufraffen, der seinen Kritikern als Rückschritt erschien, weil er sich nicht von dem einer modernen Konstitution entgegenstehenden altständischen System entfernte. Im Jahre 1842 berief er „Vereinigte Ausschüsse", von den Provinzialständen aus ihrer Mitte gewählte Vertreter, zur gemeinsamen Beratung nach Berlin. Sie vertraten den feudalen, städtischen und großbäuerlichen Grundbesitz, keine Citoyens, freie und gleiche Staatsbürger. Auch sie durften keine Beschlüsse fassen, nur Fragen der Regierung beantworten, und diese befassten sich nicht mit Verfassungsproblemen. Am 18. Oktober zusammengetreten, gingen die „Vereinigten Ausschüsse" bereits am 10. November wieder auseinander.

Friedrich Wilhelm IV. sah nach wie vor in Zugeständnissen an den Konstitutionalismus eine Konzession an die Revolution. Der König war entschlossen, durch ein „persönliches Regiment" seine Staatsauffassung durchzuführen und sich davon von niemandem abbringen zu lassen: Weder von seinen Ministern, denen er nicht Durchblick zutraute, und schon gar nicht von einer Volksvertretung, in welcher der „beschränkte Untertanenverstand" potenziert gewesen wäre.

Aber Friedrich Wilhelm war nicht Friedrich der Große, der seinen Willen kraftvoll und nachhaltig durchgesetzt hatte, und selbst diesem wäre dies, wenn er im fortgeschrittenen 19. Jahrhundert regiert hätte, kaum noch gelungen. So wurden das Herrschaftsprogramm wie die Herrschermethode Friedrich Wilhelms IV. zunehmend bemängelt, und nicht allein von einer wachsenden Opposition im Volk, sondern auch von Kritikern am Hof und im Kabinett.

„Der König hat gewiss die besten Absichten und die wohlwollensten Gesinnungen: Die Natur hat ihn aber mit einer genialen Phantasie begabt und dieses ist ein schwer zu überwindender Feind, besonders wenn man gegen die Popularität nicht gleichgültig ist", meinte Fürst Wittgenstein bereits im Juli 1840. Leopold von Gerlach verdross es, dass Friedrich Wilhelm IV. seine Minister – und auch ihn – als „Rindvieh" betrachtete, „schon darum, weil jene mit ihm kurrente und praktische Geschäfte abmachen müssen, welche nie seinen Ideen entsprechen". Ernst Ludwig von Gerlach klagte im Dezember 1840 über die „Tendenzlosigkeit der neuen Regierung, die der König ohne Menschen führt" und fügte im Februar 1842 hinzu: „Es ist doch ein schwer zu tragendes Leiden, diese missratene Regierung des Königs. Welche Hoffnungen konnte man daran knüpfen." Alexander von Humboldt wünschte sich: „Möge er sich endlich Werkzeuge zum Handeln schaffen!"

Auch sein Bruder Wilhelm, der 1840 als Thronfolger zum Prinzen von Preußen ernannt wurde, hatte an ihm einiges auszusetzen. Eher ein Friderizianer, hätte er sich gewünscht, dass Friedrich Wilhelm IV. wie der Alte Fritz sein Königreich eindeutig auf die bewaffnete Macht, den Adel in Militär und Bürokratie gestützt hätte. Zwar begrüßte er es, dass er dem Konstitutionalismus wider sagte und sich dabei an das Vermächtnis Friedrich Wilhelms III. hielt. Aber er bedauerte es, dass er davon abwich, indem er sich seiner „Vorliebe für das Alte", das Mittelalter, hingab, und dies mit einer Begeisterung, die er eher einem Poeten als einem Monarchen zugebilligt hätte.

„Die große Einfachheit Papas, der alle Verhältnisse so praktisch, und dadurch, doch an sich in so hohem Grade fesselnd, nahm, kontrastiert gewaltig mit den jetzigen Erscheinungen!", schrieb Wilhelm am 24. Oktober 1840 an seine Schwester Charlotte. „Ich kann diese ganze erste Regierungszeit von Fritz nicht anders, als mit der Mousse des Champagners vergleichen; es spritzt in die Augen, betaumelt, regt auf und benebelt die Sinne!"

9.
Christliche Kirche und christlicher Staat

In seinem ersten Regierungsjahr, 1840, wurde Friedrich Wilhelm IV. mit einem außenpolitischen Paukenschlag, genau gesagt, mit Clairongeschmetter konfrontiert. Franzosen, die den toten Napoleon von Sankt Helena nach Paris heimholten, sehnten sich nach der großen Zeit, in der sie Europa beherrschten, begannen an der Friedensordnung des Wiener Kongresses zu rütteln, forderten wieder das linke Rheinufer, sahen im Strom Frankreichs „natürliche Grenze".

Dies brachte deutsche Patrioten in Harnisch. „Sie sollen ihn nicht haben, den freien deutschen Rhein", dichtete der Rheinländer Nikolaus Becker, und der Württemberger Max Schneckenburger „Lieb Vaterland, magst ruhig sein, fest steht und treu die Wacht am Rhein". An den Kampf gegen das napoleonische Frankreich erinnerte König Ludwig I. von Bayern seinen Schwager Friedrich Wilhelm IV. von Preußen und forderte ihn auf, entschlossen zusammenzustehen und gemeinsam ihre linksrheinischen deutschen Gebiete zu verteidigen.

Dazu war auch der Preuße bereit, doch ihm lag daran, einen Krieg zu vermeiden. Von „teutschen" Gesinnungen, welche die Grenze zwischen Patriotismus und Nationalismus überschritten, ließ er sich nicht fortreißen. Doch wollte er die Friedensordnung von 1815 bestätigt und den Deutschen Bund, den Staatenverein unter dem Präsidium des Kaisers von Österreich gefestigt sehen. Dem Romantiker, der an das Heilige Römische Reich deutscher Nation dachte, schwebte keineswegs ein einheitlicher Nationalstaat, lediglich ein Deutschland der Vaterländer vor, in dem die Fürsten und ihre Untertanen „mannigfach und doch eins" verbunden blieben – indessen in einem Deutschen Bund, der, besser organisiert und entschiedener nach außen auftretend, nachhaltiger den Frieden gewährleisten könnte.

Der Deutsche Bund solle bei Bedrohung von außen als „europäische Macht" auftreten, schrieb er am 19. Dezember 1840 an Ludwig I. Würden die in ihm zusammengeschlossenen 30 Millionen Deutschen einig sein, „kann sie keine Macht der Erde meistern". Als Kern der Zentralmacht Europas (im Verein mit den Millionen der außerhalb des Bundesgebietes liegenden Gebiete Österreichs und Preußens) bildeten sie „dann wieder das unbestrittene Erste Volk der Welt. Schilt mich nun einen Träumer. Es ist süß von der Größe der teutschen Fürsten und Völker zu träumen! Ich träume weiter von äußerem Glanz und Glorie. Ich möchte dann auf dem Haupte des mächtigsten teutschen Fürsten", des österreichischen Monarchen, „des erblichen und geburts Präsidenten des Bundes", die „unbestrittne Erste Krone der Welt, die Krone Karls des Großen wieder sehen".

„Doch lasst uns jetzt erwachen", schloss er sein Schreiben an seinen Schwager Ludwig. „Ich springe mit beiden Beinen in die Wirklichkeit zurück." Dies sollte ihm freilich jetzt und später nie so gelingen, wie es die Staatsräson erfordert hätte. Er war und blieb ein Romantiker, der den Blick zurück in das römisch-deutsche Mittelalter und nach oben in himmlische Gefilde gerichtet hielt und dabei Gefahr lief, zu stolpern oder gar zu fallen.

Er träumte weiter von einem „einigen, nicht einförmigen Deutschland", einer Einheit in der Verschiedenheit, einer Renovatio des Sacrum imperium. Und er träumte von einem Zusammenwirken der Christen und ihrem Zusammenstehen gegen die von ihm als Irrlehren bezeichneten Ideologien, zunächst von einer Zusammenarbeit der evangelischen Christen in Deutschland und England.

An der Anglikanischen Kirche schätzte er die hierarchische Ordnung und die liturgischen Formen, die sich vom katholischen Mittelalter nicht allzu weit entfernt hatten, sowie das reformatorische Bekenntnis zum Protestantismus. Der Berliner Prediger Otto von Gerlach, der Bruder Leopolds und Ernst Ludwigs, studierte in seinem Auftrag die dortigen kirchlichen Einrichtungen, die er in seiner 1842 erschienenen Schrift „Über den religiösen Zustand der anglikanischen Kirche" beschrieb. Als Ziel visierte Friedrich Wilhelm IV. eine preußische Hochkirche nach anglikanischem Vorbild an.

Sein alter Vertrauter Josias von Bunsen, den er 1841 als Sondergesandten nach London schickte und im Jahr darauf zum preußischen Gesandten ernannte, half ihm bei der Verwirklichung seines Vorhabens, im Heiligen Land die Evangelischen gleichberechtigt neben die Orthodoxen und Lateiner zu stellen. Da die englische Staatskirche bereits über Besitz und eine Gemeinde in Jerusalem verfügte, hielt er es für angemessen, dass ein anglikanischer Bischof von den deutschen Protestanten, die es gegenwärtig gar nicht gab, mit denen aber künftig zu rechnen wäre, als gemeinsames Oberhaupt anerkannt werden sollte.

Die ökumenische Bistumsgründung in Jerusalem wurde von den Engländern, die ihren Einfluss im Vorderen Orient zu stärken gedachten, mehr aus politischen denn aus kirchlichen Motiven betrieben, die dem Preußenkönig am Herzen lagen. Der erste Bischof sollte von der Queen Victoria, der zweite von Friedrich Wilhelm IV. ernannt werden, die Weihe stets vom Erzbischof von Canterbury, dem Metropoliten, vollzogen werden. Mit dieser Vorrangstellung der Engländer und Anglikaner war der König einverstanden, nicht aber ein Teil der evangelischen Geistlichen in Preußen. Es sei unwürdig, hieß es in der Schrift zweier Theologen, dass Deutschlands Protestantismus hinter seiner jüngeren Schwester zurückstehen sollte. Hinter der Bevorzugung der anglikanischen wurde eine Neigung Friedrich Wilhelms zur katholischen Kirche vermutet.

Dieser Verdacht erhärtete sich, als Friedrich Wilhelm IV., kaum auf dem Thron, den Kölner Kirchenstreit beendete, Frieden mit dem Vatikan in Rom und seinen katholischen Untertanen in Preußen schließen, die Christen beider Konfessionen für eine gemeinsame Abwehr des um sich greifenden Unglaubens gewinnen wollte.

Der Konflikt hatte sich an der Frage der Mischehen entzündet und eskalierte 1837 in der Verhaftung des Kölner Erzbischofs Clemens August zu Droste-Vischering, der von deren grundsätzlicher Missbilligung durch Rom nicht abwich. Der Erzbischof von Gnesen-Posen, Martin von Dunin-Sulgutowski, der eine Trauung von Mischehepaaren nur erlauben wollte, wenn alle Kinder im katholischen Glauben erzogen würden, wurde seines Amtes enthoben. Der Papst protestierte gegen die Gewaltmaßnahmen, der Publizist

Joseph von Görres plädierte für die Freiheit der Kirche im Staat. König Ludwig I. von Bayern beschwor Friedrich Wilhelm IV. nach dessen Thronbesteigung: „Enthalte Deinen katholischen Untertanen ihre Rechte nicht vor, von Dir würde es nicht als Schwäche ausgelegt werden, von Dir wird es erwartet."

Der neue König von Preußen ergriff die Initiative zur Aussöhnung mit der römisch-katholischen Kirche. Als Unterhändler sandte er einen katholischen Jugendfreund, den Grafen Friedrich Wilhelm von Brühl, nach Rom. Der König war bereit, der Kirche in Preußen alle nur mögliche Freiheit zu gewähren, den „unmittelbaren Verkehr" der Bischöfe mit dem Vatikan freizugeben und eine Abteilung im Kultusministerium zur Wahrnehmung der katholischen Kirchen- und Schulangelegenheiten einzurichten. Friedrich Wilhelm IV. war gewillt, sich, was die katholische Kirche betraf, vom Staatskirchentum zu lösen.

Die Verhandlungen führten 1842 zum Friedensschluss zwischen König und Papst. Dem Kölner Erzbischof Droste-Vischering wurde bescheinigt, dass sich die gegen ihn erhobene Klage wegen „politisch-revolutionärer Umtriebe" als grundlos erwiesen habe, aber ihm folgte, zunächst als Koadjutor und Administrator, Johannes von Geißel, der Bischof von Speyer, den der Vermittler Ludwig I. vorgeschlagen hatte. Nach Gnesen-Posen war bereits Erzbischof Dunin zurückgekehrt, nicht ohne – wie auch Droste-Vischering – eine Entschädigung zu erhalten. Fortan sollten die gemischten Ehen nach den Forderungen des Vatikans und nach dem Ermessen der Bischöfe behandelt werden.

Friedrich Wilhelm IV. hatte Frieden mit der römischen Kirche gemacht. Dafür erntete er Dank von den meisten seiner katholischen, aber Undank bei vielen seiner protestantischen Untertanen, der noch im Urteil des Historikers Treitschke nachhallte: „In der Tat hatte die ultramontane Partei schon fast alles erreicht, was ein paritätischer Staat irgend gewähren konnte" – wegen der Nachgiebigkeit eines evangelischen Königs von Preußen, der „das Ideal seines christlichen Staates zu verwirklichen unternahm", den Protestanten und Katholiken in christlicher Eintracht und patriotischer Gemeinschaft tragen sollten.

Als Symbol dafür galt Friedrich Wilhelm der Kölner Dom. Das gotische Bauwerk erschien ihm als ein Gleichnis seines kirchenpolitischen wie staatspolitischen Programms. Wie im idealisierten Mittelalter, der hohen Zeit des Heiligen Reiches, sollte nun im 19. Jahrhundert in einer Einheit in der Vielheit der Weg nach oben gewiesen werden, zum Gottesreich, dem Ziel des Gläubigen.

Noch war der Kölner Dom ein Torso. Schon der Kronprinz hatte sich seine Vollendung vorgenommen, Skizzen dafür entworfen. Der König ordnete den Fortbau an, „streng nach den Originalplänen", übernahm das Protektorat des Dombauvereins und genehmigte einen Staatszuschuss von jährlich 50.000 Talern. Im Kultusministerium wurde der Geheime Regierungsrat Joseph von Eichendorff mit dem „Dombau-Referat" betraut.

Zur Grundsteinlegung am 4. September 1842, einem Sonntag, kam das Königspaar nach Köln. Zunächst besuchte es den Gottesdienst in der evangelischen Antoniterkirche, dann nahm es am Pontifikalamt im Dom teil. Bei der Wandlung kniete Elisabeth, die vor zwölf Jahren protestantisch geworden war; Friedrich Wilhelm, der stehen geblieben war, verneigte sich.

Bevor der König den Grundstein zum Weiterbau des katholischen Doms legte, sprach er zu den im Domhof Versammelten: „Dies ist, Sie fühlen es, kein gewöhnlicher Prachtbau. Er ist das Werk des Brudersinns aller Deutschen, aller Bekenntnisse." Es „verkünde den späteren Geschlechtern von einem durch die Einigkeit seiner Fürsten und Völker großen, mächtigen, ja, den Frieden der Welt unblutig erzwingenden Deutschland. – Von einem durch die Herrlichkeit des großen Vaterlandes und durch eigenes Gedeihen glücklichen Preußen, von dem Brudersinn verschiedener Bekenntnisse, der inne geworden, dass sie Eines sind in dem einigen göttlichen Haupte."

Ludwig I. von Bayern stimmte seinem preußischen Schwager begeistert zu. Der anwesende Metternich kämmte während der Rede sein spärlich gewordenes Haar und meinte, man wisse nicht, ob der hohe Herr sich selbst oder andere berausche. Kölner waren wohl zum ersten Mal mit dem ihnen aufgezwungenen Landesherrn einverstanden, als er am Schluss seiner Ansprache „das tausendjährige Lob der Stadt: Alaaf Köln!" aussprach. Der katholische Bürgermeister August Reichensperger lobte den König von Preußen, weil dieser, selbst protestantisch, zur Vollendung eines Bauwerkes beitrage, das „durch und durch den Geist des Katholizismus atme" und so „den lebendigsten Gegensatz zum Protestantismus" darstelle.

Dies war auch Friedrich Wilhelm bewusst, weshalb er in Berlin einen protestantischen Gegenbau zum Kölner Dom errichten wollte, gewissermaßen als den anderen Pol der ihm vorschwebenden christlichen Welt. So wollte er „als Primus des Protestantismus für die Protestantische Kirche Deutschlands" am Lustgarten eine fünfschiffige Basilika im frühchristlichen Stil bauen. Friedrich Wilhelm folgte damit einer Anregung Bunsens, der die „apostolischen Kirchen" als Vorbilder nicht nur für ein aus den Ursprüngen erneuertes Christentums, sondern auch als Trutzburgen gegen das moderne „Verlangen nach Neuerungen und Umwälzungen" empfohlen hatte.

Unmittelbar nach seiner Thronbesteigung ging Friedrich Wilhelm IV. ans Werk. Friedrich August Stüler – Schinkel war schwer krank, starb 1841 – ließ die Pläne des Königs architektonische Gestalt annehmen. Die Dombaukommission begrüßte zwar die Vorstellung des Monarchen, dass ein „in seiner ursprünglichen Reinheit" erneuertes Christentum zu „derjenigen Form der gottesdienstlichen Gebäude zurückkehrt, in welcher die ersten Christen ihre öffentliche Andacht verrichteten", wagte aber den Einwand, dass das von ihm vorgesehene Ausmaß wie die von ihm gewünschte Ausführung den Dom „in die Nähe des Schauspielhauses" rücken würde.

Er baue den Dom nicht für die Berliner Domgemeinde, sondern für den preußischen und deutschen Protestantismus in der von ihm gewünschten programmatischen Gestalt, erwiderte der König und beharrte auf seiner gigantischen Kathedrale, der er einen Campo Santo als Ehrenstätte anzufügen gedachte. Der Bau begann 1844 mit der Errichtung der Fundamente für den mit seinem Chor zur Spree vorgeschobenen Dom und den Campo Santo. Sie waren 1845 im großen und ganzen gelegt. Dabei blieb es. Widersprüchliche Entwürfe wie immense Kosten behinderten den Weiterbau, und die Revolution 1848/49 beendete mit der auf das Gottesgnadentum gegründeten absoluten Monarchie das Projekt eines mächtigen Gotteshauses in Berlin, das wie die St. Pauls Cathedral in London einen evangelischen Caesaropapismus demonstrieren sollte.

In seiner Regierungszeit wurden in Preußen an die 300 meist evangelische Kirchen und Pfarrbauten errichtet oder ausgebaut. Von der Erweckungsbewegung motiviert, legte der König wert auf persönliche Frömmigkeit, die er vorlebte, wie auf ein am Urchristentum orientiertes Gemeindeleben, das er zu fördern bemüht war.

Den Sonntag wollte er wieder als Tag des Herrn gefeiert wissen. Aufgeklärten Bürokraten wie liberalen Bürgern erschien es wichtiger, dass das Geschäftsleben nicht beeinträchtigt, die Steuereinnahmen wie der private Profit nicht geschmälert würden. Mit Einverständnis des Königs riefen die evangelischen Geistlichen Berlins ihre Gemeinden zur Heiligung des Sonntags auf, erinnerten an die Maxime Schleiermachers, dass die Religion in der zum feierlichen Gottesdienst versammelten Gemeinde betätigt werden müsse. Nicht durchsetzen konnte Friedrich Wilhelm seine Absicht, dass ein Zuwiderhandeln gegen vorhandene Bestimmungen geahndet werden sollte.

Die Liturgie, meinte er, müsse ähnlich wie beim katholischen Ritus auch und nicht zuletzt das Gemüt anrühren. So sollten alte Lieder wieder gesungen und der Gottesdienst durch Kirchenmusik bereichert werden. Er gründete den Berliner Domchor, den er aus der Privatschatulle finanzierte, berief einen „Generalmusikdirektor für kirchliche und geistliche Musik", Felix Mendelssohn-Bartholdy, mit der Aufgabe, den gregorianischen Chorgesang wiederzubeleben.

„Mein Ideal von Kirchenverfassung ist wie ein Strom aus vielen Brunnen zusammengeflossen", bekannte er Bunsen, mit dem er sich in religiösen Angelegenheiten austauschte. Er habe die Apostelgeschichte wie die heiligen Briefe gelesen, Englands und Schwedens Kirchenverfassung studiert. „Dann, wie die Sonne ging's in mir auf." Es seien die Apostel gewesen, die selbständige Kirchen, jedoch „alle eins" in „ihrem Haupte Christi" stifteten. Zwei Ämter waren und blieben vorgesehen: Das des „Seelenhirten" und das des „Diakons". Das „einzig Mögliche und das wahrhaft Notwendige sei seit 1.800 Jahren da, das Vermächtnis der Apostel".

In dieser Kirchenverfassung, wie sie ihm vorschwebte, sah er für den Summus episcopus der unierten evangelischen Kirche Preußens keinen Platz mehr. „Was nun den Staat betrifft und das Band, das Kirche und Staat vereint, so folgt aus dem Gesagten, dass ich demselben und auch dem Fürsten keine Übung der Kirchengewalt zustehen kann. Dagegen hat der Fürst die Gewalt *über* die Kirche. Er gehört der Kirche, ist ihr Sohn, aber alle Glieder derselben sind seine Untertanen... Er also, der evangelische Landesfürst, das gekrönte Mitglied der Kirche muss eben, weil er beides ist, selbst das Band sein, welches Staat und Kirche eint" – als „Schutzherr, Schirmvogt, Friedensrichter der Landeskirche".

Seine ideale Kirchenverfassung war – wie so viele seiner „Sommernachtsträume" – nicht zu verwirklichen. Doch der König, der nicht mehr das „Centrum auctoritatis" bleiben, wohl aber das „Centrum unitatis" der evangelischen Landeskirche sein wollte, hielt es für seine Aufgabe, „die Behörden zu bestimmen, durch welche er die Zügel der äußeren Ordnung handhabt".

Zum Kultusminister berief er Johann Albrecht Friedrich Eichhorn. Dessen bewährte Fähigkeiten lagen auf wirtschaftspolitischem Gebiet; im Zollverein hatte er maßgeblich mitgewirkt. Immerhin brachte er eine umfassende Bildung mit, war Syndikus der Berliner Universität gewesen. Friedrich Wilhelm sah in dem gläubigen Protestanten vornehmlich ein ausführendes Organ seiner Kirchenpolitik, einen seinen eigenen Vorstellungen nahe stehenden Helfer bei der angestrebten Renovatio der Religiosität. So mancher aufgeklärte Bürokrat, entschiedener Hegelianer oder freisinnige Professor, der den König nicht offen zu kritisieren wagte, ließ seinen Unmut an Eichhorn aus. Allen Widrigkeiten zum Trotz ließ ihn der Monarch nicht fallen, denn: „Seine Erhaltung ist für mich Selbsterhaltung".

Anstoß erregte vor allem die von Eichhorn ausgeführte, vom König gewünschte und gebilligte Universitätspolitik. Kirchenkritische Professoren wurden entlassen, kirchenfreundliche Gelehrte berufen, was ganz im Sinne des Königs war. „Es muss endlich in meinem Geist verfahren werden. Revolutionäre dürfen in Preußen keine Freistätte unter den Fittichen der Regierung finden." Die Revolution begann für ihn mit der Nichtanerkennung oder gar der Verneinung der Werte des Christentums.

Die Familie galt ihm als die gesellschaftliche Grundform christlichen Lebens und die sittliche Grundlage des christlichen Staates. Sorge bereitete ihm die wachsende Zahl zerrütteter Ehen und die – freilich noch nicht dramatisch zunehmenden – Ehescheidungen, die er zu erschweren beabsichtigte. Mit dem Entwurf eines Scheidungsgründe rigoros einschränkenden Gesetzes wurde, unter der Oberleitung des Ministers Savigny, Ernst Ludwig von Gerlach beauftragt, der wusste, dass es sich dabei um „eine Sr. Majestät persönlich eigene, die innersten, tiefsten Tendenzen der Regierung des Königs bezeichnende Maßregel" handelte. Doch der Widerspruch in der Öffentlichkeit, in Regierungsämtern und selbst vonseiten Wilhelms, des Bruders des Königs, war so stark, dass Ernst Ludwig von Gerlach aus dem Ministerium an das Oberlandesgericht in Magdeburg versetzt werden und Friedrich Wilhelm das von ihm favorisierte Unternehmen in wesentlichen Teilen aufgeben musste.

Die Rechristianisierung, die er sich in einer Zeit vorgenommen hatte, die zu nichtchristlichen und schon zu antichristlichen Ufern strebte, blieb in Ansätzen stecken. Dies galt auch für sein Projekt der Erneuerung des Schwanenordens. Dieser war 1440 vom Kurfürsten Friedrich II. von Brandenburg als eine Vereinigung von Fürsten und Edelleuten zur Verehrung der Gottesmutter Maria und zur Mildtätigkeit im Sinne christlicher Caritas gegründet worden. In der Reformation erloschen, suchte ihn Friedrich Wilhelm IV. 1843 „als eine freie Vereinigung von Männern und Frauen jeden Standes und Bekenntnisses zum Behuf der Linderung physischen und moralischen Elends" wiederzubeleben. Es blieb bei der Stiftungsurkunde. Liberale wetterten gegen die Mittelaltertümelei, Protestanten wollten sich nicht mit dem Bilde Mariens im Ordenszeichen abfinden und Katholiken mochten sich nicht mit dieser Marotte des evangelischen Monarchen befreunden.

Im Reiche seiner Träume blieb Friedrich Wilhelm IV. der König und Herr, konnte sich seinen theologischen Vorstellungen und kirchlichen Vorhaben hingeben. Unterstützung suchte und fand er dabei bei Friedrich Julius Stahl, der ihm Rüstzeug für sein Bekenntnis zum monarchischen Prinzip wie zum christlichen Staat lieferte. Stahls Schrift „Die Kirchenverfassung nach Lehre und Recht der Protestanten" (1840) wurde für Friedrich Wilhelm IV. so wegweisend wie dessen Abhandlung „Das monarchische Prinzip" (1845). Das theoretische Ziel war markiert, aber der praktische Weg dahin war mit Steinen gesät und schließlich durch unübersteigbare Hindernisse verbaut.

„Der König ist mit nichts als mit seinen Phantasien beschäftigt, und diese gehen meist auf Geistiges, Kirchliches hinaus, Gottesdienst, Kirchenbauten usw. Das Irdische kümmert ihn wenig", bemerkte Alexander von Humboldt, und der lutherische Theologe Adolf Hausrath erklärte: „Aus tiefster Seele war er ein Kirchenmann." Das war ehrenvoll aber unzureichend für den König einer deutschen Großmacht in einer Zeit, in der die Jahrhundertforderung „Verfassung und Nation" immer lauter erhoben wurde. Es nützte ihm nicht viel, dass er die protestantische Orthodoxie mit dem evangelischen Pietismus versöhnte, den Katholiken mehr Freiräume gestattete. Aber er konnte den zunehmenden Abfall Gebildeter vom Christentum nicht verhindern, und es schadete ihm ungemein, dass er sich weit mehr um die Kirchenverfassung kümmerte, als den Weg zu einer modernen Staatsverfassung freizugeben.

„Herr, die Geschichte drängt, die Räder rollen", hatte ihm 1842 der Dichter Robert Prutz zugerufen. „So sprich das Wort zum zweiten Dombaufeste, Sprich aus das Wort: Konstitution." Dieser Ruf schwoll in den 40er Jahren an, aber Friedrich Wilhelm IV. hatte dafür kein Gehör.

10.
Gekrönter Mäzen

Friedrich Wilhelm IV. hielt Hof, wie er es als Monarch von Gottes Gnaden, König des mächtigen Preußen, Herr seiner Untertanen, aber auch als Mäzen der Künste und Wissenschaften für angemessen hielt.

Seine Sommerresidenz bezog er in Sanssouci, nicht nur, weil er den Park schätzte und mit eigenen Bauten bereicherte. Das Lieblingsschloss Friedrichs II. war seit dessen Tod unbewohnt geblieben. Ausgerechnet sein dritter Nachfahr, der am wenigsten Friderizianisches an sich hatte, wagte es, sich im Refugium seines großen Ahnherrn niederzulassen. In Sanssouci spuke es, Friedrich der Große gehe dort ohne Kopf umher, wurde in Berlin gespottet. 1842 erschien die Karikatur „Wie einer immer daneben tritt". Sie zeigte Friedrich Wilhelm IV. als gestiefelten Kater, wie er, eine Champagnerflasche in der linken und ein Champagnerglas in der rechten Hand, mit ihm viel zu großen Schuhen vergeblich in die Fußstapfen seines großen Vorgängers zu treten sucht.

Die Hohenzollernräson gebot ihm, das Andenken Friedrichs II. nicht zu schmälern, und die Staatsräson legte ihm nahe, dessen Regierungsmaximen, auch wenn er keineswegs alle akzeptierte, nicht in Vergessenheit geraten zu lassen. Indessen trachtete er nicht nach Kriegführen, nach „corriger la figure de la Prussie" mit Waffengewalt, vielmehr nach der Bewahrung des Friedens, wie er nach dem Sturze des Militärdespoten Napoleon wiederhergestellt worden war und nicht gegen, sondern nur mit Österreich zu erhalten sei.

Doch er unterstrich den Leitsatz von Fridericus Rex: „Der Fürst ist für den Staat, den er regiert, dasselbe, was das Haupt für den Körper ist", auch wenn er die Begründung dafür nicht der Lehre des aufgeklärten Absolutismus, sondern Staatstheorien der Romantik entnahm oder jener Stahls, der postulierte: „Im Königtum von Gottesgnaden fasst sich ... die Autorität des Staates zusammen. Autorität ist der Eckpfeiler staatlicher Existenz."

Einverstanden war Friedrich Wilhelm IV. mit dem Diktum Friedrichs II.: „Der Gegenstand der Politik des Herrschers in diesem Staat ist es, den Adel zu schützen. Denn welcher Schicksalswechsel auch eintritt, er wird vielleicht einen reicheren, aber niemals einen wertvolleren Stand zur Verfügung haben." Aber er dachte dabei vornehmlich an die fromme, dem Lehnsherrn von Gottes Gnaden ergebene ostelbische Ritterschaft, die untrennbar mit dem ererbten Grundbesitz verbunden bleiben und sich „bürgerlicher Hantierungen" enthalten sollte.

Im Unterschied zu Friedrich II. sah Friedrich Wilhelm IV. die vornehmste Aufgabe des Adels nicht im Offiziersdienst im Königsheer. Preußen sei kein Staat, der eine Armee, sondern eine Armee, die einen Staat besitze, hatte der Franzose Mirabeau gesagt, und diesen Satz wollte Friedrich Wilhelm IV., was seine Regierungszeit betraf, nicht so stehen lassen. Auf das Militär konnte er, wie auch andere Staaten, nicht verzichten, aber dieser Preußenkönig, dem alles Forsche und Stramme, Martialische und Bramabarsierende fern lag, wollte kein Soldatenkönig sein. Seinen Generälen und Offizieren fiel es schwer, ihn, der ungern Uniform trug, und wenn, dann am liebsten den Rock aufknöpfte, als Obersten Kriegsherrn anzuerkennen. Sein Bruder Wilhelm, ein friderizianisch gesinnter Militär, war versucht, bei seinem Anblick an einen bürgerlichen Landwehroffizier zu denken, den er nicht einmal an der Spitze einer Reserveeinheit sehen mochte.

Immerhin verschaffte Friedrich Wilhelm IV. seinem Heer 1842/43 neue, bessere und schönere Uniformen: Waffenröcke statt der Fräcke, Helme statt der Tschakos. Die Pickelhaube, bei der er an mittelalterliche Kopfbedeckungen gedacht hatte, wurde ein Symbol des preußischen Militärs. Heinrich Heine spottete: „Das mahnt an das Mittelalter so schön, / An Edelknechte und Knappen, / Die in dem Herzen getragen die Treu' / Und auf dem Hintern das Wappen. – / Das mahnt an Kreuzzug und Turnei, / An Minne und frommes Dienen, / An die ungedruckte Glaubenszeit, / Wo noch keine Zeitung erschienen."

Im zivilen Bereich führte Friedrich Wilhelm IV. „Zeichen verliehener Würden" wieder ein: Die „Amtstracht des Magnificus und der Professoren", die „Amtstracht der Richter", die „Marschallhüte" für die Vorsitzenden der Provinziallandtage. Die Ritter vom Schwarzen Adler hatten im Kapitel wieder die roten Ordensmäntel zu tragen und die Pagen waren wieder in Rot wie zu Zeiten König Friedrichs I. gekleidet. Er selbst ließ sich bei Staatsfeiern die Reichsinsignien voran tragen – „Suum cuique".

Friedrich Wilhelm IV. wollte seinem Hof wieder den Glanz verleihen, auf den Friedrich Wilhelm III. keinen Wert gelegt hatte. Er begnügte sich nicht, wie sein Vorgänger, mit dem Kronprinzenpalais. Als Residenzen zog er solche mit historischem Fluidum vor: Das Berliner Schloss, in dem er den Weißen Saal als Repräsentationsraum des Königs von Preußen und die Schlosskapelle als Gebetsstätte des Königs von Gottes Gnaden einrichtete. In Sanssouci erinnerte er sich an die Zeit, in der sein Land zur Großmacht aufstieg und in Charlottenburg an den ersten Hohenzollernkönig, der barocken Pomp in den märkischen Sand gesetzt hatte. Er fuhr mit vier- oder sechsspännigen Wagen aus, begleitet von Lakaien, deren silberne Kragen mit schwarzen Adlern bestickt waren.

Offiziell schätzte er monarchischen Prunk, privat eine biedermeierliche Behaglichkeit. Sein Arbeitszimmer im Charlottenburger Schloss, wo er sich im Obergeschoß des Mittelbaus eine Wohnung einrichtete, war wie eine Vitrine mit wertvollen und weniger wertvollen Kunstgegenständen voll gestopft. Auch das Arbeitszimmer im Berliner Schloss glich eher einer Gelehrtenstube oder Künstlerklause. Dort malte ihn Franz Krüger, stehend an einen Mappenschrank gelehnt, die Beine übereinander geschlagen und die Arme über dem stattlichen Embonpoint gekreuzt. Bismarck erzählte, sein Haushalt sei der eines Grandseigneurs auf dem Lande gewesen.

Er aß und trank gern, vor allem Champagner, und war dann so aufgekratzt, dass vermutet wurde, er habe zu tief ins Glas geschaut. In seinem Gesicht kamouflierte kein Bart die früh erschlaffenden Züge. Seine Augen, die zwar häufig aufleuchteten, blickten kurzsichtig in die Welt, und selbst solche, die ihm gewogen waren, begannen, diese körperliche auch für eine geistige Unzulänglichkeit zu halten.

Die Abendgesellschaften bei Hofe, zu denen auch Gelehrte und Künstler eingeladen wurden, sollten wohl die Tradition der Berliner Salons fortführen, doch sie erreichten nicht deren geistiges Niveau und ungezwungene Geselligkeit.

„Am ersten Tisch", berichtete Varnhagen von Ense, „sitzen die Königin, der König und wer sonst noch an fremden oder einheimischen hohen Personen da ist, an dem zweiten die eingeladenen Personen, am dritten die Hofdamen, Adjutanten usw. Es wird wenig gesprochen, hin und wieder eine laute Frage, die eine laute Antwort nötig macht, sonst nur leises Gespräch mit dem Nachbar; die Königin schweigt fast immer, der König zeichnet oder nimmt auch wohl einen Begünstigten abseits und spricht mit ihm allein." Wenn Friedrich Wilhelm, was nicht selten vorkam, zu laut und heftig wurde, ließ Elisabeth mitunter ihren Blick durch das Zimmer schweifen und sagte: „Ich suche den König." Dann fing er sich, beugte sich über ihre Hand und küsste sie.

Der König hatte gern Alexander von Humboldt zu Gast; die Königin schätzte den „Hofdemokraten" nicht besonders. Bei seinen Vorlesungen, die Friedrich Wilhelm schätzte, schlief der General Leopold von Gerlach ein, der Kabinettsrat Marcus Carsten Nikolaus von Niebuhr unterbrach und widersprach dem Gelehrten des Öfteren und geladene Offiziere verabschiedeten sich so bald und schnell wie möglich. Es kam vor, dass die Königin dem König zuraunte: „Der alte Herr fängt an, etwas langweilig zu werden."

Friedrich Wilhelm hörte sich von Alexander von Humboldt gerne Gelehrtes, aber auch Klatscherei an; denn dieser war nicht nur ein weltberühmter Wissenschaftler, den in Berlin und am Hofe zu haben ihn mit Genugtuung erfüllte, sondern auch – wie Humboldts französischer Freund, der Physiker François Arago bemerkte – „das größte Schandmaul, das ich kenne", was dem König, der spitze Zungen schätzte, keineswegs missfiel.

Alexander von Humboldt wurde 1842 der erste Kanzler der von Friedrich Wilhelm IV. gestifteten Friedensklasse des Pour le mérite. Friedrich II. hatte diesen vornehmlich als Militärorden geschaffen, nun sollten mit ihm verdienstvolle Gelehrte und Künstler ausgezeichnet werden. Die Zahl der stimmfähigen Ritter wurde auf 30 Deutsche und 30 Ausländer beschränkt. Die ersten Ritter wurden vom König ernannt. Er legte Wert auf die Aufnahme Metternichs, der zwar keine wissenschaftlichen oder künstlerischen Verdienste aufzuweisen hatte, den er aber als Bewahrer der monarchischen Ordnung und des europäischen Friedens ganz besonders schätzte. Aber auch andere, die nicht Kritik herausforderten, wurden berufen, so der Sprachforscher Jacob Grimm, der Dichter Ludwig Tieck, der Bildhauer Gottfried Schadow und an Ausländern der Komponist Rossini, der Physiker Arago und der Bildhauer Thorwaldsen.

Zunehmend machte sich der Einfluss Humboldts bei den Berufungen bemerkbar. So erhielt Leopold von Ranke die Friedensklasse des Pour le mérite erst 1851, wahrscheinlich wegen der Distanz des Naturwissenschaftlers Humboldt vom Historiker, vielleicht auch deshalb, weil der quellenkritische Erforscher des Gewesenen von Friedrich Wilhelm in der Geschichte Gewünschtes in Frage stellte.

Die Universitäten wurden finanziell gefördert, auch wenn der König unter den Professoren die Nachhut der Rationalisten und die Nachfolger Hegels nicht schätzte, Professoren wie den nach Berlin berufenen 67-jährigen Philosophen Schelling bevorzugte, der ein Veteran der ihren Höhepunkt schon seit einiger Zeit hinter sich habenden romantischen Bewegung war. Als dieser Philosoph in Berlin nicht reüssierte und bald resignierte, war Friedrich Wilhelm enttäuscht. Empört war er, als der Historiker Friedrich von Raumer in einer Vorlesung, die er sich anhörte, den Freisinn und die Toleranz Friedrichs II. würdigte. Vor allem missfiel ihm die Feststellung Raumers, dass Friedrich der Große nicht in die religiösen Überzeugungen seiner Untertanen eingriff, also das vermied, was Friedrich Wilhelm IV. für sich beanspruchte.

Die Kritik, die ihn am meisten traf, weil sie sich nicht nur gegen sein persönliches Regiment, sondern auch gegen seine literarischen Anschauungen richtete, war die der Dichter des „Jungen Deutschlands". Deren Realismus sagte dem Romantiker nicht zu, und die liberalen und demokratischen Forderungen, die sie stellten, gingen ihm gegen den Strich. Ihr hervorragender Kopf, Heinrich Heine, goss Hohn und Spott über den König aus, den „Zwitter, ein Mittelding, das weder Fleisch noch Fisch ist".

Georg Herwegh schrieb in seinen „Gedichten eines Lebendigen" mit republikanischer Tendenz gegen die monarchischen Zustände an. 1842 reiste er, von Oppositionellen gefeiert, durch Deutschland. In Berlin stand er nicht an, den König um eine Audienz zu bitten, die dieser ihm, weil sie sein Leibarzt Schönlein befürwortete, nolens volens gewährte. „Wir sind ganz verschiedener Ansichten", sagte Friedrich Wilhelm zu Herwegh, „aber wir können auch als ehrenwerte Feinde zusammen sein." Noch am selben Tag wurde der neueste Band des Dichters, der in der Schweiz erschienen war, in Preußen verboten und ihr Autor bald des Landes verwiesen.

Die Zensoren hatten wieder zu tun. Das bekam auch Georg Wilhelm Heinrich Häring zu spüren, der unter dem Pseudonym Willibald Alexis historische Romane zur brandenburg-preußischen Geschichte schrieb, die Friedrich Wilhelm besser gefallen hätten, wenn er nicht über des Zeitungsschreibers Kritik an der Zensur aufgebracht gewesen wäre. „Mit Widerwillen", schrieb ihm der König, „habe ich einen Mann von Ihrer Bildung und literarischer Bekanntheit in der Klasse derer gefunden, die es sich zum Geschäft machen, die Verwaltung des Landes durch hohle Beurteilung ihres Tuns, durch unüberlegte Verdächtigung ihres nicht von ihnen begriffenen Geistes vor der großen meist urteilslosen Menge herabzusetzen und dadurch ihren schweren Beruf noch schwerer zu machen."

Nach wie vor verehrte er Ludwig Tieck als den „König der Romantik", aber er wollte nicht wahrhaben, dass der Dichter bereits ein Exkönig geworden war. Als er ihn 1842 von Dresden nach Berlin zurückholte, war die Gesundheit des 69-Jährigen angeschlagen und seine Schaffenskraft am Versiegen. Er inszenierte, mit der Musik von Mendelssohn-Bartholdy, Shakespeares „Sommernachtstraum", der Friedrich Wilhelm darin bestärkte, seinen eigenen „Sommernachtsträumen" weiter nachzuhängen, obschon sie von den Tagesrealitäten zunehmend desavouiert wurden.

Einen übrig gebliebenen Romantiker der bildenden Kunst hatte Friedrich Wilhelm 1840 berufen: Den Maler und Zeichner Peter Cornelius. Der ehemalige Nazarener, der in München bei Ludwig I. in Ungnade gefallen war, suchte in Berlin die monumentale Malerei fortzusetzen. Schon sein erstes Bild „Christus in der Vorhölle", wurde von der Kritik nicht mehr für zeitgemäß gefunden. Für den vom König vorgesehenen, aber nicht verwirklichten Campo Santo als zentrale Grablege des Hauses Hohenzollern zeichnete Cornelius Kartons, die ahnen ließen, dass er bei der nicht zustande gekommenen Ausführung der Fresken doch noch zur alten Meisterschaft zurückgefunden hätte.

Unter den Bildhauern schätzte Friedrich Wilhelm den Klassizisten Johann Gottfried Schadow. Er sah ihm nach, dass er den Pour de mérite nur annehmen wollte, wenn auch sein Sohn Wilhelm, der Maler und Direktor der Düsseldorfer Akademie, ihn erhielte. Der König verfügte, dass der Filius späterhin an die Stelle des Vaters treten solle, doch jetzt schon die Dekoration ohne Stimmrecht tragen dürfe. Wilhelm Schadow wurde von Friedrich Wilhelm IV. in den Adelsstand erhoben, dem imponierte, dass der alte römische Nazarener ein neuer rheinischer Nazarener geworden war, der seiner Kirche nicht nur als Künstler dienen wollte.

Dem Bildhauer Christian Daniel Rauch war er verbunden, weil er das schöne Grabmahl seiner Mutter, der Königin Luise, im Charlottenburger Mausoleum geschaffen hatte, nicht als Entschlafene, sondern als Schlummernde, die in seliger Gewissheit der Auferstehung harrt. Weniger schienen ihm Einzelheiten des von Rauch geschaffenen Denkmals Friedrichs des Großen Unter den Linden gefallen zu haben. Der König saß hoch zu Ross über Generälen und Offizieren, Trägern des militärischen Pour le mérite, während Lessing und Kant, präsumptive Träger dessen Friedensklasse, an der hinteren Sockelschmalseite, unter dem Schweif des königlichen Pferdes, ihren Platz fanden. Winckelmann, den Bunsen als denkmalwürdig vorgeschlagen hatte, blieb ausgeschlossen.

Am nächsten stand Friedrich Wilhelm die Baukunst, in der er sich selbst als Planer und Entwerfer betätigte. Er liebte es, wie sein Architekt Stüler bemerkte, „die Grundidee der auszuführenden Bauwerke mehr oder minder ausgearbeitet in kleinem Maßstabe selbst zu skizzieren". Er zeichnete „auf leeren Seiten von Rapporten, Briefen, Couverten usw. in Blei oder mit der Feder, auch wohl in gemischter Anwendung von Blei, blauer und schwarzer Tinte in kleinem Maßstab". Er hege Pläne, bemerkte Alexander von Humboldt, „als sollte er 100 Jahre alt werden, denkt an ungeheure Bauten."

Einiges, was der hochbegabte Dilettant sich vorgenommen hatte, konnte von seinen Architekten ausgeführt werden. Nicht ganz zu verwirklichen war sein Projekt, die Museumsinsel in Berlin „zu einer Freistätte für Kunst und Wissenschaft umzuschaffen", deren Musentempel in splendid isolation vom Alltagstreiben der Andacht geweiht sein sollten. Hinter dem Alten Museum entstand das Neue Museum Stülers, ein antikisierender Prachtbau, der vom schlichten Klassizismus Schinkels abstach wie die Ära Friedrich Wilhelms IV. von jener Friedrich Wilhelms III.

Der Sohn wollte seine Haupt- und Residenzstadt weniger als ein neues Athen als ein neues Rom gestaltet sehen. Für Spiele sollte gesorgt werden. Das 1843 abgebrannte Opernhaus Unter den Linden wurde wieder aufgebaut, 1844 der Zoologische Garten eröffnet. Am Königsplatz errichtete der Cafetier Kroll eine Vergnügungsstätte für bürgerliches Publikum. Im Osten der Stadt entstand der Friedrichshain zur Erholung der Arbeiterschaft.

Die neue Zeit hielt Einzug in das Berlin Friedrich Wilhelms IV., der sich am liebsten in die Vergangenheit zurückversetzte, aber sich der Gegenwart nicht ganz verschließen konnte. Fabriken wurden gegründet, in Moabit entstand das Eisenwalzwerk August Borsigs. Bahnhöfe wurden gebaut für die Eisenbahnen, welche die Provinzen mit der Hauptstadt verbanden, die 1840 bereits 328.700 Einwohner zählte.

„Dieser Karren wird durch die Welt rollen, und kein Menschenarm wird ihn aufhalten", hatte Kronprinz Friedrich Wilhelm ausgerufen, als er 1838 mit dem ersten „Dampfwagen" von Berlin nach Potsdam fuhr. Doch als König zögerte er, in den Fortschrittszug einzusteigen, der über die von ihm nicht abgelehnte wirtschaftliche Entwicklung hinaus zu gesellschaftlichen Folgerungen und entsprechenden politischen Konsequenzen führen müsste.

11.
Reich und Arm

Für die Allgemeine Deutsche Gewerbe-Ausstellung 1844 ließ Friedrich Wilhelm IV. aus dem Berliner Zeughaus militärische Waffen entfernen, um Platz für Zeugnisse der Zivilisation zu schaffen. Bei der Eröffnung verwies Finanzminister Ernst von Bodelschwingh auf die von „großherzigen Regierungen" geförderten Anfänge der Industrialisierung und die durch den von Preußen zusammengeführten Deutschen Zollverein ermöglichte Belebung des Handels.

Eine Büste des Königs vertrat den Protektor der Ausstellung, in deren Mittelpunkt die Vehikel des Fortschritts standen: Dampfmaschinen und Dampflokomotiven. 1843 wurden in Preußen 862, 1846 bereits 1.139 Dampfmaschinen gezählt, 1843 erst 149 und 1846 schon 275 Lokomotiven. 1844 gab es in Preußen 861 Kilometer Eisenbahnlinien, 1850 waren sie auf 4.200 Kilometer angewachsen. Mit den Eisenbahnen kam die Industrialisierung unter Dampf: Die Förderung von Kohle und die Herstellung von Eisen stiegen an, der Einsatz von Maschinen steigerte die Produktivität.

Wirtschaftszentren entstanden im Rheinland und in Westfalen, in Schlesien und in Berlin, das im Maschinenbau führend wurde. 1846 arbeiteten dort in 33 Betrieben 2.839 Arbeiter von 7.644 in ganz Preußen.

Der aus Schlesien stammende August Borsig gründete vor dem Oranienburger Tor eine Maschinenbauanstalt, errichtete ein Eisenwalzwerk im Vorort Moabit, der zu einem wichtigen Industriestandort wurde. Dort ließ sich der erfolgreiche Fabrikant Borsig eine Villa bauen, die – wie ein Zeitgenosse staunte – „ganz auf dem Fuß der königlichen Villen eingerichtet ist". Zum stolzen Besitzer sagte Friedrich Wilhelm bei einem Besuch: „So wie Sie möchte ich auch wohnen, lieber Borsig."

Höflich wie er war, wollte er ihm ein, wenn auch übertriebenes Kompliment machen. Aber er konnte seine Besorgnis kaum verhehlen, dass dieser und andere durch Erfolge in Gewerbe und

Handel wohlhabend und selbstbewusst gewordene Unternehmer nicht nur so wie der Monarch und vielleicht schon bald auch schöner und besser bauen, sondern auch Konkurrenten bei der Gestaltung des Staatswesens werden könnten.

Schon begannen sie politische Ansprüche zu stellen, in erster Linie Privatunternehmer im Westen Preußens: In Westfalen Friedrich Wilhelm Harkort, der in der Eisen- und Maschinenindustrie reüssierte; in Aachen David Hansemann, der eine Feuerversicherungsanstalt gründete und an einer Eisenbahngesellschaft beteiligt war; in Köln Ludolf Camphausen, Großhändler und Bankier, und Gustav Mevissen, Präsident der Rheinischen Eisenbahn und Gründer der Rheinischen Zeitung.

Der Rheinische Provinziallandtag wurde der Paukboden der rheinischen Liberalen, die aus ihrem wirtschaftlichen Erfolg die Forderung nach gesellschaftlicher Gleichstellung mit dem Adel und politischer Mitwirkung im Staate ableiteten. So verlangten sie ein neues Strafgesetzbuch nach rheinischem Recht, das an Napoleons Code civil, einem bürgerlichen Gesetzbuch, orientiert sein sollte, und rühmten sich ihrer Zivilcourage bei einem Festbankett. Daraufhin verließ der Oberpräsident mit den Beamten den Saal.

Der König zürnte diesen Rheinländern und warnte in einer veröffentlichten Kabinettsordre seine Beamten vor der Teilnahme an derartigen Kundgebungen. „Sie sind nur imstande, Lärm zu erzeugen, ohne irgend einen Einfluss auf die Sache, auf Meine Entschließung und auf den Gang Meiner Regierung üben zu können." Der Antrag des Landtages wurde abgelehnt. Bislang sei die „Missstimmung am Rhein nur gegen die Minister gerichtet" gewesen, berichtete Innenminister Graf Adolf Heinrich von Arnim-Boitzenburg dem König; nun habe sie sich auch „gegen Ew. K. Maj." gewendet.

Zunehmend wurden liberale Forderungen im Rheinischen Provinziallandtag erhoben. So verlangte Ludolf Camphausen Freiheit der Presse und die Berufung von Reichsständen, eine gesamtpreußische Repräsentativversammlung. Der Gründer der Rheinischen Dampfschleppschifffahrtsgesellschaft hätte am liebsten Ostelbien in das Schlepptau von Westelbien genommen, und der Förderer des Eisenbahnbaus erhoffte sich, dass der Fortschrittszug seine Fahrt durch ganz Preußen antrete.

Es waren Nutznießer des Kapitalismus und Avantgardisten des Liberalismus, sozusagen Modernisten im Quadrat, die Friedrich Wilhelm IV. als akute Bedrohung seines konservativen Regiments empfinden musste. Die „liberalen Dummheiten" seien „nichts als ein kurzer Übergangszustand in den Radikalismus", erklärte der König von Preußen, der wie der österreichische Staatskanzler Metternich meinte, dass die Liberalen eine Bresche in die Festung schießen würden, durch die Republikaner und Sozialisten eindringen könnten.

Ein Preuße alten Schlages, wie der General Yorck von Wartenburg, hatte schon in der Reformzeit vor „Plusmachern", den Spekulanten und Kapitalisten gewarnt. Friedrich Wilhelm, der dem Mittelalter Vorbilder für Staat und Gesellschaft entnahm, hatte Verständnis für damalige kirchliche, vom weltlichen Recht übernommene Zinsverbote, hätte am liebsten wieder eine Zunftverfassung an Stelle der Gewerbefreiheit eingeführt, aus der schon so viel Übles erwachsen war und noch mehr erwachsen würde. In der Maschine sah er die Antriebskraft einer Zukunftsfahrt, die – wie der Dampfzug – alles Dagewesene und Erhaltenswerte überrollen könnte.

Bei Borsig war 1841 die erste Lokomotive gebaut worden. 1847 verließ die hundertste, 1854 die fünfhundertste Lokomotive das Berliner Werk. „Ihr Pfeifen", bemerkte Albert Borsig, der Sohn des Firmengründers, sei „Ein Signal zur friedlichen Umwälzung des Staates, ja – sagen wir es deutlicher – zu einer friedlichen Revolution aller sozialen und politischen Verhältnisse."

Friedrich Wilhelm musste befürchten, dass der Agrarstaat, auf dessen feudale Struktur seine monarchische Herrschaft gegründet war, sich zu einem Industriestaat entwickeln würde, in dem der Erste Stand, der Adel, durch den Dritten Stand, das Bürgertum, verdrängt werden könnte. Doch dies wollte sich der lieber in das Gestern als in das Morgen blickende König nicht vorstellen und die Tatsache, dass die Entwicklung in Preußen viel langsamer als in England und auch in Frankreich verlief, mochte ihm die sich daraus ergebenden Probleme nicht als brennend erscheinen lassen.

Aber der Aufstieg des Bürgertums, angeführt von kapitalistischen Wirtschaftskapitänen, befördert durch wachsenden Wohlstand des Mittelstandes, gefördert durch die liberale Bewegung und nicht gehemmt durch fortschrittsfreudige Bürokraten war unaufhaltsam. Und immer lauter wurden Forderungen des Bürgertums nach gesellschaftlicher Gleichstellung mit dem Adel und nach politischer Mitgestaltung des Staates.

„Dieses Tier, Staat genannt, stellt sich unsern Schritten Zähne bleckend entgegen", klagte der Publizist Varnhagen von Ense. Im Fortschritt von Technik und Industrie, die auch ihn bei der Besichtigung der Gewerbe-Ausstellung beeindruckten, sah er nicht nur Vorteile: „Die große Menge, die Masse des Volks, hat wenig Vorteil davon, geht unberührt nebenher... Der Vortrab unserer Zivilisation, die Reichen und Gebildeten, verzehrt Alles, und der nachziehende Haupttrupp, oder gar der Tross, kommt kümmerlich weiter."

Weniger an die Avantgarde als an das Gros und die Nachhut dachte Bettina von Arnim, die geborene Brentano, in ihrer an Friedrich Wilhelm IV. adressierten Schrift „Dieses Buch gehört dem König", in dem sie ihn für ein „Volkskönigtum" zu erwärmen suchte, ähnlich wie einst Mirabeau, der König Ludwig XVI. vergebens einen Bund zwischen Königtum und Drittem Stand empfohlen hatte. Die von Romantik bewegte Schriftstellerin dachte auch an den sich mit beginnender Industrialisierung formierenden Vierten Stand, die Arbeiter. Er wisse mit dem Buch nichts anzufangen, gestand Friedrich Wilhelm IV., doch dies galt nur für die politischen Abschnitte, nicht für den letzten Teil, in dem Bettina von Arnim die soziale Not der im Fortschrittszug Zurückgebliebenen dokumentierte.

Die Dame der besseren Gesellschaft stand nicht an, sich in das so genannte Vogtland zu begeben, in den Arbeiterkasernen vor dem Hamburger Tor in Berlin das Elend der Proletarier kennen zu lernen. Dort hausten in 400 Zimmern 2.500 Menschen: Arbeitslos gewordene Handwerker, die nicht einmal mehr ein Hemd besaßen, verhärmte Frauen, die nur einmal am Tage ihre Familien mit Pellkartoffeln oder Hafergrütze versorgen konnten, darbende, frierende und weinende Kinder. „Wo die Not so groß ist", befand Bettina von Arnim, „muss man tätig unterstützen, nicht moralisieren, bis die Leute vor Hunger sterben." Dazu sei der Staat berufen, an der Spitze der Monarch.

„Wer ist des Königs Nächster – sein hungerndes Volk", erklärte die mutige Frau, und stieß damit nicht, wie mit ihren politischen Forderungen, auf ein verschlossenes Ohr Friedrich Wilhelms, des Christenmenschen, der das Gebot „Du sollst Deinen Nächsten lieben wie Dich selbst", nicht vergessen durfte. Ihn bedrückte das Elend in seiner Haupt- und Residenzstadt, in der circa 10.000 Almosenempfänger dahinvegetierten, und ihn erschütterte bei seinen Besuchen in Erdmannsdorf die Not der schlesischen Weber, die ihm nicht verborgen blieb.

Die schlesische Leinwandweberei steckte in einer Krise. Ihre Produkte konnten nicht mehr in großen Mengen und zu guten Preisen abgesetzt werden. Fabriken verdrängten die Heimarbeit. Arbeiter wurden entlassen und Verbliebene nicht mit barem Geld, sondern mit minderwertigen Lebensmitteln entlohnt. Erzeugnisse handwerklicher Heimarbeit wurden weniger abgenommen und schlechter bezahlt. Der Hunger ging um, und mit dem Elend wuchs der Hass gegen Fabrikanten und Händler, „die Quelle aller Not, die hier den Armen drückt", wie es in einem immer öfter und lauter gesungenen Liede hieß.

Im Juni 1844 wurden in Peterswaldau und Langenbielau Fabriken gestürmt, Maschinen zerstört, Handelsbücher verbrannt. Aus Schweidnitz rückte Militär an, um die Ruhe mit Waffengewalt wiederherzustellen. Es gab Tote und Verwundete. Anführer des Aufstandes wurden zu Zuchthausstrafen verurteilt. Friedrich Wilhelm IV. befahl eine strenge Überwachung der schlesischen Zeitungen, „in welchen das Bestreben, die unteren gegen die höheren Stände, die Armen gegen die Wohlhabenden aufzuregen, nicht zu verkennen ist".

„Ein Fluch dem König, dem König der Reichen, / Den unser Elend nicht kann erweichen", zürnte Heinrich Heine. Der Monarch fühlte sich zwar verpflichtet, die königlich-preußische

Ordnung wiederherzustellen und aufrechtzuerhalten, aber das Elend der schlesischen Weber konnte den Christen nicht kalt lassen. Aus seiner Privatschatulle spendete er eine stattliche Summe zur Behebung von Notfällen und er ließ durch die Seehandlung, das Geld- und Handelsinstitut des preußischen Staates, Spinnereien in Schlesien errichten, in denen Arbeiter Lohn und Brot fanden.

Eine Sozialpolitik, wie sie Publizisten forderten und sie ihm Bettina von Arnim nahe legte, lag nicht im Bereich der Einsichten wie der Möglichkeiten eines Königs, der im mittelalterlichen Ständewesen befangen blieb, in dem wenig Platz für den Dritten Stand und keiner für den Vierten Stand vorgesehen war. Seine Fürsorge blieb im Rahmen der christlichen Caritas, der Barmherzigkeit gegen Notleidende, einer Liebestätigkeit für Hilfsbedürftige.

Als mustergültig für ein praktisches Christentum galt ihm das von Pastor Theodor Fliedner 1836 in Kaiserswerth im preußischen Regierungsbezirk Düsseldorf gegründete erste Diakonissenhaus, dem Mutterhaus der evangelischen Schwesternschaft der Diakonissen, der „Dienerinnen", die sich der Kranken- und Armenpflege widmeten. In Berlin stiftete Friedrich Wilhelm IV. 1845 das 1847 eingeweihte Diakonissenhaus Bethanien auf dem Mariannenplatz. Von ihm erwartete er einen Beitrag zur Linderung der sozialen Not in der Hauptstadt, und ihm war daran gelegen, dass Diakonissenhäuser auch in anderen Städten des Landes eingerichtet wurden, so 1850 in Breslau und in Königsberg.

Mit Wohlwollen betrachtete Friedrich Wilhelm die karitative Tätigkeit des aus der Erweckungsbewegung kommenden evangelischen Theologen Johann Heinrich Wichern. In seiner Heimatstadt Hamburg gründete er 1833 das Rauhe Haus, eine „Rettungsanstalt" für gefährdete Jugendliche, das zu einem Mittelpunkt christlichen Lebens werden sollte, „von welchem aus unser Volk in seinem tiefsten Grunde erfasst und aus seinem Sumpfe heraus in die neue Welt Gottes hineingestellt wird".

Das Rauhe Haus wurde das Mutterhaus der Inneren Mission, die über die „freie Liebesarbeit" für Arme und Verwahrloste hinaus „zur Verwirklichung der geistigen und sozialen Wiedergeburt des heillosen Volkes" beitragen sollte, „und nicht eher ruhen kann, bis das Ganze ein wahrhaft christliches Volk in Staat und Kirche geworden". Nur durch eine solche Wiedergeburt, meinte Wichern, „kann eine befriedigende Angleichung zwischen den verschiedenen Besitzständen möglich", der soziale Frieden im Gemeinwesen gewährleistet werden.

Der Hamburger Wichern setzte auf Preußen, den mächtigen protestantischen Staat und auf dessen König, der von ähnlichen Gedanken wie er bewegt wurde und das nämliche Ziel vor Augen hatte. Friedrich Wilhelm berief ihn nach Oberschlesien, wo er dem von der Typhusepidemie verursachten Notstand abhelfen sollte und schließlich in das Ministerium zur Mitarbeit an der Reform des Gesundheitswesens. Die englische Quäkerin Elisabeth Fry, die wegen ihrer Fürsorge für Inhaftierte „Engel der Gefängnisse" genannt wurde, lud er nach Berlin zu Vorträgen ein.

Der König berief an die Berliner Universität den Gelehrten Viktor Aimé Huber, einen Christlich-Konservativen, und unterstützte seine Zeitschrift „Janus", in der er die Friedrich Wilhelm konvenierende Staatsauffassung vertrat. Weniger berührten den Monarchen Hubers Wegweisungen für eine christlich-konservative Sozialpolitik.

Denn er blieb Pietist, der überzeugt war, dass sich das Evangelium nur an den Einzelmenschen wende, der aufgefordert sei, sich in christlicher Nächstenliebe und in freier Tätigkeit um in Not geratene Mitmenschen zu kümmern, dass sich das Evangelium aber nicht an den Staat wende, zu dessen Aufgaben deshalb keine über die Caritas hinausgehende Sozialpolitik gehöre. Überdies wurde die preußische Monarchie von gesellschaftlichen Kräften beherrscht, die an der Niederhaltung und nicht an einer Förderung des Vierten Standes interessiert waren, und dem Monarchen, selbst wenn er dazu geneigt gewesen wäre, kaum Spielraum dafür gelassen hätten.

Jedenfalls verlangte es die vom Adel und vom Monarchen definierte und praktizierte Staatsräson, weder das Bürgertum und schon gar nicht das Proletariat den Staat mitgestalten zu lassen. Schon Forderungen danach wurden für bedrohlich gehalten. Deshalb wurden Bestrebungen, die soziale Mithilfe mit politischer Mitwirkung zu verknüpfen suchten, von Staatsbehörden vereitelt.

Dank privater Initiative wurde 1844 der „Verein für das Wohl der arbeitenden Klassen" gegründet. Friedrich Wilhelm IV. betonte am 25. Oktober seine „lebhafte Teilnahme" am Zustandekommen dieses Vereins, „welcher sein Streben dahin richten will, der geistigen und leiblichen Not der Hand- und Fabrikarbeiter Abhilfe zu verschaffen, sowohl durch die Errichtung von Spar- und Prämienkassen, als auch durch die Anlegung von Schulen und Verbreitung gemeinnütziger Schriften". Dafür stellte der König 15.000 Taler zur Verfügung. „Die königliche Kabinettsordre vom 25. Oktober", erklärte der Fabrikant Friedrich Harkort, „ist nicht der Geldbewilligung wegen wichtig, sondern zählt deshalb zu den denkwürdigsten historischen Wendepunkten: Weil durch sie dem mächtigen Geiste der Assoziation das bisher beengte Feld gesetzlich eröffnet ist."

Doch in dieses Feld wurden Steine von Staatsbehörden geworfen, die befürchteten, dass die arbeitenden Klassen, die – wie der ebenso wie Harkort sozial empfindende und tätige Wirtschaftsführer Gustav Mevissen meinte – durch die Kabinettsordre zum ersten Mal in Preußen als Vierter Stand anerkannt worden seien und mit den sozialen auch politische Forderungen verbinden könnten. So entwickelte sich die Arbeit des Vereins – der aus dem Zentralverein in Berlin und Lokalvereinen in mehreren Städten bestand – nicht in der von seinen Befürwortern erhofften Weise, auch deshalb, weil Mitglieder, vor allem aus besseren Kreisen, Angst vor der eigenen Courage bekamen.

Tatsächlich wurden in Sitzungen von Lokalvereinen sozialistische Töne angeschlagen, die Bürgern missfielen, auch wenn sie den damit verbundenen Forderungen nach einer Staatsverfassung nicht widersprachen. Der Obrigkeit passte die ganze Richtung nicht. Dem Kölner Lokalverein, der sich besonders progressiv gebärdete, wurde schon nach der ersten Versammlung die Abhaltung weiterer Sitzungen untersagt, und dem Berliner Lokalverein wurden vom Ministerium das Innern die Statuten nicht genehmigt.

So blieb die Wirksamkeit des „Vereins für das Wohl der arbeitenden Klassen" eingeschränkt und unbefriedigend. Die sozialen Probleme, bei deren Lösung er hätte mithelfen sollen, verschärften sich mit dem Fortschreiten der Industrialisierung, und auf die politischen Fragen, die sich mit dem Aufstieg des Dritten Standes und dem Aufkommen des Vierten Standes zuspitzten, fand die Staatsmacht keine zeitgemäßen Antworten. Der König begann zu befürchten, dass er mit seiner Unterstützung der Assoziation schon zu weit gegangen sei, und auch aus dieser Erfahrung den Schluss zu ziehen, dass er den Anfängen der Bewegung, die eine Konstitution verlangte, wehren müsste.

Die Unzufriedenheit mit diesem König wuchs mit jedem Tag, an dem die in ihn gesetzten Erwartungen bei seiner Thronbesteigung weiter unerfüllt blieben. „In den ersten Tagen meiner Regierung", scherzte Friedrich Wilhelm mit bitterem Unterton, „haben mich die Berliner vor Liebe fressen wollen, jetzt aber tut es ihnen leid, dass sie es damals nicht getan haben." Dies schmerzte ihn und verminderte nicht seine Sorge, dass sie die ganze Hand verlangen würden, wenn er ihnen auch nur den kleinen Finger reichte.

12.
Der Vereinigte Landtag

Am Morgen des 26. Juli 1844 brach Friedrich Wilhelm IV. mit seiner Gemahlin Elisabeth von Berlin zu einer Reise nach Schlesien auf. Als er im Portal des Schlosses die Kutsche bestieg, in der die Königin bereits Platz genommen hatte, feuerte einer der Zuschauer zwei Pistolenschüsse auf ihn ab. Die erste Kugel, vom Mantel und dem Überrock in ihrer Durchschlagkraft geschwächt, verursachte nur eine leichte Quetschung auf der Brust. Die zweite Kugel drang in das Holzgestell des Wagens ein, dicht über dem Kopf Elisabeths, deren Hut ramponiert wurde.

Der arretierte Attentäter hieß Heinrich Ludwig Tschech. Der frühere Bürgermeister von Storkow in der Kurmark hatte sich mit Stadtverordneten und dem Landrat überworfen und sein Amt aufgegeben. Seine Gesuche um eine Anstellung im Staatsdienst waren von den Behörden, schließlich vom König selbst, abgewiesen worden. „Als Grund seiner Freveltat", gab das Staatsministerium bekannt, „habe er die Absicht angegeben, sich wegen der ungerechten Zurückweisung seiner Anstellungsgesuche zu rächen."

Tschech war ein Michael Kohlhaas, der aus verletztem Rechtsgefühl, und kein Tyrannenmörder, der aus politischen Motiven zur Tat schritt. Dennoch wurden im Volke die Schüsse als Zeichen der Unzufriedenheit mit diesem Monarchen verstanden und vom Staatsministerium als Signale einer sich anbahnenden Revolution gewertet und exemplarische Strafe für das „in der preußischen Geschichte bis dahin unerhörte Verbrechen" verlangt.

Friedrich Wilhelm schien zunächst das Attentat eher spöttisch beurteilt zu haben, wie Berliner, die Bänkellieder sangen, wie: „War wohl je ein Mensch so frech, / als der Bürgermeister Tschech! / Denn er traf bei Einem Haar / Unser teures Königspaar! / Der abscheuliche Verräter, / Der verruchte Attentäter, / Der da schoss mit frohem Mut / Unsere Königin durch den Hut." Der Tschech, dieser Kerl, soll der König gesagt haben, „müsse billigerweise als einen Teil seiner Strafe alle die Adressen, Zuschriften und Gedichte lesen, die in Unzahl über seine Tat einliefen".

Witzige Kommentare, zu denen er wie seine Berliner neigte, konnten nicht darüber hinwegtäuschen, dass ihn das Attentat erschüttert hatte: Als Menschen, der von seinen Mitmenschen so geliebt werden wollte, wie er sie zu lieben sich bemühte, und als König, der nicht erwartet hatte, dass ihm sein Bestreben um das Wohl der Untertanen so drastisch mit Undank belohnt werden könnte.

Heil im schlesischen Erdmannsdorf angekommen, stieg er zum Bergkirchlein Wang hinauf und dankte Gott dafür, dass „die Hand des Allmächtigen das tödliche Geschoss" von seinem Ziel abgehalten habe. „Im Aufblick zu dem göttlichen Erretter", ließ er sein Volk wissen, „gehe Ich mit frischem Mut an Mein Tagewerk, Begonnenes zu vollenden, Vorbereitetes auszuführen, das Böse mit neuer Siegesgewissheit zu bekämpfen und Meinem Volkes das zu sein, was Mein hoher Beruf Mir auferlegt und Meines Volkes Liebe verdient."

Könnte er sich diese nicht auch dadurch verdienen, dass er den Attentäter, einen armen Sünder, begnadigen würde? Daran schien er gedacht zu haben. Aber das Staatsministerium verlangte aus Staatsräson die Verhängung und die Vollstreckung des Todesurteils. Lange sträubte sich der König. Im Dezember 1844 versprach er Tschech die Begnadigung, wenn er sein Unrecht bekennen wollte; der Rechthaber war dazu nicht bereit. Unter Tränen unterzeichnete Friedrich Wilhelm das Todesurteil und ließ den Todgeweihten wissen, dass er für ihn als seinen Bruder in Christo beten würde. Die Strafe des Räderns nach Schleifung zur Richtstätte milderte er in die des Beils.

Tschech wurde am 14. Dezember 1844 in Spandau enthauptet. Kurz vor Mitternacht des Vortages war der König von Charlottenburg nach Potsdam gefahren, um von der Überführung des Verurteilten von der Hausvogtei nach Spandau, die an Charlottenburg vorbeiführen würde, möglichst weit entfernt zu sein. „Die Hinrichtung Tschechs liegt den Leuten im Sinne", notierte Varnhagen von Ense. „Sie wird allgemein missbilligt und man blickt mit Besorgnis in die Zukunft."

Wie rasch hatte sich das Blatt von Zustimmung zu Kritik und schon zu Ablehnung gewendet! Noch vor kurzem befand sich der König, wie Baron Alexander von Ungern-Sternberg bemerkte, „im Vollgefühl aller schönen Illusionen, er wusste und sah es, dass seiner persönlichen Liebenswürdigkeit alle Herzen sich zuneigten, er wusste und sah es, dass man von seinem Geiste und seinen Ideen den Umschwung des Staates und eine glückliche Zukunft erwartete".

Daran zweifelten immer mehr Preußen, und ihr Monarch musste sich überlegen, wie er darauf reagieren sollte. Gerne hätte sich Friedrich Wilhelm von seinem Volk, das ihn enttäuschte, „effaziert", distanziert, sich in seine Traumwelt zurückgezogen, in der er sich ohnedies lieber als in seiner Mitwelt bewegte. Aber dies war keine Lösung für den König, der sich nicht aus seiner Verantwortung für Dynastie und Staat entlassen durfte. So schien ihm nichts anderes übrig zu bleiben, als Erwartungen des Volkes, jedenfalls dessen fortschrittlicher Avantgarde, entgegenzukommen, allerdings nur so weit, wie er es mit seiner Auffassung von der Monarchensouveränität vereinbaren könnte.

Noch 1844 entwickelte er einen Verfassungsplan, der zwar an seiner Ablehnung jeder Form einer modernen Repräsentativverfassung festhielt, aber die bestehende Ständeverfassung erweiterte, von der provinziellen Ebene auf ein gesamtstaatliches Niveau anhob. Die aus der Mitte der bestehenden Provinziallandtage gewählten Vereinigten Ausschüsse waren als Beratungsorgane der Staatsregierung und der von Zeit zu Zeit einberufene Vereinigte Landtag, bestehend aus Abgeordneten der Provinziallandtage, als ein in seinen Befugnissen auf Finanzangelegenheiten beschränktes Beschlussorgan vorgesehen.

Wäre er damit schon zu weit gegangen? Der König von Preußen hielt es für angezeigt, den österreichischen Staatskanzler Metternich, das Orakel der Restauration und Reaktion, über seinen Verfassungsplan zu befragen, sein Vorgehen zu rechtfertigen. „Ich will bestimmt und entschieden 1. keine Nationalrepräsentation" (wie sie etwa in Frankreich bestand), „2. keine Charte" (eine am französischen Vorbild orientierte Staatsverfassung wie in süddeutschen

Staaten), „3. keine periodischen Fieber, d.h. periodische Reichstage, 4. keine Reichstagswahlen, ... weil ich König von Preußen bleiben, weil ich Preußens Stellung in Europa nicht umwerfen will." Er hoffe, „jedes fernere Begehren des Fortschritts nach den Theorien des Tages nachdrücklich und wohlgemut zurückzuweisen".

Metternich blieb bei seiner Meinung, dass man den Anfängen wehren müsse. Auch dem Zaren Nikolaus I. missfiel das Projekt seines Schwagers Friedrich Wilhelms IV. Und dessen Bruder, Prinz Wilhelm, fühlte sich als Thronfolger berechtigt und als Hoffnungsträger der friderizianischen Preußen dazu berufen, Einspruch zu erheben.

Bereits 1842 hatte Wilhelm der Einberufung der Vereinigten Ausschüsse widerraten. 1843 kritisierte er den zwischen Entgegenkommen und Zurückgehen schwankenden Friedrich Wilhelm: „Es ist ihm Bedürfnis, die Dinge anders anzusehen und anders zu behandeln und zu lösen, als alle anderen erwarten und vermuten müssen." 1845 warnte der Thronfolger den König, dass jedes Verfassungsprojekt, das sich einer Konstitution annähere oder in eine solche überzugehen drohe, für Preußen unannehmbar sei und erinnerte ihn daran, dass nach dem Testament des Vaters, Friedrich Wilhelms III., die Verfassung nur mit Zustimmung der Mitglieder der Dynastie geändert werden dürfe. Friedrich Wilhelm IV. rüffelte seinen Bruder, dem er ein Zustimmungsrecht absprach und ihn wissen ließ, dass er sein Vorhaben weiter verfolgen werde.

Doch es dauerte und dauerte, bis sein Vorhaben, von dem er nicht mehr abließ, sich über alle innen- wie außenpolitischen Hindernisse hinwegsetzen konnte. Inzwischen feilte er an dem Gesetzentwurf zur Berufung des Vereinigten Landtags und zeichnete Entwürfe für die Ausschmückung des Versammlungssaales und die Amtskleidung der Abgeordneten, durch die sich die einzelnen Stände auszeichnen sollten.

Endlich konnte er durch das Dekret vom 3. Februar 1847 sein Verfassungswerk in Kraft setzen. „Wir Friedrich Wilhelm, von Gottes Gnaden König von Preußen etc. tun kund und fügen hiermit zu wissen", dass dem Monarchen dank „des von Gott Uns verliehenen königlichen Berufes" das „zweifache Ziel vorgesteckt ist: Die Rechte, die Würde und die Macht der Uns von Unseren Vorfahren ruhmreichen Andenkens vererbten Krone unversehrt Unsern Nachfolgern in der Regierung zu bewahren, zugleich aber auch den getreuen Ständen Unserer Monarchie diejenige Wirksamkeit zu verleihen, welche, in Einklange mit jenen Rechten und den eigentümlichen Verhältnissen der Monarchie, dem Vaterland eine gedeihliche Zukunft zu sichern geeignet ist."

Vom Verfassungsversprechen, das Friedrich Wilhelm III. 1815 gegeben und nicht eingelöst hatte, war keine Rede mehr. Nicht ein Parlament von Repräsentanten des Volkes, sondern eine Versammlung von Ständevertretern wurde einberufen, vom Monarchen, der seine Machtposition mit Hilfe einiger Zugeständnisse an Zeitforderungen zu erhalten suchte, jedoch mit Konzessionen, die er nicht dem Wunschkatalog der Gegenwart, sondern Vorstellungen des von ihm idealisierten Mittelalters entnahm. Das konnte und sollte nicht zu dem von ihm anvisierten Ziel führen: Eine Bestätigung der Monarchensouveränität durch Untertanen, denen sich aus der Volkssouveränität ergebende Volksrechte vorenthalten blieben.

Immerhin wurde dem Vereinigten ständischen Ausschuss eine beschränkte Periodizität eingeräumt; dieses Beratungsorgan sollte längstens alle vier Jahre zusammentreten. Doch der Vereinigte Landtag sollte nicht regelmäßig tagen, sondern nur, wenn der Monarch sämtliche Mitglieder der Provinziallandtage, insgesamt 613, zusammenrief. In der 70 Mitglieder umfassenden Herrenkurie saßen Prinzen, Fürsten und Grafen, in der zweiten Kurie Abgeordnete des Ritterstandes (237), der Städte (182) und der Landgemeinden (124). Der Adel verfügte also über etwas mehr als 50 Prozent der Stimmen.

Dem Vereinigten Landtag wurde nur die Kompetenz zur Beschlussfassung über Steuern und Staatsschulden, aber nicht über Kriegsanleihen, gewährt. Friedrich Wilhelm IV. hatte ihn nicht zuletzt aus ähnlichen Motiven berufen, die seinerzeit Ludwig XVI. zur Einberufung der Generalstände veranlasst hatten. Der Bourbone benötigte zur Vermeidung des Staatsbankrotts die

Zustimmung zur Erhebung neuer Steuern. Der Hohenzoller wollte sich eine Anleihe für den Bau der Osteisenbahn genehmigen lassen. Aus der Parallelität von 1847 und 1789 schöpften preußische Vertreter des Dritten Standes die Hoffnung, dass auch der Schritt ihres Königs zu einer repräsentativen Nationalversammlung führen könnte. Andererseits hegten Vertreter des preußischen Ancien régime die Befürchtung, dass dieser Weg über eine konstitutionelle Monarchie zu einer demokratischen Republik wie damals in Frankreich führen werde.

„Die Konservativen sind verschnupft, weil zu viel nach ihrer Ansicht auf einmal geschehen ist; die Liberalen sind verschnupft, weil nicht genug geschehen", kritisierte der Thronfolger Prinz Wilhelm, der die Rechte, die Würde und die Macht der Krone gefährdet sah. Heinrich Simon, ein schlesischer Liberaler, rief dem König in seiner Schrift „Annehmen oder Ablehnen?" entgegen: „Wir baten Dich um Brot" – eine moderne, auf einem Vertrag zwischen Monarch und Volk beruhende Repräsentativverfassung – „und Du gibst uns einen Stein" – eine anachronistische Ständeverfassung, mit der er sich keine einzige Perle aus seiner Krone gebrochen habe. Der empörte Friedrich Wilhelm verlangte die Absetzung der Zensoren, die es versäumt hätten, „solch Buch nicht konfiszieren zu lassen". Aber es war im Königreich Sachsen erschienen, und Simons Verleger ließ dem Pamphlet eine „Parallele der preußischen Verfassung mit den Verfassungen von Kurhessen, Norwegen und Belgien" folgen, jener Staaten, in denen dem Zeitgeist die ihm gebührenden Zugeständnisse gemacht worden seien.

Bei der Eröffnung des Vereinigten Landtags am 11. April 1847 wollte es Friedrich Wilhelm allen zeigen, dass er der König und Herr über ein in Ständen gegliedertes, dem Monarchen ergebenes und dem Staate dienendes Volk zu bleiben gedächte. Beim Einzug in den Weißen Saal des Berliner Schlosses, in dem die Abgeordneten versammelt waren, ließ er sich die preußischen Reichsinsignien vorantragen: Das Zepter, das er weiterhin schwingen, das Schwert, mit dem er Dynastie und Staat verteidigen wollte, und die Krone, die weiterhin über Land und Volk stehen sollte. Allen gab er in seiner Eröffnungsrede kund und zu wissen, dass ihm die Gewährung einer modernen Konstitution niemals in den Sinn kommen würde.

„Es drängt mich zu der feierlichen Erklärung: Dass es keiner Macht der Erde je gelingen soll, mich zu bewegen, das natürliche, gerade bei uns durch seine innere Wahrheit so mächtig machende Verhältnis zwischen Fürst und Volk in ein konventionelles konstitutionelles zu wandeln, und dass ich es nun und nimmermehr zugeben werde, dass sich zwischen unsern Herr Gott im Himmel und dieses Land ein beschriebenes Blatt, gleichsam als eine zweite Vorsehung eindränge, um uns mit seinen Paragraphen zu regieren und durch sie die alte, heilige Treue zu ersetzen."

„Wenn man, wie Sie und ich", schrieb Alexander von Humboldt an Bunsen, „lebhaft mit dem Ruhme eines so hochbegabten, rein menschlichen Königs beschäftigt ist, wenn man so sehnlichst ihm allgemeine Anerkennung wünschte, konnten sie Ergießungen des Herzens am 11. nur schmerzen. Ich war zugegen. Die Bestürzung war allgemein." Liberale aus Ostpreußen wollten den Vereinigten Landtag verlassen, wurden zum Bleiben von rheinischen Liberalen überredet, die ihn, bei aller Unzulänglichkeit, als Vorstufe zu einem Parlament ansahen.

Davon gingen ihre Wortführer aus: Hermann von Beckerath, David Hansemann, Ludolf Camphausen und Gustav Mevissen sowie der Westfale Georg von Vincke. Sie erinnerten Friedrich Wilhelm IV. an das Versprechen Friedrich Wilhelms III., eine Landesverfassung zu gewähren, zu der, wenn sie ihren Sinn und Zweck erfüllen sollte, Periodizität der Tagungen, die Befugnis zur Beratung aller Gesetze und das Bewilligungsrecht für sämtliche Staatsschulden gehöre. Da dies dem Vereinigten Landtag nicht zugestanden worden wäre, sei er nicht eine echte Landesrepräsentation.

Diesem Ziel wollten sich Liberale annähern. Konservative stellten sich ihnen in den Weg, und so wurde in Preußen der Verfassungskampf eröffnet.

Auf dem „Schlachtfeld der Zungen" stellte der Thronfolger Wilhelm, Mitglied der Herrenkurie, seinen Mann. „Freiheiten und

Rechte der Stände", lautete sein Ceterum censeo, dürften niemals „auf Unkosten der Rechte und Freiheiten der Krone" gewährt werden. Ihm sekundierte der 32-jährige Junker Otto von Bismarck, der als Abgeordneter der Ritterschaft in die Kurie der Stände gekommen war. Er wollte an der Monarchensouveränität nicht rütteln lassen, wandte sich unter Berufung auf das Gottesgnadentum gegen Anträge der Liberalen, diese zugunsten des Vereinigten Landtages zu beschränken.

Das war Balsam auf die Wunden Friedrich Wilhelms IV., der einsehen musste, dass er sich diese durch die Einberufung des Vereinigten Landtages selbst zugefügt hatte. „Die Gesetzgebung vom 3. Februar dieses Jahres ist in ihren Grundlagen unantastbar", erwiderte er der Opposition, die sie aufzuweichen begann, von ihm Zugeständnisse verlangte, die ihm viel zu weit gingen, und ihre Zustimmung zu Vorhaben versagte, die er sich von dieser Versammlung erwartet hatte. So verwarf sie das von der Regierung vorgelegte Gesetz über die Ostbahn zwischen Berlin und Königsberg, in dem sie die für den Bau erforderliche Anleihe von 20 bis 25 Millionen Taler nicht genehmigte. Damit beantwortete der Vereinigte Landtag trotzig die Weigerung des Monarchen, ihm die geforderte Periodizität zuzugestehen, ganz zu schweigen von weiteren Essentials eines Parlaments.

„Sie, meine Herren, sind deutsche Stände im althergebrachten Wortsinn, das heißt vor Allem und wesentlich Vertreter und Wahrer der eigenen Rechte, der Rechte der Stände", hatte der König den Abgeordneten zugerufen. Für diese „germanischen Stände" ließ er ein Album anfertigen, zu dem jedes Mitglied ein Blatt zu liefern und mit seinem Wappen zu versehen hatte. Jedes erhielt ein gedrucktes Exemplar in Samt, in Maroquin, in Leinen, je nach einem der drei Stände, dem es angehörte. Doch die meisten Abgeordneten verstanden sich nicht als Standesmitglieder und Provinzialvertreter, sondern als Repräsentanten des gesamten Staatsvolkes, die nicht in das Mittelalter zurückschauten, sondern eine zeitgemäße Konstitution anvisierten.

Am 26. Juni 1847 schloss der König den Vereinigten Landtag, der nur elf Wochen getagt hatte. Dessen Petition, endlich die Periodizität zu gewähren und die Kompetenzen zu erweitern, fand nicht sein geneigtes Ohr. Die Ständevertreter, die ihm zu viel geredet und gezündelt hatten, wollte er gar nicht mehr sehen; er ließ sie durch den Innenminister und Landtags-Kommissarius Ernst von Bodelschwingh nach Hause schicken.

Vergebens hatte er den Vereinigten Landtag gewarnt, sich einem „Geist der Auflockerung zum Umsturz" hinzugeben, der „schmachvoll für die deutsche Treue und die preußische Ehre" sei, und ihnen zu verstehen gegeben: Wie im Feldlager „nur Ein Wille gebieten darf, so können dieses Landes Geschicke, soll es nicht augenblicklich von seiner Höhe fallen, nur von Einem Willen geleitet werden" – von dem des Königs und Herrn.

„Ich stabilisiere die Souveränität und setze die Krone fest wie einen rocher de bronze", hatte Friedrich Wilhelm I. erklärt, und auch Friedrich Wilhelm IV. wollte den „ehernen Fels" der Monarchensouveränität nicht zersetzen lassen durch einen liberalen und schon demokratischen Geist, der zu Misstrauen und schließlich zu offenem Ungehorsam, „erklärtem Abfall von Allem, was guten Menschen heilig ist", eskalieren würde.

Schon sah er ein Menetekel an der Wand. Im schweizerischen Neuenburg (Neuchâtel), das Anfang des 18. Jahrhunderts unter die preußische Krone kam und es – seit 1814 – auch als 21. Kanton der Eidgenossenschaft blieb, agitierte eine republikanische Partei gegen die Personalunion mit dem preußischen Königreich.

Wenn die Radikalen „dort siegreich sind, so werden auch in Deutschland Ströme von Blut fließen", schrieb Friedrich Wilhelm IV. am 25. November 1847 an die Königin Victoria von England. Schon seien in Deutschland die Regierungen „durch den Liberalismus (den Vorläufer des Radikalismus, wie die Hühnersterbe der Cholera vorausgeht), geschwächt". Diese „gottlose Bande" werde „ihren Zug durch Deutschland nehmen, weil sie, wenn auch klein, durch Einheit und Geschlossenheit stark ist". Im Februar 1848 siegten die Republikaner in Neuenburg, und im März 1848 brach in Preußen die Revolution aus.

13.
Die Revolution

Das Gewitter, dessen Wolken sich seit Jahren zusammengezogen hatten, entlud sich zunächst über Frankreich. Zum dritten Mal seit 1789 erhoben sich im Februar 1848 Franzosen gegen ihren König, nach Ludwig XVI. und Karl X. nun gegen den Orléans Louis-Philippe, der sich nach der Julirevolution von 1830 als liberaler Bürgerkönig etabliert hatte und nun einer demokratischen Republik weichen musste.

Friedrich Wilhelm IV., der sich immer noch wie die längst gestürzten Bourbonen als König von Gottes Gnaden fühlte, befürchtete das Schlimmste. „Wenn die republikanische Partei ihr Programm durchführt, 'die Souveränität des Volkes', wird meine verhältnismäßig kleine Krone zerbrochen werden", schrieb er am 27. Februar 1848 an Königin Victoria von England, „und eine furchtbare Geißel wird den Völkern auferlegt werden, ein Jahrhundert des Aufruhrs, der Gesetzlosigkeit und Gottlosigkeit wird folgen." Die Adressatin musste nicht befürchten, dass – wie er meinte – auch ihre Krone zerbrochen werden könnte; denn – im Gegensatz zu Preußen – war England mit der Zeit gegangen, hatte Forderungen nachgegeben, zwar Perlen aus der Krone drein gegeben, aber diese ungefährdet behalten.

Obwohl ihn Bunsen, sein Gesandter in London, auf das englische Beispiel hinwies und ihn beschwor, „die Sprache des Jahrhunderts zu sprechen", und nicht „als ein Altertumskünstler angesehen zu werden", beharrte Friedrich Wilhelm auf seinen Intentionen, durch einen Ausbau ständischer Institutionen die Forderung nach einer modernen Repräsentativverfassung durchkreuzen zu können. Am 5. März 1848 sagte er dem Vereinigten Landtag die bisher vorenthaltene Periodizität zu und verabschiedete den Vereinigten Ausschuss mit einem Appell: „Schart euch, wie eine eherne Mauer, in lebendigem Vertrauen um euren König, um euren besten Freund."

Doch die Mauer bröckelte. Der König glaubte immer noch, sie durch ständische Stützen aufrechterhalten zu können. Am 14.

März berief er den mit mehr Kompetenzen versehenen Vereinigten Landtag auf den 27. April ein und erklärte Berliner Stadtverordneten: Die gute alte deutsche Ordnung dürfte nicht unbeachtet bleiben; auch die Gliederung der Stände sei deutsch; wer dagegen anstrebe, der setze sich Gefahren aus, die durch ein Herüberschwappen des französischen Parlamentarismus auf Preußen und Deutschland eskalieren würden.

Am 13. März 1848 wurde in Wien der Staatskanzler Metternich gestürzt, der wie ein Atlas die Monarchenwelt auf seinen Schultern getragen hatte. Sein Herz habe er in Bewunderung und Schmerz schlagen fühlen, schrieb ihm Friedrich Wilhelm, „und die Tränen traten mir in die Augen. Wer riefe nicht aus – 'Welch ein Mann!' und 'Welche Zeit!!!' die den Mann nicht verträgt!"

Würde sie auch ihn nicht länger ertragen? Am 14. März wurden in Berlin die ersten Barrikaden errichtet. Minister von Bodelschwingh beschwor den König: Preußen müsse „die neue Bahn" gehen, sich von ständischen Vorstellungen lösen und sich liberalen und repräsentativen Wegen öffnen. Prinz Wilhelm, der Thronfolger, riet dem Bruder, Gewalt mit Gewalt zu beantworten. Vom vielstimmig anschwellenden Chor des Pro und Contra hin und her gerissen, geriet Friedrich Wilhelm IV. ins Schwanken. Vergebens auf ein Eingreifen des Allerhöchsten zugunsten des Königs von Gottes Gnaden wartend, tief getroffen von der zunehmenden Opposition seiner Untertanen, die nicht mehr zu wissen schienen, was sie der gottgegebenen Obrigkeit schuldig wären, begann er Hamlet zu gleichen und Fortinbras zu fürchten.

Auf die Bühne, wo er sich wie in einem mittelalterlichen Mysterienspiel gefühlt hatte, drangen neue Akteure, die ihm seine Rolle als Hauptdarsteller und Regisseur streitig machten. „Die Haltung der Masse ist nicht mehr zweifelhaft, es handelt sich nur noch um den Moment des Ausbruchs", konstatierte das Polizeipräsidium am 15. März. Am Tage darauf zogen Demonstranten zum Palais des Prinzen Wilhelm, der als Repräsentant, und zur Neuen Wache, die als Symbol des Militärismus galt. Als nach Trommelschlag der Platz nicht geräumt wurde, eröffneten Soldaten das Feuer; es gab zwei Tote und mehrere Verwundete.

Gegen die „Militärexzesse" protestierten am 17. März Volksversammlungen und beschlossen für den nächsten Tag die Überreichung einer „Massenpetition" an den König: Für Pressefreiheit, Bürgerwehr und sofortige Einberufung des Vereinigten Landtags, der die Weichen von einer Ständeversammlung zu einer Volksvertretung stellen sollte.

Friedrich Wilhelm schwankte zwischen Hartbleiben und Nachgeben. Sein Bruder Wilhelm, der Hardliner, begrüßte es, dass er das Government anwies, „den sämtlichen in diesen Tagen gegen die Tumultanten tätig gewesenen Truppen ohne alle Ausnahme Meine volle Anerkennung für die von ihnen bewiesene musterhafte Haltung, Ausdauer und Disziplin auszusprechen". Vom Ministerium wurde dem König empfohlen, durch einiges Entgegenkommen bedrohliche Weiterungen zu verhindern. Dieser Meinung schloss sich Friedrich Wilhelm IV. an, ohne sich an die Erfahrung Ludwigs XVI. zu erinnern, dass Revolutionäre, denen man einen kleinen Finger reiche, bald mehr und schließlich die ganze Hand fordern würden.

Am späten Abend des 17. März wurde ein Gesetz zur Aufhebung der Zensur unterzeichnet, am frühen Morgen des 18. März ein Patent unterzeichnet, das den Vereinigten Landtag bereits auf den 2. April einberief und eine Verfassung für Preußen sowie eine nationale und liberale Umgestaltung der deutschen Bundesverfassung in Aussicht stellte. Contre coeur schlug der König den Weg zum Konstitutionalismus ein, den er bislang für einen an den Abgrund führenden Irrweg gehalten hatte. Dabei klammerte er sich an die Hoffnung, dass ihm sein Volk für die Zugeständnisse von Herzen dankbar sein, ihm wie bei seiner Thronbesteigung 1840, im Jahr der „frohen Erwartung", huldigen würde.

Dies meinte er annehmen zu dürfen, als er am frühen Nachmittag des 18. März 1848 auf den Schlossbalkon trat, um das „Vivat" der versammelten Menge entgegenzunehmen. Er sonnte sich in der Volksgunst, bekam aber sogleich zu spüren, wie wetterwendisch sie sein konnte. Das „Hosiannah" klang ihm noch in den Ohren, als er schon ein „Crucifige" zu vernehmen meinte. In den Jubelchor mischte sich Protestgeschrei, die Menge drängte in das

Schlossportal hinein, gewahrte die im Innenhof stehenden Soldaten, der Ruf „Militär zurück!" erscholl, und mit dem Widerwillen
gegen das Militär wuchs die Abneigung gegen den König, der
nach wie vor auf seine bewaffnete Macht zu setzen schien und
nicht zurückschrecken würde, sie gegen aufmüpfiges Volk einzusetzen.

Was zunächst ein huldigendes Heranrücken gewesen sein mochte, erschien nun als gefährliche Zudringlichkeit. Friedrich Wilhelm verlor die Nerven, gab den Befehl zur „Platzsäuberung"; die
Kavallerie sollte jedoch nur im Schritt und mit eingesteckter
Waffe vorgehen. Doch zwei Schüsse fielen, und obgleich niemand
getroffen worden war, gaben sie das Startsignal für die Berliner
Märzrevolution. Im Nu entstanden Barrikaden, und ein Straßen-
kampf zwischen königlichem Militär und bewaffneten Aufständischen entbrannte.

Das Kampfgetöse, das zum Schloss herüber drang, ließ Friedrich
Wilhelm zusammenzucken, und die Vorstellung, dass Blut fließen
würde, quälte ihn, der im Grunde ein friedliebender Zivilist und
kein Militär war, der die Folgen von Kämpfen in Kauf zu nehmen
hatte. Der König sei auf dem Punkt gewesen, den Verstand zu verlieren, bemerkte der Minister von Bodelschwingh. Es wäre kaum
verwunderlich gewesen, wenn er ihn tatsächlich verloren hätte,
angesichts der widersprüchlichen Ratschläge, die ihm berufene
wie unberufene Ratgeber erteilen zu müssen meinten.

Schließlich tat er, was er tun zu müssen glaubte. Kurz vor Mitternacht unterband er ein weiteres Vordringen der Truppen und
verfasste eine Proklamation „An meine lieben Berliner". Die
Kämpfe seien nicht von ihm, sondern von fremden Verschwörern
ausgelöst worden, erklärte er und beschwor sie, „kehrt zum Frieden zurück, räumt die Barrikaden, die noch stehen, hinweg" und
gab ihnen sein „königliches Wort, dass alle Straßen und Plätze
sogleich von den Truppen geräumt werden sollten und die militärische Besetzung nur auf die notwendigen Gebäude, des Schlosses,
des Zeughauses und weniger anderer, und auch da nur auf kurze
Zeit beschränkt werden wird". Larmoyant schloss er: „Eure lieb-
reiche Königin und wahrhaft treue Mutter und Freundin, die sehr

leidend dar nieder liegt, vereint ihre innigen, tränenreichen Bitten mit den Meinigen."

Den „Schwanengesang der politischen Romantik und der patriarchalischen Staatsauffassung" nannte der Historiker Erich Brandenburg diese Proklamation, die am Morgen des 19. März gedruckt verteilt wurde. Das Echo entsprach nicht der Erwartung Friedrich Wilhelms. Selbst loyale Untertanen, die sich dem Realismus zugewandt hatten, waren mit Rührseligkeit kaum mehr anzusprechen, liberale Bürger, die nach vorne blickten, wollten keinen monarchischen Erzvater, sondern einen konstitutionellen König haben, ganz zu schweigen von den noch wenigen, aber entschlossenen Demokraten, die eine Republik anvisierten.

Eine Befriedung sei nur zu erreichen, wenn die Truppen ganz aus Berlin zurückgezogen würden, erklärten Bürgerdeputierte dem König. Der gestresste Friedrich Wilhelm gab nach, befahl den Abmarsch der Truppen. „Nun ist alles verloren!", rief Prinz Wilhelm, der im Volke verhasste „Kartätschenprinz", den sein Bruder aus der Schusslinie nahm und nach England schickte. Friedrich Wilhelm dämmerte es, dass er einen entscheidenden Fehler gemacht hatte, den er nicht mehr zu korrigieren vermochte. Ohne die Schutzmauer der Königstruppe war er Zumutungen der Aufständischen wehrlos ausgesetzt.

Es begann damit, dass sie am Mittag des 19. März gefallene Barrikadenkämpfer zum Schloss brachten und den König zwangen, bei der „Leichenpräsentation" sein Haupt zu entblößen. Der König von Preußen sei „erniedrigt und gedemütigt wie kein deutscher Fürst", bemerkte der württembergische Gesandte, und der bayerische Gesandte glaubte „selbst die Krone und das Leben des Königs" in Gefahr. In der Nacht zum 20. auf den 21. März schliefen ein General und die Flügeladjutanten auf Matratzen vor dem Zimmer des Monarchen, um „ihn womöglich gegen jede eventuelle Unbill zu schützen".

Doch am 21. März ritt Friedrich Wilhelm IV. durch seine Haupt- und Residenzstadt, „von tausend und abertausend Vivatrufen begleitet", wie ein Flügeladjutant notierte. Der König hatte ein schwarz-rot-goldenes Band um den Arm, ließ sich eine schwarz-rot-goldene Fahne voraus tragen – die Farben der Hoffnung auf die Einheit Deutschlands und eine freiheitliche Konstitution für das Ganze wie für dessen Teile. Der König von Preußen, dessen Monarchentum von Gottes Gnaden in Frage gestellt war, trat die Flucht nach vorne an, schien endlich der Jahrhundertforderung „Nation und Verfassung" entgegenkommen zu wollen, sich als konstitutioneller König und vielleicht schon, wie es Vivatrufer erwarteten, als „Kaiser von Deutschland" zu präsentieren.

„Ich habe heute die alten deutschen Farben angenommen und Mich und Mein Volk unter das ehrwürdige Banner des Deutschen Reiches gestellt. Preußen geht fortan in Deutschland auf", hieß es in der Proklamation „An Mein Volk und die deutschen Nation" vom 21. März. Einen Tag später versprach er seinen Untertanen, die Staatsbürger werden wollten, die Einführung einer konstitutionellen Verfassung mit Verantwortlichkeit der Minister und „eine wahrhaft volkstümliche, freisinnige Verwaltung".

Das Echo war zwiespältig. Von Berliner Bürgern wurde „unser jetzt konstitutioneller König" gefeiert und ihm bei seinem Umritt eine auf Pappe gemalten Kaiserkrone voran getragen. Liberale Süddeutsche, wie der Literarhistoriker Wolfgang Menzel, fühlten sich „durch das usurpatorische Gebaren Preußens" vor den Kopf gestoßen, und in Stuttgart schossen Demokraten auf eine Friedrich Wilhelm IV. darstellende Puppe, bevor sie sie ins Feuer warfen.

Im eigenen Land stieß das Abrücken Friedrich Wilhelms von der Monarchensouveränität und der sie garantierenden Militärmacht nicht nur auf Zustimmung, sondern auch auf Ablehnung. Sein Erlass, „dass die Armee sogleich neben der preußischen die deutsche Kokarde anzustecken hat", missfiel den Friderizianern. Als er am 25. März vor dem Offizierskorps in Potsdam erklärte: „Ich bin niemals freier und sicherer gewesen als unter dem Schutze meiner Bürger", der Bürgerwehr, die an die Stelle der aus Berlin abgezogenen Königstruppe getreten war, erhob sich, wie der anwesende Otto von Bismarck berichtete, „ein Murren und Aufstoßen von Säbelscheiden".

Meinte Friedrich Wilhelm aber auch, was er sagte? Dies bezweifelte so mancher, der ihn zu kennen glaubte. Es sei kaum zu erwarten, dass dieser König seine „bisherige Richtung verlassen und anfangen würde, in der jetzigen Zeit zu leben", bemerkte Theodor von Schön, Friedrich Wilhelm IV. „gibt nur scheinbar nach". Die Revolution hatte ihn aus dem siebenten Himmel des Gottesgnadentums gerissen, und er fand sich auf dem Boden von Tatsachen wieder, die er nicht akzeptieren wollte, mit denen er sich aber zu arrangieren hatte. Doch jede Konzession, die er wohl oder übel passieren lassen musste, zog eine weitere nach sich.

„Es geht jetzt bei uns zu wie auf der Nordpolreise unter Parry", bemerkte Alexander von Humboldt. „Man peitschte auf die Hunde los, dass die Schlitten mit rasender Eile nach Norden über die Eisfläche dahinflogen; als man abends die Messung vornahm, gewahrte man, dass die ganze Eisfläche von der Meeresströmung rückwärts getrieben worden sei. Man war dem Ziele ferner als am Morgen."

Am 29. März wurde der Rheinländer Camphausen zum preußischen Ministerpräsidenten berufen, ein Vertreter des Liberalismus, den Friedrich Wilhelm für „eine Krankheit gerade wie die Rückenmarksdürre" hielt. Doch die von ihm vorgesehene Medizin dagegen, „das Zeichen des heiligen Kreuzes an Brust und Stirn", erwies sich als wenig wirksam.

Am 2. April 1848 wurde der Zweite Vereinigte Landtag im Weißen Saal des Berliner Schlosses eröffnet, in dem der Thron mit einer Decke verhüllt war. Doch diese Ständeversammlung war bereits Schnee von gestern. Der König sah sich gezwungen, die Wahl einer konstituierenden preußischen Nationalversammlung hinzunehmen und sich mit Elementen einer künftigen Verfassung – Pressefreiheit, Versammlungsfreiheit, Zustimmung der Volksvertretung zu allen Gesetzen – abzufinden. In Frankfurt am Main schrieb das so genannte Vorparlament Wahlen für eine deutsche Nationalversammlung aus, die eine deutsche Nationalverfassung beschließen sollte, und mit dieser Entwicklung musste Friedrich Wilhelm, der die preußische mit der deutschen Entwicklung verknüpft hatte, nolens volens Schritt halten.

„Wir müssen endlich das feste Wort sprechen: 'Bis hierher und nicht weiter'", schrieb der König am 5. Mai 1848 an Camphausen, der sich im Weitergehen nicht aufhalten ließ. Am 18. Mai trat die deutsche Nationalversammlung in Frankfurt am Main zusammen, am 22. Mai die preußische Nationalversammlung in Berlin, die den Weg zu einer modernen Konstitution in einem Tempo einschlug, das Friedrich Wilhelm schwindlig werden ließ.

Am 8. Juni beantragte ein linker Abgeordneter, „die Versammlung wolle in Anerkennung der Revolution zu Protokoll erklären, dass die Kämpfer des 18. und 19. März sich wohl ums Vaterland verdient gemacht haben". Der Antrag wurde am 9. Juni in einer die Rechte einigermaßen beruhigenden, die Linke jedoch empörenden entschärften Fassung angenommen. Das Abstimmungsergebnis – 196 Ja gegen 177 Nein – zeigte, wie stark die linke Opposition war, von der die Volkssouveränität der Monarchensouveränität entgegengestellt wurde.

„In Berlin wird ein neuer 18. März organisiert", hatte Friedrich Wilhelm am 30. Mai an Bunsen geschrieben. „Dann muss die Losung sein: Die Unterwerfung Berlins", hatte er am selben Tag Camphausen bedeutet, und am 1. Juni hinzugefügt: „Berlin ist eine Eiterbeule, die, wenn der Staat in Freiheit aufstreben soll, wie es mein ernster Wille ist, aufgeschnitten werden muss über kurz oder lang."

Wenn der Straßenlärm und Gassenbubenunfug vorüber sei, erwiderte ihm Bunsen, werde er fühlen, „wie leicht man die Zeit regieren kann, wenn man die Sprache der Gegenwart spricht". Aber die Unruhen flackerten erneut auf und der König, der die Zeit am liebsten zurückgedreht hätte, sah sich außerstande, das rollende Rad der Revolution aufzuhalten.

Am 14. Juni zogen Proletarier unter roten und schwarz-rot-goldenen Fahnen zum Brandenburger Tor, das ihnen die Bürgerwehr versperrte. Unter den Linden kam es zu einem Volksauflauf, Agitatoren forderten die Volksbewaffnung, Schüsse fielen, zwei Menschen wurden getötet und mehrere verwundet. Die Bürgerwehr feuere auf Arbeiter, hieß es. Barrikaden entstanden, nach der Republik wurde gerufen, das königliche Zeughaus gestürmt und geplündert.

Der König entsetzte sich über die „Greuel des 14. Juni", die ihm zeigten, dass ihn, nachdem die Königstruppe abgezogen war, auch die Bürgerwehr nicht mehr zu schützen vermochte. Camphausen, auf den er Hoffnungen gesetzt hatte, trat zurück. Das neue Ministerium Auerswald lavierte zwischen konservativen Bekundungen und progressiven Maßnahmen. Die Nationalversammlung rückte immer weiter nach links; eine Mehrheit, auf die sich eine konstitutionelle Regierung hätte verlassen können, schien nicht zustande zu kommen. „Ich gehe nicht weiter links", behauptete Friedrich Wilhelm, aber ihm mangelte es vorerst an Mitteln und auch an Mut, um zu verhindern, dass die Entwicklung in diese Richtung trieb. In seiner Depression deutete er sogar die Möglichkeit seiner Abdankung an.

„Damals lagen wir alle auf dem Bauch", resümierte er, aber er klammerte sich an die Hoffnung, dass er sich wieder aufrichten und die Genugtuung finden könnte, „meine Schuldigkeiten getan und die Märzfehler ausgemärzt zu haben". Allein aus eigener Kraft hätte er dies nicht vermocht. Sein Bruder Wilhelm, der am 4. Juni aus England zurückgekehrt war, fasste ihn am Porteepee. Die Kamarilla, voran Leopold und Ernst Ludwig von Gerlach, die es nicht dabei belassen wollte, dass die Regierung „Steuer und Ruder und alles weggeworfen hat, um sich ganz dem Winde und dem Strom der Revolution zu überlassen", bot ihm Hilfestellung beim Griff in die Ruderpinne an. Die Stützen des preußischen Staates waren zwar angeschlagen, aber nicht weggebrochen: Der Adel, das Militär, die Beamtenschaft. Und das neue Bürgertum, das wirtschaftliche und soziale Ziele erreicht hatte, sah sich vom nachdrängenden Vierten Stand bedroht und begann wieder auf das Recht und Ordnung garantierende Königsregiment zu setzen.

Nicht zuletzt trug die preußische Nationalversammlung, in der die Linke die Oberhand gewann, dazu bei, dass die Reaktion gegen die Revolution an Boden gewann. Ein radikaler Beschluss folgte dem anderen. Der Gipfel war Mitte Oktober 1848 erreicht, als die Nationalversammlung in ihrem Verfassungsentwurf die Worte „Von Gottes Gnaden" aus dem Titel des Königs strich und den Adel abschaffen wollte.

Man gehe den konstitutionellen Weg, meinte Prinz Wilhelm, „rondement bis zum Abgrund"; es sei höchste Zeit, ihn aufzuhalten, noch besser, ihn rückgängig zu machen. Friedrich Wilhelm IV. erwiderte auf die Glückwünsche zu seinem 53. Geburtstag einer Deputation der Nationalversammlung: „Sagen Sie dies den Herren, die Sie gesandt..., dass Ich Ruhe und Ordnung im Lande herstellen werde, dass Mir hierzu die Mittel vollauf zu Gebote stehen; sagen Sie ihnen, dass Ich den Aufruhr und die Aufrührer, wo Ich sie finde, bekämpfen und zertreten werde, und dass Ich Mich hierzu durch Gottes Gnaden stark genug fühle."

Es schien ihm höchste Zeit zu sein, „Kehrt marsch!" zu befehlen. Aber er machte sich etwas vor, wenn er glaubte, es könnte wieder so werden wie früher. Es gab kein Zurück mehr zu seinem Wunschbilde eines in Stände gegliederten und vom König von Gottes Gnaden beherrschten christlich-germanischen Staates. Möglich war nur noch eine konstitutionelle Monarchie, in der – bis auf weiteres – „Monarchie" das Subjekt und „konstitutionell" das Adjektiv war.

14.
Die Reaktion

Nun müsse Schluss sein mit dem Effacieren, schrieb Friedrich Wilhelm IV. am 25. Oktober 1848 seiner Schwester, der Zarin, nach Petersburg, wo Unzufriedenheit über das viel zu lange Abtauchen des Königs herrschte. „Ich gedachte meiner heiligen Pflichten als die von Gott eingesetzte Obrigkeit zum Rechtsschutz, als Hort des Besitzes, der Ordnung, der Freiheit und Ehre meiner Preußen. Es wurden über 30.000 Mann um Berlin vereinigt."

Der Nachfolger von Soldatenkönigen setzte wieder auf die Ultima ratio der Hohenzollern zur Befestigung des rocher de bronze ihrer Monarchensouveränität. Aber der Nichtmilitär, der er war, hatte lange gezögert, dieses Mittel einzusetzen, und scheute davor zurück, es selbst in die Hand zu nehmen. Den Oberbefehl über die in den Marken zusammengezogenen Truppen erhielt General Friedrich Heinrich Ernst Graf Wrangel, der gegen Franzosen und Dänen erfolgreich gekämpft hatte und nun entschlossen war, mit seinen Soldaten die Demokraten aus dem preußischen Tempel zu vertreiben. „Die Truppen sind gut, die Schwerter haarscharf geschliffen, die Kugel im Lauf", erklärte er bei einer Parade in Berlin. „Ich bringe euch das Gute mit der Ordnung", rief er den die Truppen begrüßenden Berlinern zu, „die Anarchie muss aufhören!"

Der König hatte einen General gefunden, der bereit stand, den ins Wanken geratenen Thron wieder zu befestigen. Nun suchte er, der sich nicht nur vom Parlament, sondern auch von Ministern am Regieren gehindert sah, einen Minister, der seine Politik ohne Einschränkungen auszuführen gewillt wäre. Camphausen, Auerswald und Pfuel, die „dem Monstrum horrendum ingens eines verantwortl. Ministerii" vorstanden, hätten dies weder gekonnt noch gewollt. Er habe seine Souveränität den Ministern in Kommission gegeben, klagte er im September 1848, „das sollte nun anders werden". Nun suchte er einen Beauftragten, der ausschließlich für seinen König arbeitete.

„Die Ausübung der Souveränität im Lande" stehe „allein Seiner Majestät" zu „und nicht der zur Vereinbarung der Verfassung nach Berlin berufenen Versammlung oder vollends der Versammlung in Frankfurt", versicherte ihm der General Friedrich Wilhelm Graf von Brandenburg. Dieser Mann schien ihm geeignet zu sein, wie ein Messdiener dem Priester zu ministrieren. Brandenburg war als unehelicher Sohn König Friedrich Wilhelms II. blutmäßig mit der Dynastie verbunden, galt als Altpreuße von echtem Schrot und Korn, der nicht anstehen würde, das Revolutionsgewächs mit der Wurzel auszureißen.

In Wien ging man bereits davon aus, und dies bestärkte den König von Preußen, der sich mit dem Kaiser von Österreich in guten wie in bösen Tagen verbunden fühlte, seinem Beispiel zu folgen. Am 1. November 1848 wurde das von Aufständischen beherrschte Wien von kaiserlichen Truppen eingenommen. Am 2. November 1848 eröffnete das Ministerium Brandenburg die Gegenrevolution.

Die neue Regierung, erklärte der König, müsse „1. die Souveränität Meiner Krone gegen die Souveränitätsgelüste der preußischen so genannten Nationalversammlung entschieden und siegreich aufrecht erhalten; 2. das durch Fehler dreier Ministerien völlig gesunkene Ansehen Meiner Regierung entschieden und siegreich wiederherstellen, damit die Märzrevolution entschieden und siegreich gestürzt und an ihrer Stelle das Gegenteil von Revolution aufkommen kann, nämlich das gesetzmäßige Zustandekommen eines in Wahrheit freien Verfassungswerkes auf der Grundlage der angestammten Obrigkeit von Gottes Gnaden".

Der umgekehrte Weg der Echternacher Springprozession wurde eingeschlagen: Nicht drei Schritte vor – und zwei Schritte rückwärts, sondern drei Schritte zurück und zwei Schritte nach vorn; zuerst zurück zum vorrevolutionären Monarchenstaat und dann – nach Auflösung der preußischen Nationalversammlung – ein neues Wahlgesetz, Bildung eines Ober- und Unterhauses und eine Verfassungsgebung „nach dem unerschütterlichen Grundsatz: Freies Volk unter freiem König".

Am 9. November wurde die Nationalversammlung bis zum 27. November vertagt, ihr Sitz von Berlin nach Brandenburg verlegt. Am 10. November besetzte Wrangel Berlin und vertrieb die 282 Abgeordneten, die als Rumpfparlament im Schauspielhaus weiter getagt hatten. An diesem Tag nahm Ernst Ludwig von Gerlach an einer Besprechung beim König teil und bemerkte, dass dieser dabei zeichnete. „Sie finden es wohl leichtsinnig von mir", sagte ihm Friedrich Wilhelm, „dass ich in solchen Augenblicken diese Landschaft vollende?" Der König machte künstlerische Striche, die gegenrevolutionären Streiche wurden von der Kamarilla und ihren militärischen Helfern geführt, die daran gegangen waren, die preußische Landschaft wieder sub specie des Königtums zu gestalten.

Am 12. November verfügte Wrangel den Belagerungszustand mit Vereinsverbot, Versammlungsverbot, Verbot von Zeitungen und Auflösung der Bürgerwehr. Am 5. Dezember erschien im „Staatsanzeiger" folgende Verordnung: „Wir Friedrich Wilhelm, von Gottes Gnaden König von Preußen etc. haben aus dem beifolgenden Bericht Unseres Staatsministeriums über die letzten Sitzungen der zur Vereinbarung der Verfassung berufenen Versammlung zu Unserem tiefen Schmerz die Überzeugung gewonnen, dass das große Werk, zu welchem diese Versammlung berufen ist, mit derselben, ohne Verletzung der Würde Unserer Krone und ohne Beeinträchtigung des davon unzertrennlichen Wohles des Landes nicht länger fortgeführt werden kann. Wir verordnen demnach, auf Antrag Unseres Staatsministeriums, was folgt: 1. Die zur Vereinbarung der Verfassung berufene Versammlung wird hierdurch aufgelöst. 2. Unser Staatsministerium wird mit der Ausführung dieser Verordnung beauftragt."

Dies waren die drei Schritte zurück, doch noch am 5. Dezember wurden zwei Schritte nach vorne getan: Die Verkündung der „Verfassung für den Preußischen Staat". Genau genommen waren es nicht Schritte des Königs, dem die ganze konstitutionelle Richtung nach wie vor nicht passte, sondern Schritte des Ministeriums, in dem die Meinung überwog, dass man dem zwar gebändigten, aber immer noch grimassierenden Affen Zucker geben müsse, aber eben nur ein paar Stücke wie Presse- und Lehrfreiheit, Ministerverantwortlichkeit, Zweikammersystem.

Der königlich-preußische Konstitutionalismus hielt die liberale und demokratische Bewegung hinter den Gittern des Obrigkeitsstaates. Diese Verfassung stellte das absolute Vetorecht wieder her und enthielt ein Notverordnungsrecht. Sie war nicht mit einer Volksvertretung vereinbart, sondern wurde von der Staatsregierung oktroyiert, verordnet, aufgezwungen, überdies mit dem Vorbehalt, „dass dieselbe von den zunächst, und zwar sofort, zu berufenden Kammern einer Revision zu unterziehen sei". Damit war die Erwartung verknüpft, dass eine Versammlung, in der nach weiterem Abebben des revolutionären und Zunehmen des gegenrevolutionären Windes eine zustande gekommene konservative Mehrheit das konstitutionelle Rad noch weiter zurückdrehen würde.

Selbst diese Aussicht vermochte den König nicht zu verleiten, die Konstitution voll und ganz zu billigen. Vielmehr neigte er zu der Auffassung, dass sie – obwohl oktroyiert – ihm vom Volke aufgezwungen worden sei. Auch die Veränderungen zugunsten der Monarchie und zu Ungunsten der Untertanen brachten ihn nicht von seinen Vorbehalten ab.

Durch Notverordnung vom 30. Mai 1849 wurde für die Zweite Kammer das Dreiklassenwahlrecht eingeführt. Die Urwähler wurden in drei Klassen – je nach dem Steueraufkommen – eingeteilt. Die wenigen großen Steuerzahler konnten ebenso viele Wahlmänner, welche die Abgeordneten wählten, bestimmen wie der breite Mittelstand und die Wenigbesitzenden. Dies bedeutete, dass bei der politischen Willensbildung der Adel und das Großbürgertum ein Übergewicht gegenüber den mittleren und unteren Schichten bekamen – bis 1918, dem Ende der preußischen Monarchie.

Wie beabsichtigt, erhielt die am 17. Juli 1849 gewählte Zweite Kammer eine rechte Mehrheit. Sie ließ die revidierte Verfassung im Dezember 1849 passieren, in der – wie es das Staatsministerium gewollt hatte – noch vorhandene „hauptdemokratische Bestimmungen", so das Vereins- und Versammlungsrecht, beschnitten und monarchische Essentials bestätigt wurden. Das Notverordnungsrecht wurde beibehalten, die vollziehende Gewalt wie der Oberbefehl über die Streitmacht verblieben dem König; auf eine Vereidigung des Heeres auf die Verfassung wurde verzichtet.

Friedrich Wilhelm zögerte lange, der revidierten Verfassung, die nicht genug nach seinen Wünschen verändert worden war, seine Zustimmung zu geben. Vornehmlich störte ihn Artikel 54, der dem König den Eid abverlangte, „die Verfassung des Königreiches fest und unverbrüchlich zu halten und in Übereinstimmung mit derselben und den Gesetzen zu regieren". Brandenburg musste ihn kniefällig bitten, sich an diese zentrale Bestimmung der Verfassung zu halten. Endlich, am 6. Februar 1850 ließ er sich zur Eidesleistung herbei, nicht ohne vor beiden Kammern die Gründe seines Zögern zu benennen: Die Konstitution sei und bleibe eine Ausgeburt der Revolution, auch wenn sie in der vorliegenden Fassung „das Werk aufopfernder Treue von Männern" sei, „die diesen Thron gerettet haben" und „Bedenkliches" aus der ersten Fassung entfernt hätten. So könne er es sanktionieren, in der Erwartung, dass es gemeinsam gelingen werde, „es den Lebensbedingungen Preußens immer entsprechender zu machen".

Was er für die Hauptlebensbedingung auch an der Schwelle der zweiten Hälfte des 19. Jahrhunderts hielt, gab er allen kund und zu wissen: In Preußen müsse der König regieren, „und Ich regiere nicht, weil es also Mein Wohlgefallen ist, – Gott weiß es! – sondern weil es Gottes Ordnung ist".

„Der Gedanke, dass Untertanen und solche, denen er sich in Erfahrung und Talent überlegen fühlte, seine Politik leiten, ihm verwehren sollten zu handeln, wie er wollte – der Gedanke war ihm unerträglich", konstatierte Josias von Bunsen. „Der König wollte die Politik allein führen, er wollte Diktatur üben neben der Konstitution, und dabei doch als freisinniger, konstitutioneller Fürst angesehen werden" – nicht nur in Preußen, sondern in ganz Deutschland.

Nicht nur sein Preußen, sondern der Deutsche Bund war von der Revolution erschüttert worden, und hier wie dort sollten deren negative Folgen von der Reaktion überwunden werden. Die Rückkehr zur Obrigkeit von Gottes Gnaden, meinte Friedrich Wilhelm, sei nicht nur eine Existenzfrage für Preußen, sondern auch die Voraussetzung für dessen Geltung als Großmacht in Deutschland und als „Hort und Stütze" der Souveränität aller Monarchen.

Im März 1848 hatte ihn die Revolution zu der Erklärung veranlasst, dass Preußen fortan in Deutschland aufgehe, und er hatte sich, wie es Berliner erwarteten, zu Schwarz-Rot-Gold, den Farben der deutschen Einheitshoffnungen bekannt. Dies waren für ihn auch die Farben der Lützower Jäger in den Befreiungskriegen, als Deutschland primär von Preußen vor Napoleon gerettet worden war. Diese Zeit hatte Friedrich Wilhelm nachhaltig geprägt, und der Romantiker, der er war und blieb, hielt das Universalreich des Mittelalters für die große Epoche der Deutschen, und dessen Renovatio gehörte zu seinen „Sommernachtsträumen".

Als Symbol galt ihm der gotische Dom zu Köln am deutschen Rhein. Dort feierte im August 1848 Friedrich Wilhelm IV. mit dem Reichsverweser Erzherzog Johann und Abgesandten der Frankfurter Nationalversammlung das Dombaufest. 1.000 Sänger intonierten den Weihepsalm „Quam dilecta tabernacula tua, Domine Deus Sabaoth", als der König von Preußen in die „hauptsächlich durch meine Hilfe 'schon' bis zur Höhe von 100 Fuß" dastehende Kirche einzog. Davon war er begeistert, weniger vom Empfang der Abgeordneten der Paulskirche im Roten Saal des Regierungsgebäudes. „Vergessen Sie nicht, dass es noch Fürsten in Deutschland gibt, und dass ich einer von ihnen bin", rief er jenen zu, die dies immer mehr zu vergessen schienen. Und je mehr sie es vergaßen, desto mehr sank sein deutsches Nationalgefühl, das ohnehin nicht lodernd aufgeflammt war, in sich zusammen.

Am 18. Mai 1848 war die deutsche Nationalversammlung im schwarz-rot-gold beflaggten Frankfurt am Main zusammengetreten. Die gewählten Mitglieder kamen aus allen Gliedstaaten des Deutschen Bundes, einschließlich der Großmächte Preußen und Österreich, mit Ausnahme der tschechischen Kreise Böhmens. In die Paulskirche zog kein einziger Anhänger der evangelischen Erweckungsbewegung ein, der für Friedrich Wilhelms Vorstellungen eines christlichen Staatswesens hätte eintreten können. Die Konservativen waren zahlenmäßig schwach vertreten, das Gros stellten die Liberalen und die Vorhut die Demokraten, so dass der König von Preußen meinte: „Satan und Adrammelech haben dort ihr Hauptquartier" – der Teufel und jene babylonische Gottheit, der Kinder geopfert wurden.

Liberale, die eine konstitutionelle Monarchie anstrebten, wie Demokraten, die eine Republik anvisierten, gingen davon aus, dass eine Reichsverfassung auf der Grundlage der Volkssouveränität und nicht der Monarchensouveränität geschaffen werden müsse. „Der Beruf und die Vollmacht zu dieser Schaffung, sie liegen in der Souveränität der Nation", erklärte der Präsident der Nationalversammlung, der Liberale Heinrich von Gagern aus Hessen-Darmstadt. „Deutschland will Eins sein, ein Reich, regiert vom Willen des Volkes, unter der Mitwirkung aller seiner Gliederungen; diese Mitwirkung auch den Staaten-Regierungen zu erwirken, liegt mit in dem Beruf dieser Versammlung." Die Rechte neigte dazu, dass die Verfassung mit den Fürsten vereinbart werden sollte, während die Linke sie ihnen oktroyieren wollte.

Das erste hielt Friedrich Wilhelm für problematisch, das zweite für unannehmbar. Der König von Preußen, der seinen Untertanen eine Konstitution oktroyierte, wollte sich unter keinen Umständen eine gesamtdeutsche Verfassung aufzwingen lassen. Selbst als sich abzeichnete, dass die Mehrheit ein „Kleindeutschland" unter Ausschluss Österreichs und unter Führung Preußens forderte, blieb er bei seiner Ablehnung, obwohl er damit in die Fußstapfen Friedrichs des Großen treten und der Staatsräson der von diesem geschaffenen Großmacht hätte dienen können.

Im Deutschen Bund von 1815, der nun aufgelöst wurde, hatte er nicht nur ein monarchisches Bollwerk gegen Volksbewegungen, sondern auch im Einvernehmen zwischen Österreich und Preußen eine Garantie des Friedens gesehen. Der Hohenzoller hatte neidlos dem Habsburger das Präsidium des Staatenvereins überlassen. Da er nicht nur in die Vergangenheit zurückschaute, sondern diese auch in der Gegenwart fortzusetzen gedachte, konnte er es sich nicht vorstellen, dass der Kaiser in Wien nicht mehr der Erste unter Seinesgleichen sein sollte. Als Romantiker träumte er von Kaiser und Reich, von Sacrum imperium des Mittelalters und von Kaisern aus dem Hause Habsburg, die das Erbe der Ottonen und Staufer angetreten hatten.

Der Kronprinz hatte 1835 vorgeschlagen, Ferdinand I. solle sich in Rom oder Mailand vom Papst zum römischen Kaiser krönen lassen. Der König erklärte im Frühjahr 1848, „durch diese Einrichtung der Römischen Kaiserwürde auf das Haupt des österreichischen Erbkaisers wird Österreich dem Teutschen Reich erst gewiss", doch sei er „ganz für das Küren des besonderen teutschen Reichs-Oberhauptes" und nenne man dasselbe „König der Teutschen – wie vor Alters". Den Weiheakt am historischen Ort, Frankfurt am Main, sollten „die Könige des Bundes (die ihrem Titel den Kurfürstlichen wieder gesellen sollten) allein begehen; demnächst aber die übrigen souveränen Fürsten zur Zustimmung auffordern". Daraufhin müsste der Römische Kaiser ersucht werden, die Wahl zu bestätigen.

Einen deutschen Nationalkaiser, unabhängig vom Universalkaiser in Wien und losgelöst vom österreichischen Vielvölkerstaat wollte die Mehrheit der Frankfurter Nationalversammlung haben. Sie konstituierte eine bundesstaatliche Reichsverfassung und wählte am 28. März 1849 mit 290 Stimmen bei 248 Stimmenthaltungen den König von Preußen zum Erbkaiser der Deutschen.

Diese Entwicklung hatte Friedrich Wilhelm wie eine Lawine auf sich zurollen sehen, und er war entschlossen, sich nicht überrollen zu lassen. Als Anfang Dezember 1848 Heinrich von Gagern, ein Hauptvertreter der kleindeutschen und propreußischen Politik, Friedrich Wilhelm IV. aufsuchte, um ihn dafür zu gewinnen, las der König vorher in den Losungen der Brüdergemeine die Worte aus Matth. 4,3: „Und der Versucher trat an ihn heran." Er ließ sich nicht in Versuchung führen. An der für ihn vorgesehenen Kaiserkrone klebe der „Ludergeruch der Revolution", schrieb er Bunsen am 13. Dezember 1848. „Einen solchen imaginären Reif, aus Dreck und Letten gebacken, soll ein legitimer König von Gottes Gnaden und nun gar der König von Preußen sich geben lassen?" Sollte „die 1.000-jährige Krone deutscher Nation, die 42 Jahre geruht hat, wieder einmal vergeben werden, so bin ich es und meines Gleichen, die sie vergeben werden. Und wehe dem, der sich anmaßt, was ihm nicht zukommt!"

Noch am 19. März, zehn Tage vor der Kaiserwahl, hoffte er, dass der mit revolutionärem Geist gefüllte Kelch an ihm vorübergehe, „dass die Raserei abgewendet werden wird, wonach sie 1. die Schweineverfassung per Akklamation annehmen, 2. dieselbe mir zur unbedingten Annahme mit einer Monstredeputation senden und 3. mir das, was die Elenden die deutsche Kaiserkrone nennen, übertragen wollen".

Am 2. April 1849 kam die Kaiserdeputation aus Frankfurt nach Berlin, um „dem Preußenkönig ein Hundehalsband" anzulegen, „das ihn unauflöslich an die Volkssouveränität fesselte, der Revolution von 48 leibeigen macht", wie Friedrich Wilhelm an Bunsen schrieb, der ihn bekniet hatte, die Kaiserwahl anzunehmen. Am liebsten hätte er die Sendboten, die ihm mit der Annahme der Kaiserwürde die Bestätigung der revolutionären Reichsverfassung abverlangen wollten, am 3. April gar nicht empfangen. Doch dies gebot ihm die Staatsräson, und auch, die Ablehnung in verbindlichen und nicht in den deutlichen Worten, die ihm auf der Zunge lagen, auszusprechen: „Ich würde Ihr Vertrauen nicht rechtfertigen, ich würde dem Sinne des deutschen Volkes nicht entsprechen, ich würde Deutschlands Einheit nicht aufrichten, wollte ich, mit Verletzung heiliger Rechte und meiner früheren ausdrücklichen und feierlichen Versicherungen, ohne das freie Einverständnis der gekrönten Häupter, der Fürsten und der freien Städte Deutschlands, eine Entschließung fassen, welche für sie und für die von ihnen regierten deutschen Stämme die entscheidensten Folgen haben darf."

„Ich habe alles, was ich konnte, getan, um die affreuse Deputation von Berlin abzuhalten", schrieb König Friedrich Wilhelm IV. von Preußen an König Ernst August von Hannover. Aber das Ministerium habe nicht mit ihm übereingestimmt. So kam die „inqualifiable Deputation" nach Berlin. „Ich wollte eine derbe Antwort geben", habe aber dem Rat des Ministeriums nachgegeben und „das Nein in flittergestickte Windeln gehüllt".

Die Absage war wie ein Luftzug, durch den die ohnehin herab gebrannte Kerze des Frankfurter Reichsgründungsversuchs erlosch. Friedrich Wilhelm genoss seinen Triumph über die Revo-

Der Charlottenhof bei Potsdam. Kolorierter Stahlstich um 1850 von Julius Umbach nach Zeichnung von Ludwig Rohbock. © AKG

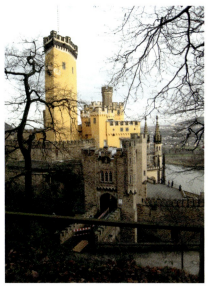

Schloss Stolzenfels am Rhein, Blick von Süden. Fotografie von 2007, © Werner Meier.

Die Friedenskirche in Potsdam. Fotografie von 1992. © AKG

Josef Maria von Radowitz. Stich von Karl Mayer. © ÖNB.

Leopold von Gerlach. Fotografie um 1855. © BPK, Berlin 2007.

Die Huldigung der preußischen Stände vor Friedrich Wilhelm IV. in Berlin am 15. Oktober 1840. Zeitgenössisches Gemälde von Franz Krüger. © AKG

lution, nach dem der Reaktion in Preußen nun den der Gegenrevolution in Deutschland. Nun konnte er das Joch der Märzereig-
nisse, unter das er sich gebeugt sah, endgültig abschütteln, wieder
aufrecht als König und Herr dastehen und sich von Ultrakonser-
vativen als Held rühmen lassen, der dem Ungeheuer der Revolution den Kopf zertreten habe.

15.
Keine preußisch-deutsche Union

„Gegen Demokraten helfen nur Soldaten", schrieb der Sieger über die Revolution im Mai 1849 an Bunsen. Noch in diesem Wonnemonat seines Triumphes musste er wiederum Soldaten gegen sich immer noch nicht geschlagen gebende Demokraten einsetzen – in Sachsen, in der bayerischen Rheinpfalz und in Baden.

In drei Tagen schlugen preußische Truppen den Aufstand in Dresden nieder. Die Rheinpfalz, in der viele bayerische Untertanen lieber nach Paris als nach München oder gar nach Berlin blickten, war vom Prinzen Wilhelm, dem „Kartätschenprinzen", rasch „pazifiziert". In Baden ging es nicht so schnell. Radikale aus ganz Deutschland und auch aus dem Ausland waren darangegangen, das „liberale Musterländle" in den Urkanton einer deutschen Republik umzuwandeln.

Friedrich Wilhelm verwunderte das nicht; denn er hatte immer gewarnt, den Liberalen einen Fuß in die Tür zur Macht setzen zu lassen, weil sie dann über kurz oder lang von Demokraten und Sozialisten ganz aufgestoßen werden würde. Zwei königlich-preußische Armeekorps unter Wilhelms Oberbefehl mussten gegen eine revolutionäre Volksarmee kämpfen, die sich erbittert schlug und deren Reste in der Festung Rastatt sich erst am 23. Juli 1849 ergaben.

„Gott lohne Dir die Freude, die Du mir gemacht hast", schrieb Friedrich Wilhelm dem Bruder, der die letzten Revolutionäre auf deutschem Boden besiegt hatte, und schenkte ihm eine Statue des Erzengels Michael, der Luzifer verstieß, so wie der Thronfolger „den Drachen der Zuchtlosigkeit und Gesetzesverachtung im westlichen Deutschland besiegte", wie ein Royalist triumphierte.

Preußen hatte gezeigt, dass es Ruhe und Ordnung nicht nur im eigenen Lande, sondern auch in anderen deutschen Staaten wiederherzustellen vermochte. Sein König hatte das Wort gehalten, das er der Frankfurter Kaiserdeputation gegeben hatte: „Bedarf es des preußischen Schildes und Schwertes gegen äußere wie innere Feinde, so werde ich, auch ohne Ruf, nicht fehlen." Mussten ihm nicht nur monarchisch gesinnt gebliebene Untertanen und vor allem vom Radikalismus bedrohte deutsche Fürsten dankbar dafür sein? Sollten die Monarchen im König von Preußen nicht ihren Protektor erblicken und ihn als Primus anerkennen? Der Deutsche Bund, der ihnen bisher Sicherheit geboten hatte, war außer Kraft gesetzt, ein Nationalreich, das ihre Souveränität beschränkt hätte, war nicht zustande gekommen.

Es schien angezeigt zu sein, dass Friedrich Wilhelm IV., der die ihm von Revolutionären angebotene Rolle des Reichsoberhauptes ausschlug, sich eine deutsche Führungsaufgabe von deutschen Mitfürsten übertragen ließe.

Jedenfalls wollte er „dem wahrhaft bedrängten Vaterland mit meiner Macht und warmem Herzen beispringen, es vom Abgrund retten. Doch möchte ich vor Allem dazu durch die rechtmäßigen, anerkannten, höchsten Obrigkeiten Deutschlands förmlich autorisiert sein", schrieb er seiner Schwester Charlotte, der russischen Zarin. „Dann wird mit Österreich der alte Staaten-Bund frisch organisiert; diejenigen kleinen Fürsten aber, die dann noch ihre Contingente mit meiner Armee verschmelzen wollen (darauf haben 28 angetragen), sollen das tun. Ich strebe denn ostensibel nach dem Erbamt des Reichs-Feldherrn. Das ist meine Ambition."

Das Streben eines Königs von Preußen müsse höher hinausgehen, meinten Vertreter der Staatsräson: Die von Friedrich dem Großen geschaffene Großmacht müsse an die Spitze eines Deutschlands ohne Österreich treten, und „wer Deutschland regieren will", erklärte Thronfolger Wilhelm am 20. Mai 1849, „muss es sich erobern". Einen Mittelweg schlug Josef Maria von Radowitz vor, der Vertraute Friedrich Wilhelms, ein Romantiker wie er, der jedoch bestrebt blieb, festen Boden unter den Füßen nicht zu verlieren. Der Konservative hatte sich in die Frankfurter Nationalversammlung wählen lassen, weil er überzeugt war, dass eine Errichtung von Dämmen gegen die Nationalbewegung dazu führen könnte, dass sie von ihr eines Tages mit elementarer Wucht durchbrochen werden würden. Deshalb hielt er es für notwendig, die Flut rechtzeitig zu kanalisieren, und für wünschenswert, ihre Wasser auf die königlich-preußischen Mühlen zu leiten.

So plante Radowitz eine kleindeutsche Union der Fürsten auf Initiative und unter dem Präsidium Preußens, mit konstitutionellen Einrichtungen, wie es der Zeitgeist erforderte und nicht mit einer völligen Trennung von Österreich; in einem „weiteren Bund" sollte das Kaiserreich mit dem preußisch-deutschen Fürstenbund vereinigt bleiben.

Friedrich Wilhelm, der nach der Erschütterung durch die Revolution und der Anstrengung bei deren Niederschlagung sich erschöpft fühlte und sich am liebsten wieder voll und ganz seinen unpolitischen Liebhabereien hingegeben hätte, ließ Radowitz gewähren und den Unionsplan passieren.

Dessen Grundsätze waren ihm ohnehin nicht zuwider. Auf die Monarchensouveränität wurde zurückgegriffen, nicht auf die Volkssouveränität vorgegriffen, und die historischen wie aktuellen Bande mit Österreich sollten nur gelockert, nicht gekappt werden. Vielleicht erinnerte er sich an seinen Aufruf vom 21. März 1848, in dem er „für die Tage der Gefahr" die Leitung der deutschen Angelegenheiten in die Hand zu nehmen versprach. Die unmittelbare Gefahr der Revolution war zwar beseitigt, aber deren bedrohliche Auswirkungen waren nicht gebannt. So schien er sich der Aufgabe nicht entziehen zu dürfen, mit Seinesgleichen, deren Souveränität und Integrität er nicht anzutasten gedachte, am besten unter Ausschluss, zumindest Niederhaltung der progressiven Kräfte die Monarchenwelt in Ordnung zu bringen und in Ruhe zu erhalten.

Die Staatsräson konnte der Reichsromantiker nicht außer Acht lassen. In Sanssouci, wo er sich so gerne aufhielt, wurde er daran erinnert, dass Preußen unter Friedrich dem Großen im Kampfe gegen Österreich zur Großmacht aufgestiegen war. Den Konflikt wieder aufzunehmen lag nicht in der Absicht des Befürworters der Friedensordnung von 1815. Aber einer Bestätigung, ja Erweiterung der Machtstellung Preußens im außerösterreichischen Deutschland konnte sich Friedrich Wilhelm IV. nicht entziehen, der König, der nicht nur seinen Staat, sondern auch andere deutsche Staaten vom Sturz in den Abgrund der Revolution bewahrt hatte. Überdies war die Gelegenheit günstig. Österreich war immer noch mit der Niederwerfung der Aufstände in Ungarn und Italien beschäftigt, schien zu einer Auseinandersetzung mit der preußischen Unionspolitik nicht in der Lage zu sein.

In der Denkschrift vom 9. Mai 1849 verwies die preußische Regierung auf die gefährliche „Verbindung zwischen der unitarischen und der demokratischen Partei". Diese gelte es dadurch zu lösen, dass man durch ein Entgegenkommen an Einheitsbestrebungen den Radikalen, die durch die Einheitswünsche Auftrieb erhielten, Wind aus den Segeln nehme. Das Ruder der deutschen Politik dürfe nicht den Parlamenten überlassen werden, sondern müsste von den Monarchen geführt werden. „Die zwei Institutionen, die wir für notwendig halten", hieß es in der Denkschrift, „nicht nur vom deutschen, sondern dem europäischen Gesichtspunkte aus, sind der deutsche Bundesstaat und die deutsche Union mit Österreich ... Dadurch wird Österreich für Deutschland, Deutschland für Österreich erhalten werden."

Friedrich Wilhelm hatte zwar mehr an einen Staatenbund als an einen Bundesstaat gedacht, aber der anvisierten Verbindung zwischen der deutschen Fürstenunion und dem österreichischen Kaiserreich konnte er voll und ganz zustimmen. Doch Wien lehnte einen Doppelbund kategorisch ab. Dieser Enttäuschung folgte rasch eine zweite; beide verwiesen ihn auf die Problematik des Unionsplanes und weckten in ihm erste Zweifel an dessen Verwirklichung.

Nicht alle deutschen Staaten wollten sich der preußisch geführten Union anschließen. Zwar konnte der Thronfolger Wilhelm am 26. Mai 1849 aus Berlin berichten: „Die deutsche Sache steht so, dass heute hier mit Hannover und Sachsen abgeschlossen wird, teils ein Schutz- und Trutzbündnis, teils die Vereinbarung über eine neue Reichsverfassung. In beiden Beziehungen tritt Preußen an die Spitze, und erwartet man, wer sich diesem Bunde anschließen will." Die Könige von Bayern und Württemberg taten es nicht. Immerhin schlossen sich 26, meist kleinere nord- und mitteldeutsche Fürsten an, die einem aufmerksamen Beobachter wie Prinz Kraft zu Hohenlohe-Ingelfingen wie Zaunkönige vorkamen, über denen Friedrich Wilhelm IV., „der doch unter der ganzen

Familie die am wenigsten Eindruck machende Gestalt hatte", fast wie ein Adler erschien.

In monarchischen Höhen schwebend, erschien ihm von Anfang an die konstitutionelle Seite als die Schattenseite des Unionsplanes. Immerhin war im Entwurf der Unionsverfassung vorgesehen, dass kein Gesetz gegen den Willen der monarchischen Exekutive zustande kommen könnte. Das unter dem „Fürstenhaus" stehende „Volkshaus" sollte zwar nach dem preußischen Dreiklassenwahlrecht bestimmt werden, was die Rechte bevorzugte und die Linke benachteiligte, aber es war eben ein Parlament, das von Haus aus weniger ein Sachwalter der Monarchensouveränität als der Volkssouveränität sein würde. Schon sammelten sich in Gotha gemäßigt-liberale Abgeordnete der ehemaligen Nationalversammlung, die ihn zum Erbkaiser gewählt hatten und es zu gerne wieder getan hätten, es jedenfalls kaum lassen könnten, auch den Ersten unter den Fürsten wiederum an die konstitutionelle Kandare zu nehmen.

Die Unionspolitik sei die Fortsetzung der Revolution, und „das deutsche Vaterland hat nur einen Feind und dieser Feind ist die Revolution", meinte Ernst Ludwig von Gerlach, und Friedrich Julius Stahl erklärte: „Die letzte Entscheidung ist nicht deutsch oder preußisch, nicht Staatenbund oder Bundesstaat, sondern sie ist königlich oder parlamentarisch."

Doch der Stein war von Radowitz ins Rollen gebracht worden, und Friedrich Wilhelm konnte und wollte ihn nicht – noch nicht – aufhalten. Zur Bestätigung der Unionsverfassung wurde am 20. März 1850 das „Parlament der deutschen Union" in Erfurt zusammengerufen. In ihm war die in Gotha formierte Frankfurter Traditionstruppe in der Überzahl. Präsident des „Volkshauses" wurde Eduard Simson, der als Präsident der Nationalversammlung dem König von Gottes Gnaden die Kaiserkrone von Volkes Gnaden angeboten hatte. Schriftführer war der Abgeordnete Otto von Bismarck, der am 15. April 1850 eine rhetorische Lanze für seinen vom Parlament unbeschränkten Monarchen brach. Doch die Schwarz-Weißen wurden von den Schwarz-Rot-Goldenen überstimmt. Der Erfurter Reichstag nahm noch in diesem Monat die Unionsverfassung an, einen Kompromiss zwischen Monarchensouveränität und Volkssouveränität, Nationalstaatlichkeit und Eigenstaatlichkeit, Unitarismus und Separatismus. Doch Anfang Mai 1850 konnten sich die in Berlin versammelten Unionsfürsten nicht auf die in der Erfurter Verfassung vorgesehenen Bundesorgane einigen.

Noch immer hielt sich der König von Preußen bedeckt, obgleich ihm der Verlauf der Unionspolitik nicht konvenieren konnte. Mitmonarchen hatten bereits begonnen, sich davon zu distanzieren. Die Königreiche Hannover und Sachsen scherten schon Anfang 1850 aus. Im Februar 1850 schlossen sie mit den Königreichen Bayern und Württemberg das „Vierkönigsbündnis". Sie fürchteten nicht nur eine Hegemonie Preußens im außerösterreichischen Deutschland, sondern wollten es auch mit dem Kaiser in Wien nicht verderben.

Österreich setzte der preußischen Unionspolitik die Wiederbelebung des Deutschen Bundes entgegen. Im Mai 1850 wurde in Frankfurt unter Vorsitz Österreichs und Assistenz des „Vierkönigsbündnisses" die Restauration des Bundes von 1815 beschlossen. Aber nur 10 von 36 deutschen Staaten waren der Einladung gefolgt. Bei der Wiedereröffnung des Bundestages, des Gesandtenkongresses der Bundesmitglieder, am 2. September 1850 blieb Österreich mit seinen Anhängern allein. Aber der entscheidende Gegenzug zur Union war erfolgt.

Die Zweiteilung der Nation, hier eine im Entstehen begriffene preußisch-kleindeutsche Union und dort ein sich bildender Kern des restaurierten Deutschen Bundes, alarmierte den König von Preußen. Er war ein Anhänger des alten Staatenvereins gewesen, in dem Preußen und Österreich einen „friedlichen Dualismus" pflegten, mit der Unabhängigkeit der Staaten deren monarchische Regierungsform gesichert war. Friedrich Wilhelm scheute Konflikte, und vor allem solche, die sich zu Kriegen zuspitzen könnten. Eine solche Entwicklung hatte er bereits im Mai 1850 geahnt, beim Berliner Fürstenkongress den Mitgliedern der Union bedeutet: „Ich rede keinem der verbündeten Herren zu, dem Bündnis treu zu bleiben und werde es auch keinem der Herren verargen, wenn er aus Rücksicht auf die Landeswohlfahrt in dem Augenblicke die Chancen des Krieges nicht laufen will und aus dem Bunde ausscheidet."

Er selbst musste bei der Stange bleiben, auch wenn er angesichts der heraufziehenden Kriegswolken am liebsten retiriert wäre. Das Attentat vom 22. Mai, in dem er durch den Artilleristen Sefeloge leicht verwundet wurde, trug zur Verdüsterung seines Gemütes bei. Da er mit seinem verletzten Arm nicht die Feder führen konnte, diktierte er seiner Gemahlin einen Brief an seinen Schwager, Zar Nikolaus I.: „Je prends Dieu pour temoin que je ne ferais jamais la guerre à l'Autriche." Der Zar erwiderte: Eine Abkehr vom Bunde von 1815 und eine Durchsetzung der neuen Union würde – ob es der König nun wolle oder nicht – unweigerlich zum Kriege zwischen zwei Mächten führen, die eigentlich gemeinsam mit der monarchischen Ordnung den europäischen Frieden gewährleisten sollten.

Schon drohte ein Funke das Pulverfass explodieren zu lassen. Der Kurfürst von Hessen trat aus der Union aus und bat Frankfurt um Beistand gegen seine aufsässigen Untertanen. Das österreichische Lager ergriff die Gelegenheit, die Aktionsfähigkeit des restaurierten Deutschen Bundes zu beweisen und ein gegenrevolutionäres Exempel zu statuieren. Der Rumpf-Bundestag beschloss die Bundesexekution durch bayerische und österreichische Truppen.

Eigentlich stand der Legitimist Friedrich Wilhelm auf der Seite des kurhessischen Reaktionärs. Aber der König von Preußen musste die Staatsräson im Auge behalten, wie sie ihm von seinem Ministerium vorgehalten wurde. Denn nicht nur die kleindeutsche Union, auch unmittelbare Interessen Preußens waren durch die Aktion des österreichischen Lagers bedroht. Kurhessen diente als Korridor zwischen Ostelbien und Westelbien, der für preußische Truppen offen bleiben musste und nicht von anderen Truppen versperrt werden durfte. Durch die Exekution des restaurierten Bundes, den Preußen nicht anerkannte, wäre seine Union endgültig zerstört worden. Das hätte für Friedrich Wilhelm, der sie nie voll und ganz akzeptiert hatte, keine Katastrophe bedeutet.

Aber Radowitz, seit Ende September 1850 Außenminister, wollte sein großes Projekt nicht kampflos preisgeben.

Friedrich Wilhelm raffte sich auf, den Konflikt schiedlich-friedlich zu lösen. Er sandte Ministerpräsident Brandenburg nach Warschau mit dem Auftrag, den dort weilenden Zaren Nikolaus I. als Vermittler zu gewinnen. Zehn Tage später trafen dort auch Kaiser Franz Joseph und Ministerpräsident Schwarzenberg ein. Das Ergebnis der Gespräche befriedigte mehr die österreichische als die preußische Seite. Denn der Zar, der sich als Protektor der Staatenordnung von 1815 aufspielte, empfahl die Rückkehr zum Deutschen Bund. Radowitz trat zurück, nicht ohne dem König seine Meinung gesagt zu haben: „Ich halte einen Krieg gegen Österreich für ein großes Übel, aber nicht für das größte."

Friedrich Wilhelm sah den Krieg als das größte Übel auf sich zukommen. Am 1. November 1850 rückten zur Bundesexekution bestimmte Bayern in Kurhessen ein. Am 6. November wurde das preußische Heer mobilisiert. Der König verfiel in Weinkrämpfe. Am 8. November kam es zu einem Schusswechsel zwischen bayerischen und ebenfalls in Kurhessen eingerückten preußischen Truppen.

Der König wollte die Schüsse nicht als Startsignale für einen „Bruderkrieg" gelten lassen. Den neuen Ministerpräsidenten Otto von Manteuffel – Brandenburg war am 6. November gestorben – wies er am 25. November an, in eine „Kooperation" mit Österreich und dessen Lager einzutreten und dafür zu sorgen, dass in Kurhessen „eine Unterwerfung unter den Landesherrn" erfolge.

Friedrich Wilhelm IV. vollzog den Schwenk von der Union zum alten Bund und dessen reaktionärem Wächteramt. Am 26. November erinnerte er den Kaiser Franz Joseph an die brüderliche Verbundenheit Preußens und Österreichs und nannte die Erhaltung des Friedens die wahre Vaterlandsliebe und das gemeinsame Interesse der Staaten und Völker. „Kein Leuthen mehr und kein Kolin!", betonte er. „Leipzig" – der Hinweis auf den Sieg über Napoleon, den Erben der Revolution – „soll der Wahlspruch gegen die inneren Feinde des gemeinsamen Vaterlandes wie gegen die äußeren sein."

Im mährischen Olmütz unterzeichneten am 29. November 1850 der preußische Ministerpräsident Manteuffel und der österreichische Ministerpräsident Schwarzenberg im Beisein Peter von Meyendorffs, des russischen Botschafters in Wien, die Olmützer Punktation. Preußen verpflichtete sich, „der Aktion der von dem Kurfürsten herbeigerufenen Truppen kein Hindernis entgegenzustellen", billigte also das Eingreifen der von Österreich geführten Anhänger des Deutschen Bundes zugunsten des monarchischen Prinzips in Kurhessen. Mehr noch: Preußen verzichtete auf die kleindeutsche Fürstenunion unter seinem Primat und reihte sich wieder in den Staatenverein von 1815 ein, der 1851 mit bisheriger Mitgliederzahl und herkömmlichen Funktionen, mit einigen Anpassungen an die fortgeschrittene Entwicklung, unter dem Präsidium Österreichs restituiert wurde.

Kaiser Franz Joseph I. blieb Sieger, aber König Friedrich Wilhelm IV. fühlte sich nicht als Verlierer. Er war nicht nach Canossa gegangen, wie ihm Vertreter der preußischen Machtstaatsräson vorwarfen, mit Ausnahme des noch im zweiten Glied stehenden Otto von Bismarck, der meinte: „Der Krieg wäre jetzt ein vollständiger Unsinn, der von Hause aus die Folge haben würde, dass unsre Regierung noch zwei Meilen weit nach links rutschen würde."

Friedrich Wilhelm glaubte, in seine Königspfalz zurückgekehrt zu sein, mitgeholfen zu haben, die beste aller Welten, die monarchische Welt, wieder einigermaßen in Ordnung zu bringen: Im Einvernehmen zwischen den konservativen Mächten Preußen und Österreich, im Rahmen des restituierten Deutschen Bundes, der Schutzwehr gegen die Revolution und der Schutzmacht des Friedens.

16.
Das Haus wankt

Zwischen 1848 und 1850 mochte sich Friedrich Wilhelm mitunter wie ein Herkules gefühlt haben, der den Augiasstall der Revolution zu reinigen habe. Diese Aufgabe, die in erster Linie von königstreuen Untertanen leidlich gelöst wurde, hatte ihn dennoch viel Kraft und Nerven gekostet. Nun war er erschöpft und ermattet, hätte sich am liebsten ein für allemal aus den Staatsgeschäften in seine Sommernachtsträume zurückgezogen, sich Fluchtburgen geschaffen, in denen er die Irrungen und Wirrungen der Gegenwart überdauern könnte.

Doch nicht nur seine Monarchenmacht, auch seine Bautätigkeit war durch die Revolution beschränkt worden. In Berlin konnte er an seinem Lieblingsprojekt, dem evangelischen Dom, nicht weiterbauen; über dem fertig gestellten Unterbau der Chorabschlüsse begann Gras zu wachsen. In seiner Haupt- und Residenzstadt, die der Brennpunkt der Revolution gewesen war und ein Ausgangspunkt von deren Fortentwicklungen blieb, verdrängte das avancierte Bürgertum den König als Bauherrn. Im März 1849 wurde am Werderschen Markt von Hermann Gerson das erste Kaufhaus eröffnet. In den 50er Jahren entstanden neue Industriebauten; als ihr Meisterstück galt Borsigs Schwermaschinenhalle in Moabit. Wettbewerbe für die Neubauten der Börse und des Rathauses wurden ausgeschrieben, für den Tempel der kapitalistischen Wirtschaftsmacht und die Hochburg der bürgerlichen Stadtherrschaft.

Potsdam blieb das Refugium des Königtums und schien dem königlichen Bauherrn als Betätigungsfeld geblieben zu sein. Doch sein Vorhaben einer Prachtstraße auf den nördlich des Parks von Sanssouci gelegenen Höhen, die eine Via triumphalis à la Rom werden sollte, gedieh über Ansätze nicht hinaus. Als einziger der vorgesehenen größeren Bauten wurde die Orangerie in Renaissanceformen vollendet, nach der Konzeption Friedrich Wilhelms und der Projektierung durch den Architekten Stüler. Papier blieb der Plan einer preußischen Akropolis auf dem Mühlenberg.

Friedrich Wilhelm träumte von einer „Erinnerungsarchitektur" nach Vorbildern der Antike und der Renaissance, die ihn an das erinnern sollte, was ihm als König vorgeschwebt war und ihn darüber hinwegtrösten sollte, dass er als Herrscher fast nichts davon erreicht hatte. Nun begann er auch als Bauherr an den Widrigkeiten der Gegenwart zu scheitern.

Zu gerne hätte er sich in seine Luftschlösser zurückgezogen. Aber ein König von Preußen konnte sich nicht ohne weiteres von seinen Pflichten gegenüber Dynastie und Staat verabschieden. Daran gemahnte ihn der Genius Loci von Potsdam und ermahnte ihn seine höfische Umgebung, die ihn beschwor, die Hände nicht in den Schoß zu legen, sondern die Reaktion gegen die zwar niedergeschlagene, aber nicht ausgerottete Revolution anzuführen und voranzutreiben.

Vom König war immer seltener ein Halali zu vernehmen und die Kamarilla sah sich gefordert, ihn zum Jagen zu tragen. Das „ministère occulte" der Gebrüder Gerlach, des Kabinettsrats Marcus Niebuhr und das Staatsphilosophen Friedrich Julius Stahl, das ihn 1848/49 zur Gegenrevolution angestachelt hatte, versuchte in den folgenden Jahren den Monarchen zu einer Restauration des patriarchalischen Absolutismus und des Ständewesens zu veranlassen. Die Konstitution, so das Ceterum censeo der Hochkonservativen, sei dem König von der Revolution aufgezwungen worden und um mit ihr endgültig zu brechen, müsste sie aufgehoben werden.

Doch auf diesen Weg, der zum Staatsstreich geführt hätte, ließ sich Friedrich Wilhelm IV. nicht verführen. Zwar liebäugelte er weiterhin mit seiner romantischen Vorstellung eines dem Mittelalter entlehnten Ständewesens, hätte an der Stelle der ihm abgetrotzten Repräsentativverfassung zu gerne eine von ihm gewährte Ständeverfassung, einen „königlichen Freibrief", wie er es nannte, gesehen. Aber er hatte, wenn auch widerstrebend, den Eid auf die Konstitution geleistet, und als Eidbrecher wollte er nicht in die Geschichte eingehen.

Dem Plan einer dem Staatsstreich gleichkommenden „Umwandlung der preußischen Verfassung von 1850" widersprach der von Friedrich Wilhelm um Rat gebetene Josias Bunsen. Sein Vertrauter appellierte an den politischen Verstand wie an das monarchische Gewissen des Königs, die eine Preisgabe des eben erst geschaffenen und beschworenen Verfassungswerkes verböten. Dem hielt die Kamarilla entgegen: „Wenn König Herodes sein der Herodias eidlich gegebenes Versprechen, ihr den Kopf Johannes des Täufers zu schenken, gebrochen hätte, wäre das vor Gott eine Sünde gewesen?" Es sei gottgefälliger, einen sündhaften Eid zu brechen, als ihn zu halten – diese Auffassung machte sich Friedrich Wilhelm nicht zu eigen, und er folgte auch nicht seinem Schwager, dem Zaren Nikolaus I., der ihn fragte, „warum man denn dem Dinge nicht so ein Ende mache wie in Österreich?"

An Kaiser Franz Joseph, der die österreichische Verfassung aufgehoben und einen Neoabsolutismus eingeführt hatte, schrieb König Friedrich Wilhelm im September 1853: Man habe ihn gezwungen, „eine miserable, französisch-moderne Constitution zu beschwören!!! ... Enfin; es ist geschehen und mein Wort ist heilig und ich brech' es nicht. Ich *kann*, ich *darf* und ich *will* aber grade mit der Hilfe der beschworenen Gesetze *aus denselben herauskommen*. Wenn Gott mir beisteht, was ich hoffe, so *ersetze* und töte ich die französischen 'Ideologien' durch echt-teutsche ständische Einrichtungen, nach dem heiligen Grundsatz, der auf unsrem ersten Haus-Orden zu lesen ist: *Suum cuique*. – So lange wir aber noch unter der französischen Constitution kränkeln, brauchen wir, und vor Allem, bei den Befreiungs-Akten von derselben, der *Majoritäten*!!!"

Doch Kammermehrheiten für eine Gesamtrevision der Verfassung waren nicht zu bekommen. Aber Teilrevisionen waren möglich, durch die Politik des Ministerpräsidenten Otto von Manteuffel. Auch er war ein Reaktionär, der am liebsten das Rad in die vorrevolutionäre Zeit zurückgedreht hätte, aber Realist genug, um einzusehen, dass eine Rückkehr zum Ständewesen ausgeschlossen war, das Repräsentationssystem nicht mehr abgeschafft werden konnte, doch in seinen Funktionen beschränkt werden müsste, durch eine Staatsgewalt, die sich autoritärer und bürokratischer Methoden bediente und in Verfolgung der Staatsräson vor Repressionen nicht zurückscheute.

Mit diesem Staatskonservatismus war die hochkonservative Kamarilla nicht einverstanden, die einen Bruch mit der Konstitution und eine Restitution des Ständestaates anstrebte. Da dies auch das Wunschziel Friedrich Wilhelms gewesen wäre, fiel es dem „ministère occulte" nicht schwer, den König gegen Manteuffel einzunehmen. Doch zu einer Entlassung des Ministerpräsidenten konnte er nicht bewogen werden. Vor Konflikten zurückscheuend, neigte er dazu, sich auch ihm unangenehmen Gegebenheiten anzupassen, sei es auch nur, wie Radowitz bemerkte, „aus ärgerlicher Ermüdung, die auch den absolutesten Monarchen dazu bringen kann, andere gewähren zu lassen".

Schließlich konvenierte ihm das Regiment Manteuffels, der Liberale und Demokraten durch Polizeimaßnahmen niederhielt und die Kammern in monarchische Schranken verwies. Zwischen 1852 und 1857 wurden neun verfassungsändernde Gesetze zur Sicherung der Staatsautorität erlassen.

Die Reaktivierung der alten Provinzialstände sollte die Aktivität der vom Volke gewählten Zweiten Kammer konterkarieren, die Reaktivierung des 1848 außer Funktion gesetzten Staatsrates sollte die Macht der Exekutive stärken. Beide Regierungsakte entsprachen den Intentionen Friedrich Wilhelms. In der Wiederherstellung der Provinziallandtage erblickte er eine Wiederbelebung altdeutscher Zustände, die ihm am Herzen lagen, in der Wiedereinsetzung des Staatsrates ein wieder gewonnenes Instrument zur Ausübung der Vorrechte des Monarchen von Gottes Gnaden.

Doch beide Maßnahmen führten nicht zu den erwünschten Ergebnissen. Der Staatsrat degenerierte zu einem Beratungsorgan des Innenministers und die antiquierten Provinziallandtage blieben im Schatten des Parlaments, dem die Zukunft gehörte.

Der Konservatismus in Preußen hatte Risse bekommen. Die Hochkonservativen, die „kleine aber mächtige Partei", die in der „Kreuzeitung" ein stimmgewaltiges Organ besaß, stritt gegen die Staatskonservativen, die den Regierungskurs Manteuffels vertraten und durch die „Zentralstelle für Preßangelegenheiten" publizistisch unterstützt wurden. In der Auseinandersetzung um die Reaktivierung der Provinziallandtage, die der liberalkonservative

Moritz August von Bethmann-Hollweg als verfassungswidrig anprangerte, bildete sich unter seiner Führung die „Wochenblattpartei", die in der Verteidigung der Repräsentativverfassung die Hochkonservativen bekämpfte und sich in Opposition gegen die Regierung Manteuffel übte, die mit ihren Revisionen an der Konstitution rüttelte.

Immerhin besaßen die Konservativen in der Zweiten Kammer, die in „Haus der Abgeordneten" umbenannt wurde, dank des Dreiklassenwahlrechts die Mehrheit, die absolute seit 1855. Die Liberalen, die Avantgarde von 1848, waren auf eine Nachhut von Altliberalen und einige linksliberale Nachzügler zusammengeschmolzen. Ihre Opposition gegen die Regierung blieb erfolglos. Da sie jedoch mehr Rückhalt in der Bevölkerung als parlamentarischen Einfluss besaßen, waren sich fast alle Konservativen einig, dass liberale Regungen, die zu demokratischen und sozialistischen Bewegungen führen könnten, durch die Staatsgewalt unterdrückt werden müssten.

Der König, der es nicht vergessen konnte, dass 1848 Liberale die Tore der Monarchenfestung eingerannt hatten, durch die Radikale eindrangen, war voll und ganz damit einverstanden, dass Ministerpräsident Manteuffel und Innenminister Westphalen neuerlichen Anfängen mit repressiven Maßnahmen wehren wollten.

Die Staatspolizei bekam zu tun. Ihr Leiter wurde Karl Ludwig Friedrich von Hinckeldey, der seit 1848 als Polizeipräsident von Berlin und seit 1854 gleichzeitig als Generalpolizeidirektor im Innenministerium amtierte. Wie wichtig seine Tätigkeit gegen wirkliche und vermeintliche Staatsfeinde genommen wurde, zeigte seine Immediatstellung, durch die er dem König direkt Polizeiberichte vorlegen und dessen Reaktionen entgegennehmen durfte. Bei der „Überwachung der demokratischen Umtriebe" in Preußen, bei der Verfolgung der Verdächtigen wurde er von Polizeirat, später Polizeidirektor Wilhelm Stieber unterstützt. Friedrich Wilhelm selbst war auf den Gedanken gekommen, „den ich nicht gerade unter den lauteren klassifizieren will", ob Stieber „nicht eine kostbare Persönlichkeit ist", um „dem preußischen Publikum das lange und gerecht ersehnte Schauspiel eines aufgedeckten und (vor allem) bestraften Complotts zu geben? Eilen sie also mit Stieber's Anstellung", ließ er Manteuffel wissen.

Es kam zu politischen Prozessen, die nicht immer nach Wunsch der Staatspolizei verliefen; denn es gab noch unabhängige Richter in Preußen. So wurde Benedikt Franz Waldeck, der die demokratische Fraktion in der preußischen Nationalversammlung geführt hatte, von der Anklage des Hochverrats freigesprochen. Andere ehemalige Abgeordnete, denen Mitwirkung am Steuerverweigerungsbeschluss von 1848 vorgeworfen wurde, erhielten Freiheitsstrafen. Im Kölner Kommunistenprozess von 1852 wurden vom Schwurgericht sieben Angeklagte wegen versuchten Hochverrats schuldig, vier Angeklagte freigesprochen. Da Geschworene dazu neigen, nicht unbedingt den Anträgen der Staatsanwaltschaft zu folgen, wurde 1853 dem Kammergericht in Berlin die ausschließliche Zuständigkeit für so genannte Staatsverbrechen zugewiesen. Im ersten Verfahren wurde 1854 der demokratische Journalist Dr. August Ladendorf zu fünf Jahren Zuchthaus verurteilt.

Nicht mit allen Maßregeln der Staatspolizei konnte Friedrich Wilhelm einverstanden sein, so wenn Hinckeldey auch die Kamarilla beobachten, mehrmals die „Kreuzzeitung" beschlagnahmen ließ und sogar durch seine Agenten einen Briefwechsel zwischen Leopold von Gerlach und dem Kabinettsrat Niebuhr stehlen ließ, um dem Ministerpräsidenten Munition gegen die Hochkonservativen zu verschaffen.

Aber viel und immer mehr geschah hinter dem Rücken des Monarchen. Die Zeiten waren vorbei, in denen er allein das Heft in der Hand hatte. Nun musste er es, auch wenn er sich gelegentlich dagegen aufbäumte, hinnehmen, dass Manteuffel die Ultrarechten, Gesinnungsgenossen des Königs, in den Schranken der von ihm interpretierten Staatsräson zu halten suchte.

Mit den anti-liberalen und anti-demokratischen Maßnahmen des Ministeriums war der König, auch wenn er so manche Methode nicht als lauter empfinden mochte, im großen und ganzen einverstanden. Doch er hielt es fast noch für wichtiger, dass der Kampf gegen die Nachwirkungen der Revolution nicht nur mit staatlichen Repressionen geführt würde, sondern dass auch und vor allem in der Gesellschaft Voraussetzungen geschaffen würden, die eine Wiederholung von 1848 erschweren, wenn nicht vermeiden sollten.

Da er die fortschreitende Distanzierung von den Geboten des Christentums und den Lehren der evangelischen wie katholischen Kirche für eine Hauptursache der revolutionären Bewegungen hielt, unterstützte er die Kirchenpolitik des Kultusministers Karl Otto von Raumer, welche die Orthodoxie gegen liberale Strömungen zu stärken suchte. Das Kirchenregiment, erklärte der König, der Summus episcopus der evangelischen Kirche in Preußen blieb, müsse in den „rechten Händen" sein, und er ernannte Mitglieder des Oberkirchenrates, die diesen Anspruch rechtfertigten.

In früheren Zeiten, die Friedrich Wilhelm am liebsten in das fortgeschrittene 19. Jahrhundert zurückgeholt hätte, war die Bildung von der Kirche bestimmt und geleitet worden. Die Verselbständigung des Bildungswesens, die seit den Reformen Wilhelm von Humboldts auch in Preußen vorangekommen war, hielt Friedrich Wilhelm für eine Antriebskraft der modernen Bewegung, die sich in die Revolution hineingesteigert hatte. So unterschrieb er den Satz Raumers: „Der Staat hat die Leitung des Schulwesens; es ist aber verfassungsmäßig und hergebracht, die Leitung kirchlichen Organen anzuvertrauen." Vor allem von der Erziehung zu Kirchenfrömmigkeit und Vaterlandsliebe in den Volksschulen erhoffte sich der König, der am Ideal eines christlichen Staatswesens festhielt, eine wirksame Gegenmaßnahme gegen revolutionäre Bestrebungen.

Doch die Rückschritte in die Verhältnisse vor 1848 und – wenn es nach Friedrich Wilhelm gegangen wäre – zu mittelalterlichen Zuständen blieben in Ansätzen stecken. Die Zeit schritt voran und ließ bald die reaktionäre Politik als anachronistisch und obsolet hinter sich zurück. Schon jetzt fand der Aufruf Friedrich Julius Stahls, des Hausphilosophen des Königs, bei den Adressaten kein Gehör: Die Wissenschaft solle umkehren, zu alten Bindungen zurückkehren. Schon die Geisteswissenschaftler und erst recht die an Bedeutung gewinnenden Naturwissenschaftler beriefen sich auf die Voraussetzungslosigkeit von Forschung und Lehre, bestanden auf der Freiheit der Wissenschaft und blieben damit auch Promotoren der Freiheit in Gesellschaft und Staat.

Die Ruhe, die im reaktionären Dezennium in Preußen eingetreten zu sein schien, sollte sich als Ruhe vor dem Sturm erweisen. Anzeichen dafür waren zu erkennen, so in einem Skandal, der die Zuverlässigkeit des Staates und auch die Glaubwürdigkeit des Königs in Frage stellte.

Ausgerechnet Hinckeldey, der Leiter der politischen Polizei, der die Stabilität des Staates garantieren sollte, gab den Anstoß zu diesem sie erschütternden Skandal. Er hatte seinen Einflussbereich über seine eigentlichen Aufgaben als Generalpolizeidirektor hinaus ausgedehnt, ohne dabei vom König, der seine gegenrevolutionären Aktivitäten schätzte, gehindert worden zu sein. Begrüßenswert waren die Hinckeldey zu dankenden kommunalen Errungenschaften in Berlin, für die eigentlich der Magistrat zuständig gewesen wäre: Einrichtung der Wasserleitung, von Bade- und Waschanstalten, Formierung der Feuerwehr, Sorge für eine Reinigung und bessere Gasbeleuchtung der Straßen.

Dies gefiel auch Bürgern, die Hinckeldeys Unterdrückung liberaler Regungen verurteilten, und sie, die 1848 unter demokratischen und sozialistischen Exzessen gelitten hatten, fanden die Schaffung einer Polizeitruppe, der militärisch organisierten Konstabler, hilfreich bei der Aufrechterhaltung der öffentlichen Ordnung. Doch Militärs, die sich bereit hielten, auch künftige Aufstände wie anno 1848 niederzukartätschen und sich grundsätzlich allein zuständig für Waffentragen und Waffeneinsetzen ansahen, begannen sich gegen Hinckeldeys Eingriff in die Vorrechte zu wehren. Gardeoffiziere, die sich für die Crème de la crème hielten, gerieten außer sich, als sie von Konstablern nicht gegrüßt wurden, und noch mehr, als Hinckeldey seine Polizisten anwies, das Unwesen des Glücksspiels, dem adelige Offiziere frönten, zu unterbinden.

Zu dieser Maßnahme hatte ihn Friedrich Wilhelm aufgefordert, der auch und gerade von seinen Militärs, die sich für die Elite der Nation hielten, einen untadeligen Lebenswandel erwartete. Dem

146

Kommandeur des Gardekorps, General Karl von der Gröben, legte er nahe, „seine Offiziere aus den Höhlen des Verderbens zu retten". Andererseits blieb ihm bewusst, dass seine Monarchie vornehmlich vom Militär und dessen adeligem Offizierskorps getragen wurde und er versuchte, zwischen der Garde und den Konstablern zu vermitteln. Als ihm Offiziere bedeuteten, der König könne ihre Köpfe, aber nicht ihre Ehre fordern, ließ er die Dinge laufen, wie es nun einmal seine Art war, wenn er nach dem ersten Anlauf nicht weiter kam.

Der Konflikt spitzte sich zu. Als im hochadeligen „Jockey Club" im Hôtel du Nord Unter den Linden der Polizeileutnant Dam in ein nächtliches Trink- und Spielgelage platzte, wurde er verprügelt und auf Weisung des Thronfolgers Wilhelm, der zur Garde stand, strafversetzt. Das genügte Mitgliedern des „Jockey Clubs" nicht als Genugtuung. Sie beschlossen, Hinckeldey zum Duell zu zwingen. Als der Generalpolizeidirektor ein Karussellreiten der Hof- und Gardeoffiziere besuchen wollte, wurde ihm eine Eintrittskarte abverlangt. Als sich Hinckeldey dagegen verwahrte, wurde er vom Leutnant Hans von Rochow-Plessow beleidigt, so dass ihm nichts anderes übrig zu bleiben schien, als den Provokateur zu fordern.

Hinckeldey wusste, dass im Gegensatz zu ihm Rochow ein ausgezeichneter Pistolenschütze war. Wenn er sich trotzdem stellte, so deshalb, weil er annahm, dass ihn der König durch Verhinderung des Duells vor dem sicheren Tod bewahren würde. Musste Friedrich Wilhelm nicht aus christlicher Überzeugung den Zweikampf unterbinden? Hatte Hinckeldey nicht auf Befehl des Monarchen den Kampf gegen das Glückspielunwesen begonnen, was er jedoch verschwieg, um seinen Herrn zu decken?

Friedrich Wilhelm war rechtzeitig von der Forderung verständigt worden. Aber er griff nicht ein. Noch am Morgen des 10. März 1856, auf dem Duellplatz in der Jungfernheide, erwartete Hinckeldey vergebens einen Flügeladjutanten, der im Namen des Königs dem Kampfe Einhalt gebieten würde. Wie zu erwarten, tötete der kaltblütige Rochow seinen kurzsichtigen Gegner.

„Seine Majestät sehr afficiert, rühmten den Verstorbenen" und nannte den Todesschützen Rochow einen Ehrenmann, notierte

Leopold von Gerlach. Seinem Innenminister Westphalen schrieb der König: „Der Vorwurf, der mich selbst trifft, ist immer größer; denn ich wusste seit mehreren Tagen, dass es auf die Tötung Hinckeldeys abgesehen war, oder hatte wenigstens die Entschuldigung, es glauben zu können. Hier war aber eine äußerst taktvolle und zarte Prozedur erforderlich, um den bereits verbreiteten Verdacht, 'Hinckeldey könne kein Pulver riechen', nicht unwiderruflich zu etablieren. Das, ich gestehe es offen, hat mich zaghaft gemacht. Nun, Gott hat es so gefügt. Die Sache ist nicht gutzumachen, aber – der Sieg seiner Feinde ist zu mindern."

Doch die Versuche, sich zu entlasten, wurden nicht einmal von der Kamarilla, selbst der Königin und wohl auch von ihm selbst nicht akzeptiert. In der Öffentlichkeit wurde dem König die Schuld am Tode Hinckeldeys zugesprochen und ihm vorgeworfen, dem Militär den Polizeidirektor geopfert zu haben, der zwar als Büttel der Reaktion verhasst gewesen war, nun aber fast für einen Märtyrer gehalten wurde. „Das Volk ist aufgeregt", bemerkte Varnhagen von Ense, „drängt sich auf dem Molkenmarkt in Hinckeldeys Wohnung, wo dessen Leiche für jedermann zu sehen ist. Die Bürger, die Beamten, das ganze Zivil ist geneigt, für Hinckeldey Partei zu nehmen, aus Hass gegen die Junker."

Der König vermochte das Sinken seines Ansehens nicht dadurch aufzuheben, dass er an der Bahre des Toten in Tränen ausbrach und sich – im Gegensatz zu seinem Bruder Wilhelm – in den Leichenzug einreihte. Dies verziehen ihm Junker nicht, und Bürger brachte er gegen sich auf, weil er gegen den Todesschützen und dessen Protektoren nicht angemessen einschritt. Im Herrenhaus, wie die Erste Kammer nun hieß, feierte dessen Präsident, Prinz Adolf von Hohenlohe-Ingelfingen, den Herrn von Rochow „als einen der edelsten Mitglieder dieses Hauses". Er verbüßte nur eine kurze und milde Festungshaft.

So beleuchtete der Skandal blitzartig das rapide abnehmende Ansehen des Monarchen und den Zustand der Monarchie, in der unter der Decke des reaktionären Systems die Gegensätze zwischen dem rückschrittlichen Adel und dem fortschrittlichen Bürgertum sich zuspitzten.

„Der König hat nun so viele Jahre weder seine Familie noch seine Diener in Ordnung gehalten; nun fängt das Haus an zu wanken", konstatierte Ernst Ludwig von Gerlach, und Leopold von Gerlach klagte: „Wie faul sind nicht alle diese Zustände und Verhältnisse." Die Kamarilla begann an Friedrich Wilhelm IV. zu verzweifeln und das Volk machte sich seinen Vers auf diesen Monarchen. An den Sockel des Denkmals Friedrichs des Großen Unter den Linden wurde gekritzelt: „Alter Fritz steig du hernieder / Und regier die Preußen wieder / Lass in diesen schlechten Zeiten / Lieber Friedrich Wilhelm reiten!"

In der Tat bedurfte Preußen eines Königs, der die Zügel fest in die Hand genommen und die Richtung klar vorgegeben hätte.

17.
Ende der Heiligen Allianz

In der Außenpolitik suchte Friedrich Wilhelm an den beiden nach dem Sturze Napoleons I. erreichten Errungenschaften festzuhalten: An der Heiligen Allianz, die das monarchische Prinzip und den dynastischen Legitimismus unter der Kuppel des Christentums erhalten wollte, und dem Gleichgewichtssystem der fünf Großmächte Russland, Österreich, Preußen, England und Frankreich, das den Frieden sichern sollte.

Doch der Zahn der Zeit nagte an der Ordnung von 1815. Von ihr hatte sich England schon bald distanziert, weil es sich keine reaktionäre Ideenpolitik leisten konnte und seine realen Interessen als Weltmacht verfolgen musste. Frankreich, das sich auf dem Wiener Kongress wohl oder übel in das Gleichgewichtssystem einzufügen hatte, begann sich unter Napoleon III. daraus zu lösen, versuchte innenpolitisch Autokratie und Demokratie zu verknüpfen und außenpolitisch durch eine Verbindung von altem Imperialismus und neuem Nationalismus wieder den ersten Rang in Europa zu erreichen. Österreich, dessen Staatskanzler Metternich ein Urheber des Systems von 1815 gewesen war, hielt zwar dessen Prinzipien hoch, verfolgte darunter jedoch eine Interessenpolitik als Präsidialmacht im Deutschen Bund und als Donaumonarchie, die auf dem Balkan an Boden zu gewinnen suchte. In Russland gerierte sich Nikolaus I. als Gralshüter der Heiligen Allianz und betätigte sich als Nachfolger der Zaren, die das Imperium auf Kosten der Türkei zu vergrößern strebten.

In Preußen saß ein König auf dem Thron, der, wenn er nicht gerade in das Mittelalter, in die von ihm gelobte Zeit zurückschaute, seinen Blick auf die Errungenschaften von 1815 richtete, die dem Monarchen sein Gottesgnadentum, Preußen im Deutschen Bund das Einvernehmen mit Österreich und ganz Europa den Frieden zu garantieren schienen. Doch seit der Revolution von 1848 und trotz aller gegenrevolutionären Anstrengungen war die Monarchensouveränität angeschlagen. In

Frankfurt amtierte der Bundestagsabgeordnete Otto von Bismarck, der einen Konflikt zuerst mit Österreich und dann mit Frankreich für unvermeidbar hielt. Und am Rande Europas, über dem Balkan, zogen Kriegswolken auf, deren Entladung mit dem ganzen Kontinent auch Preußen in Mitleidenschaft zu ziehen drohte.

Zar Nikolaus I. verlangte das Protektorat über die Griechisch-Orthodoxen im Osmanischen Reich. Als der Sultan dies ablehnte, ließ er im Juli 1853 durch seine Truppen die unter türkischer Hoheit stehenden Fürstentümer Moldau und Walachei, das heutige Rumänien, besetzen und in Richtung Konstantinopel weitermarschieren, mit der ideologischen Begründung, den unter mohammedanischer Herrschaft stehenden Christen beizustehen und in der imperialistischen Absicht, Russland zu vergrößern und ihm den Seeweg aus dem Schwarzen Meer durch Bosporus und Dardanellen in das Mittelmeer zu öffnen.

Ein Kreuzzug gegen den Islam schien im Sinne der von Friedrich Wilhelm hochgehaltenen Heiligen Allianz zu liegen. Er hätte gerne den Tag erlebt, „wo der Halbmond vor dem Kreuze in den Staub sinkt". Indessen wisse er, schrieb er an Bunsen, zwischen seiner „Christenpflicht" und einer „politischen Klugheits-Pflicht" zu unterscheiden, und diese verbiete es, „die Türkei aus Europa zu werfen", damit dieses nicht „neuen Erbstreit" bekäme. Dennoch hätte er, wie Unterstaatssekretär Balan notierte, „am liebsten den Sultan nach Asien" verwiesen und König Otto von Griechenland, den Sohn seines Schwagers Ludwig I. von Bayern, nach Konstantinopel versetzt. Aber bei einer eventuellen Teilung des Osmanischen Reiches wollte er „keine Vergrößerung, sondern nur etwa das Protektorat über die Protestanten im Orient" haben.

Dennoch konnte ihm nicht verborgen bleiben, dass es Russland keineswegs nur um eine Mission im Namen Christi, sondern vor allem um eine Expansion seines Reiches ging. Des Königs Bruder Wilhelm erkannte, dass der Zar die konservative Ideologie als Paravent einer autokratischen Innenpolitik und einer imperialistischen Außenpolitik gebrauchte, dass Nikolaus I., der Preußen die „Schmach von Olmütz" zugemutet hatte, im Namen der Heiligen

Allianz in Mitteleuropa mitbestimmen und in ihrem Namen den Balkan erobern wollte.

Wenn das Machtgewicht Russlands zugenommen hätte, wäre das Gleichgewicht der Mächte in Europa gestört worden. Das hätte auch Friedrich Wilhelm erkennen müssen, der an der Friedensordnung von 1815 festhielt. Während er jedoch mehr an die Heilige Allianz als an die Balance of power dachte, hielt England diese durch eine Vergrößerung Russlands bedroht und überdies seine Interessen im Orient verletzt. Napoleon III., der das ganze System von 1815 beseitigen wollte, versuchte auf dem Weg zu diesem Ziel durch ein Bündnis mit der liberalen Westmacht gegen die reaktionäre Ostmacht einen ersten Schritt voranzukommen.

England und Frankreich stellten sich an der Seite der angegriffenen Türkei gegen den Angreifer Russland, erklärten ihm am 28. März 1854 den Krieg, der als Krimkrieg in die Geschichte einging, weil dieses zum russischen Reich gehörende Gebiet der Hauptschauplatz des militärischen Konfliktes wurde.

Österreich lavierte zwischen den Fronten. Militärs wären am liebsten gegen die Russen marschiert, ungeachtet der Tatsache, dass diese ihnen bei der Niederwerfung des ungarischen Aufstandes geholfen hatten; Minister und Diplomaten hätten sich gerne mit den Westmächten liiert, um an deren Seite die Ausdehnung Russlands auf den Balkan zu verhindern und die Ausbreitung Österreichs zu befördern. Schließlich hörte Kaiser Franz Joseph auf den alten Metternich, der orakelte: „Ins Schlepptau kann sich der Staat der Mitte weder in der östlichen noch in der westlichen Richtung nehmen lassen." Der Kaiser überschritt jedoch die Mittellinie, indem er die Neutralität anti-russisch praktizierte. Durch einen Truppenaufmarsch an der Grenze Russlands band er starke Kräfte des Zaren, die diesem für den Einsatz auf dem Kriegsschauplatz fehlten, und er veranlasste Nikolaus I. zur Räumung der Donaufürstentümer, in die Österreicher im Namen der Aufrechterhaltung des europäischen Gleichgewichtes als Friedenstruppe einzogen.

In Preußen standen sich die beiden innenpolitischen Lager nun auch in der Außenpolitik gegenüber. Die von der Kamarilla angeführten Hochkonservativen, die das reaktionäre Russland für den natürlichen Bundesgenossen des reaktionären Preußen hielten, wollten militärisch, zumindest diplomatisch an die Seite des Zaren treten. Die gemäßigt-konservative Wochenblatt-Partei, Altliberale und Katholiken visierten ein Bündnis mit den Westmächten an, um die Aggression Russlands aufzuhalten und das Gleichgewicht in Europa aufrechtzuerhalten. Dafür plädierte aus London der Gesandte Bunsen, im Kabinett der Kriegsminister Bonin und im westelbischen Koblenz, wo er als Militärgouverneur amtierte, der Thronfolger Wilhelm: „Durch unsre Unentschlossenheit, Schwankungen und zuletzt non-action werden wir es dahin bringen, dass Russland in die Lage kommt, siegreich aus der Katastrophe hervorzugehen, und dann wird Russland uns allen den Frieden diktieren, dann muss Europa nur noch nach seiner Pfeife tanzen." Ergo: Preußen müsse sich mit England und Frankreich verständigen, ja verbünden.

Zwischen den Fronten stand Friedrich Wilhelm IV., der nach einigem Hin und Her beschloss: „Preußen soll in Neutralität verharren ... in neutralité souveraine. Preußens Neutralität soll wirklich unbeteiligt, nicht hierhin, nicht dorthin neigend sein, aber selbständig und selbstbewusst."

An die Seite Englands und Frankreichs gedachte er nicht zu treten, weil er deren Verbündeten, der mohammedanischen, Christen unterdrückenden Türkei nicht beistehen wollte und durch eine Parteinahme für den Westen der dort reüssierten Revolution nicht die Tür zum eigenen Land öffnen wollte. Er distanzierte sich von Russland, das ihm, dem Anhänger der Heiligen Allianz, zwar ideologisch nahe stand, das aber durch seine imperialistische Machtpolitik das von ihm für unabdingbar gehaltene Gleichgewichtssystem in Europa gefährdete. Der Frieden war für ihn das höchste Gut, weshalb er als Friedensvermittler in Reserve zu bleiben gedachte. „Was zum Frieden führt, da bin ich obenan dabei; denn ich halte dafür, dass der Frieden ein Segen, der Krieg aber ein Fluch ist." Und der Zar hatte einen „ungerechten", einen „scheußlichen" Krieg begonnen, ein „Verbrechen" begangen.

Die Pro-Russen wie die Pro-Westler gaben ihre Versuche nicht auf, den König, von dem sie Schwankungen gewohnt waren und dem sie Standfestigkeit nicht zutrauten, für ihr Lager zu gewinnen. Schon glaubten die Hochkonservativen, ihn ein Stück weit zu sich herübergezogen zu haben. Der zu den Westmächten neigende Kriegsminister Eduard von Bonin wurde durch den der Kreuzzeitungspartei angehörenden Friedrich von Waldersee ersetzt, und der Gesandte Josias von Bunsen, der eifrigste Befürworter eines Westkurses, wurde von seinem Posten in London abberufen.

Doch beide Maßregeln erfolgten weniger aus außenpolitischen als aus staatspolitischen Motiven. Bonin hatte vor Abgeordneten die eigene Regierung kritisiert und Direktiven des Königs zuwidergehandelt. Der anglophile Bunsen verhandelte instruktionswidrig mit der englischen Regierung, was nicht nur die russophile Kamarilla, sondern auch den ihm persönlich nahe stehenden König alarmierte. Vergebens hatte er ihm bedeutet: „Wissen Sie nun, teuerster Bunsen, dass ich die souveräne Neutralität halte und den zu schlagen trachte, der mich darum schlagen möchte." Denn zu „ungerechten Kriegen" lasse er sich nicht zwingen.

Als er den „alten, geschätzten und geliebten Freund", der Preußen zum Kriegseintritt an der Seite Englands gegen Russland zu bewegen suchte, von seinem Posten in London abberufen musste, unterrichtete er Queen Victoria über seine Beweggründe: Sein Verhältnis zu Bunsen sei 1848/49 getrübt worden, als dieser für eine Konstitution und für die Annahme der Frankfurter Kaiserwürde geworben habe und schließlich „whiggistischer als die Whigs" – die entschiedenen Liberalen – geworden sei. Von seiner Neutralitätspolitik lasse sich der König von Preußen, der seinem Land und Volk den Frieden erhalten wolle, von niemandem abbringen. Der Charakter einer Großmacht bekunde sich „nicht durch das Schwimmen mit dem Strome, sondern durch das Feststehen wie ein Fels im Meer".

Am rocher de bronze seiner Monarchensouveränität wollte er nicht rütteln lassen, weder von ausländischen Mächten noch von deren innenpolitischen Parteigängern, auch nicht vom Thronfolger Wilhelm, der – auch unter dem Einfluss seiner liberalisierenden Gemahlin Augusta – sich von Russland distanzierte und zu den Westmächten tendierte. So kam es 1854 zu einem Bruderzwist im Hause Hohenzollern, der zu einem preußischen Staats-konflikt zu eskalieren drohte.

Auslöser war der Protest Wilhelms gegen die Entlassung des Kriegsministers Bonin, die er nicht nur als einen Affront gegen das Militär, sondern auch als einen Angriff gegen seine pro-westliche Haltung bewertete. Man schlage die, welche seine Farben trügen, meine aber damit ihn. „Das lasse ich mir nicht gefallen." Wenn dies so weiter gehe, „dann wird der Erfolg des russischen Goldes, das bis in die Vorkammer des Königs rollt, klar dastehen und Preußen ins russische Lager verkauft sein".

Der Unmut Wilhelms richtete sich nicht nur gegen die Kamarilla, die den König für Russland einzunehmen suchte, sondern auch gegen den Monarchen selbst, dessen Absage an ein West-bündnis und dessen Bestehen auf Neutralität er nicht für richtig hielt. So schrieb er ihm einen geharnischten Brief: „Ich muss somit den Sturz Bonins als gegen mich gerichtet betrachten, und daher lege ich hiermit gegen seine Entlassung als erster Offizier der Armee entschieden Protest ein, und ersuche Dich zum Wohle Deiner selbst, der Armee und Deiner politischen Stellung in die-sem wichtigen Moment, die Entlassung Bonins sofort rückgängig zu machen. Im Verweigerungsfall zeige ich Dir hiermit an, dass ich meine Familie in Baden besuchen werde ... Denn wenn ich mich jenem System-Wechsel wie immer gehorchend unterwerfen werde, so wünsche ich doch, durch mein Hiersein nicht mit dem-selben identifiziert zu werden."

Friedrich Wilhelm reagierte so, wie er als König reagieren muss-te. Der Oberbefehlshaber der Armee konnte es nicht hinnehmen, dass Wilhelm „als erster Offizier der Armee" sich in deren Namen zu sprechen anmaßte. Der Monarch durfte es nicht dulden, dass ein Mitglied der Dynastie, selbst der Thronfolger, von der von ihm vorgegebenen außenpolitischen Linie abwich, seine Neutrali-tätspolitik zu konterkarieren suchte.

So schrieb er schroff dem Bruder: *„Meine Ehre* 1) als christlicher Mann, 2) als König von Preußen, 3) als Fürst meiner Völker, 4) *als Christ befiehlt mir aber,* 1) den Undank gegen treue Freunde wie die Pest zu fliehen, 2) meiner Krone Unabhängigkeit, 3) die freie

Selbstbestimmung als so genannte 'Großmacht' als schwer errungenes Kleinod Preußens zu wahren, 4) meinen Ländern die Segnungen des Friedens zu erhalten ... und 5) meines Teils niemals an dem Vergießen eines Tropfens von Christenblut *für* den Islam schuldig zu sein."

Friedrich Wilhelm wollte die traditionell befreundeten Russen nicht vor den Kopf stoßen, aber auch nicht an ihrer Seite in den Krieg ziehen, und schon gar nicht an der Seite von Engländern und Franzosen, den Schutzherren der Türken, im Orient marschieren. Die Art und Weise, wie sich sein Bruder Wilhelm zum Sprecher der Armee aufwarf, musste er entschieden zurückweisen. „Um nicht die militair. Strafgesetze walten zu lassen, habe ich ohne Verzug einen Urlaub an ihn in aller Form durch die Canzellei ausfertigen lassen", schrieb er an Queen Victoria, die von der Prinzessin Augusta vorsorglich um Asyl für sich und ihren Gemahl gebeten worden war. Die Entschuldigung Wilhelms ermöglichte es dem König, ihn wieder in seine militärischen Ämter einzusetzen.

Eine Krise im Hause Hohenzollern war vermieden worden, aber die Kontrahenten verharrten auf ihren politischen Standpunkten. „Da ich kein Beamter bin, der seine Entlassung nimmt, wenn die Anordnungen seines Königs ihm nicht gefallen, sondern über Leid und Freud mit meinem König ausharren muss, so werde ich als sein erster Untertan auch sein erster Gehorsamender sein; aber behilflich, eine Inkonsequenz zu begehen, kann ich nicht sein", schrieb Wilhelm an Oberst Albrecht von Roon zum Weitersagen in Offizierskreisen und an Herzog Ernst von Sachsen-Coburg-Gotha zur Unterrichtung Londons: Das sei nicht seine Politik, die jetzt in Berlin betrieben werde, „doch ein dauerndes Schisma darf zwischen dem König und mir nicht stattfinden".

Franzosen, Engländer und Türken trugen im September 1854 den Krieg nach Russland hinein, auf die Halbinsel Krim, marschierten auf Sewastopol, den russischen Hauptstützpunkt am Schwarzen Meer. Ihr Vormarsch stockte im Winter, der immer noch der zuverlässigste Bundesgenosse des Zaren war. Aber dieser war in die Defensive geraten, an einen Sieg war nicht mehr zu denken und der Verdruss, dass ihn Österreich und Preußen im

Stich ließen, nahm ihm den letzten Mut. Am 2. März 1855 starb Nikolaus I., der Stockreaktionär und Erzimperialist.

Als Friedrich Wilhelm die Todesnachricht erhielt, brach er in Tränen aus. Trieb sie ihm nicht allein die Trauer um den Schwager, sondern auch der Schmerz, dass er den Waffenbruder im Kampf gegen Napoleon I. und den Matador der Heiligen Allianz nicht beistand, in die Augen? Zwar versicherte er der Witwe, seiner Schwester Charlotte: „Der heiß geliebte Selige hat mir ein Vermächtnis hinterlassen, dessen ich wert sein will." Aber er musste sich eingestehen, dass seiner eigenen reaktionären Politik die Revolution von 1848 Grenzen gesetzt hatte, die Heilige Allianz beendet und mit dem Gleichgewichtssystem von 1815 die europäische Friedensordnung aus den Angeln gehoben worden war.

Der neue Zar, Alexander II., führte den vom Vater begonnenen Krieg weiter, aber er konnte der Gemahlin Maria Alexandrowna nicht unrecht geben, die bemerkte, dass der Krimkrieg nicht nur „auf unschöne Weise begonnen", sondern auch „schlecht geführt wurde", die Truppen auf ihn nicht vorbereitet und die Finanzen erschöpft gewesen seien, „dass unsere Politik schon lange auf dem falschen Wege war und dass uns das alles in jene Lage gebracht hat, in der wir uns jetzt befinden".

Am 5. September 1855 begann die Beschießung Sewastopols, am 8. September wurde die Schlüsselbastion Malakow gestürmt und am 10. September war das fast völlig zerstörte und von den russischen Verteidigern verlassene Sewastopol in der Hand der Franzosen und Engländer.

Die Kamarilla fühlte sich mit getroffen. „Der Fall von Sewastopol ist ein großes Unglück, eine verlorene Bataille für die gute Sache, so wie Austerlitz und Ulm", meinte Leopold von Gerlach und stimmte Marcus Carsten Niebuhr zu, der vorschlug, Friedrich Wilhelm IV. noch im letzten Moment zum Krieg mit Frankreich zu drängen, gab ihm jedoch zu bedenken: „Kann man einen König zu Heldentaten zwingen, ihn kriegerisch machen, wenn er es nicht ist?"

War aber nicht die Standfestigkeit, in der er auf seiner neutralen Stellung beharrte, eine bedeutsame Tat, die Preußen mehr nützte als schadete? Wenn er am Krieg, auf welcher Seite auch immer, teilgenommen hätte, wäre aus dem am Rande des Kontinents geführten kleinen Krieg auf der Krim ein großer Krieg geworden, der – falls auch Österreich marschiert wäre – Mitteleuropa erfasst hätte. Als Alliierter Russlands hätte Preußen mit einem Angriff Frankreichs, als Alliierter der Westmächte mit einem Angriff Russlands rechnen müssen.

„Durch sein ostensibles Nicht-Eintreten" zur Koalition Frankreichs und Englands, konstatierte Friedrich Wilhelm im März 1854, habe Preußen verhindert, „dass das Kriegstheater der russischen Streitkräfte ... sich von den Donaugegenden, von Georgien und Armenien gegen die Wechsel wenden und das jetzige Kriegstheater zur reinen Nebensache werde". Auf die Gefahren eines Kriegsbündnisses Preußens und Österreichs mit Russland hatte Ministerpräsident Manteuffel bereits im Dezember 1853 hingewiesen: Dann würde es „für uns und besonders für Österreich ein Kampf auf Leben und Tod sein", denn die Mittelmächte bekämen es „nicht bloß mit regelmäßigen stehenden Heeren, sondern mit bewaffneten und aufrührerischen Bevölkerungen" zu tun. Die Streitkräfte Russlands wären „durch seinen gleichzeitigen Kampf in der Türkei zersplittert" und Österreich hätte „sicherlich zur Behauptung der Ruhe im eigenen Hause einen gut Teil seiner Heeresmacht notwendig", so „wie bei uns der ähnliche Fall in Ansehung des südwestlichen Deutschlands eintreten könnte".

Die Neutralität barg indessen die Gefahr einer Isolierung in sich. Jedenfalls war es nicht auszuschließen, dass Preußen im Mächtespiel eine Rolle zugewiesen bekäme, die nicht seiner Großmachtstellung entspräche. Das zeigte sich im Frühjahr 1856 auf der Friedenskonferenz in Paris, zu der sich das besiegte Russland herbeilassen musste. Neben seinen und den Vertretern der Sieger Frankreich und England saßen die der Mitsieger Türkei und Sardinien-Piemont, das 15.000 Mann zur westlichen Heeresmacht beigesteuert hatte, am Verhandlungstisch. Auch Österreich, das eine Neutralität mit Westneigung betrieben hatte, war vom ersten Tag an mit dabei. Die Vertreter Preußens, das auf Neutralität mit Ostneigung bestanden hatte, durften erst ab 18. März an dem am 25. Februar eröffneten Friedenskongress teilnehmen.

Russland kam im Pariser Friedensvertrag vom 30. März 1856 glimpflich davon. Nur das Gebiet der Donaumündungen und einen kleinen Teil Bessarabiens musste es an die Türkei abtreten und die Kontrolle der Donauschifffahrt aufgeben. Das Osmanische Reich, das in die europäische Völkerrechtsgemeinschaft aufgenommen wurde, erhielt seine Souveränität und Integrität garantiert. Österreich musste die Donaufürstentümer, die es als bewaffneter Friedensvermittler besetzt hatte, räumen; Moldau und Walachei wurden zum Fürstentum Rumänien vereinigt, das unter türkischer Oberhoheit blieb.

Preußen war nur noch als zweitrangige Großmacht mit im Spiel. Sein König, der selbst sein Reich als „so genannte Großmacht" bezeichnet hatte, tröstete sich damit, dass er Land und Leute aus dem Krieg herausgehalten hatte. Aber es schmerzte ihn, dass zwei Grundpfeiler seiner Außenpolitik abgebrochen wurden: Die Heilige Allianz, die durch zwei ihrer Urheber, Russland und Österreich, beendet wurde, und das Gleichgewichtssystem und damit die Friedensordnung, die Russland durch seinen Imperialismus störte und Frankreich, der eigentliche Sieger des Krimkrieges, zerstören wollte.

Erst später stellte sich heraus, dass Preußen aus der veränderten Konstellation einen Vorteil ziehen sollte. Während die Russen es den Österreichern nicht verziehen, dass sie im Krimkrieg durch ihre prowestliche Neutralität mehr die Sache der Franzosen und Engländer als jene ihres alten Allianzpartners unterstützt hatten, vergaßen sie es den Preußen nicht, dass sie, obgleich zwischen den Fronten geblieben, ihre Sympathie für das Zarenreich nicht verhehlt hatten. So schuf die prorussische Neutralität Friedrich Wilhelms IV. eine Voraussetzung für die propreußische Neutralität Russlands 1866 im preußischen Krieg gegen Österreich und 1870/71 im deutschen Krieg gegen Frankreich.

Letzten Endes sollte freilich der Thronfolger und spätere König und Kaiser Wilhelm I. recht behalten, der 1856, nach dem Ende des Krimkrieges, geahnt hatte: „Das Kokettieren der Russen und Franzosen in Paris und allenthalben nimmt so überhand, dass man die Zukunft, die sich entwickelt, erkennen kann. Das ist gar ein ernster Punkt für die, welche dazwischen liegen, damit sie nicht das Schicksal des Kirschkerns zwischen zwei Fingern haben!"

Dies musste er freilich nicht mehr selbst, doch sein Enkel Wilhelm II. erleben. Den Ersten Weltkrieg, einem Resultat der neuen Mächtekonstellation, verloren die in die Zange genommenen Mittelmächte Deutschland und Österreich, aber nicht nur die Hohenzollern und die Habsburger, sondern auch die Romanow wurden von ihren Thronen gefegt.

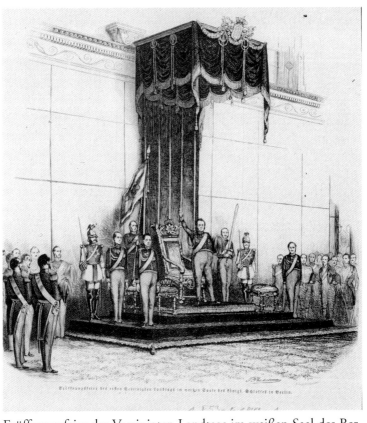

Eröffnungsfeier des Vereinigten Landtags im weißen Saal des Berliner Schlosses am 11. April 1847. Zeitgenössischer Holzstich nach Zeichnung von B. Haselmann. © AKG

Friedrich Wilhelm IV. verkündet am 21. März 1848 in den Straßen seiner Hauptstadt die Einheit der deutschen Nation. Neuruppiner Bilderbogen von 1848. © BPK, Berlin 2007.

Dem preußischen König Friedrich Wilhelm IV. wird am 3. April 1849 die deutsche Kaiserkrone angetragen. Zeitgenössischer Holzstich koloriert. © BPK, Berlin 2007.

Kronprinz Wilhelm als Oberbefehlshaber der Operationsarmee in Baden 1849. Holzstich nach einer Fotografie von Vogel. © AKG

Friedrich Wilhelm IV. in Uniform, die Pickelhaube in der rechten Hand. Fotografie um 1855 von Carl Krause. © ÖNB.

18.
Ein langes Nachspiel

Friedrich Wilhelm IV. „weiß doch wirklich allzu wenig von seinem Staat", und „es ist manchmal so, als schlüge uns das Misgovernment über dem Kopf zusammen", notierte 1857 Ernst Ludwig von Gerlach, der „des armen Königs ganz so confus und matt verlaufene Regierung" schon lange kritisiert hatte. Das Mitglied der Kamarilla warf ihm „kolossale Unzuverlässigkeit" vor, nicht zuletzt deshalb, weil er sich immer weniger an die Richtlinien des „ministère occulte" hielt.

Ein unvoreingenommener Beobachter wie der badische Gesandte in Berlin, Wilhelm Rivalier von Meysenburg, konstatierte: „Die nicht zu beseitigende Folge der Persönlichkeit des Königs wird immer darin bestehen, dass, solange Er regiert, und die verschiedensten Einflüsse auf ihn einwirkten, an ein festes System, an einen consequenten Gang nicht zu denken ist. – Der König ist gewiss nicht nur einer der wohlwollensten Fürsten, sondern auch voll tiefer Einsicht und Voraussicht – aber eines Teils Seine übertriebene Ansicht, andern Teils Seine Unzufriedenheit mit allen Ministern ..., zum dritten endlich aber die Sucht, unvereinbare Widersprüche in Sich und in dem Gang der Dinge vereinigen zu wollen, – all diese Ursachen werden stets hemmend auf die Durchführung einer stetigen Politik wirken."

Hatte er aber nicht durch seine von rechts wie links kritisierte Neutralität im Krimkrieg gezeigt, dass er durchaus eine für richtig erkannte Politik konsequent durchzusetzen vermochte? Hatte er nicht unbeirrbar an seinen Grundüberzeugungen, der Unabdingbarkeit der Heiligen Allianz wie der Notwendigkeit des friedenssichernden Gleichgewichtssystems fest gehalten? Es war nicht ihm, sondern anderen anzulasten, dass beide Grundpfeiler seiner Politik unterspült und schließlich hinweggefegt wurden. Die Ausbreitung der Revolution, für ihn das Übel aller Übel, konnte er in Preußen nur aufhalten, aber es nicht verhindern, dass die Westmächte, das liberale England und das unter Napoleon III. an Napoleon I., den

Erben der Revolution, anknüpfende Frankreich die Büchse der Pandora geöffnet hatten, deren Unheil über kurz oder lang auch über die Mittelmächte kommen würde.

Dieser Alpdruck lastete auf Friedrich Wilhelm, und die Erkenntnis, dass er ihn bei allen Versuchen, ihn loszuwerden, nicht abschütteln könnte, ließ ihn zunehmend in düstere Stimmungen und Ahnungen verfallen. „Alles, was der König jetzt mache", sagte er 1856 zu Ernst Ludwig von Gerlach, „werde, wenn er die Augen schließe, unter dem jauchzenden Gebrüll der öffentlichen Meinung zusammenstürzen."

Als Menetekel an der Wand erschien ihm der Sieg der progressiven Kräfte in Neuenburg. Das kleine Land, im Westen der Schweiz gelegen, war 1848 als Kanton der Eidgenossenschaft eine demokratische Republik geworden, aber die legitimen Rechte der preußischen Krone, die seit 1717 bestanden, wurden 1852 im Londoner Protokoll von den europäischen Großmächten de jure anerkannt. Doch de facto unternahmen sie nichts, um Preußen bei der Rückgewinnung seiner Rechte zu unterstützen.

Friedrich Wilhelm musste es hinnehmen, dass das monarchische Prinzip in diesem seinem Fürstentum außer Kraft gesetzt war, die Legitimität seiner Herrschaft verneint und eine Perle aus seiner Krone gebrochen wurde. Eine Hoffnung, das alles zurück zu gewinnen, glomm auf, als die immer noch starke royalistische Partei in Neuenburg am 2. September 1856 einen Aufstand gegen die republikanische Regierung des Kantons wagte, aber sie erlosch bereits am nächsten Tag, als er, kaum ausgebrochen, wieder zusammenbrach. Von den verhafteten 600 Aufrührern wurden 66 wegen Hochverrats vor Gericht gestellt.

Der Anführer, Karl Friedrich von Pourtalès-Steiger, ein preußischer Oberst und Oberinspekteur der neuenburgischen Miliz, war zuvor in Berlin gewesen und gab an, „im Namen des Königs" den Befehl zum Aufstand gegeben zu haben. Er berief sich auf den Thronfolger Wilhelm, der ihm gesagt haben soll, dass der König erklärt habe, „im Falle des Gelingens wisse er, was seine Ehre ihm zu tun verpflichten würde".

Es ist zweifelhaft, ob der König in die Vorbereitung des Aufstandes einbezogen und das Datum seines Ausbruchs ihm bekannt gewesen war. Er begrüßte ihn jedoch als eine Gegenrevolution, die zur Wiederherstellung der monarchischen Rechte unternommen worden war. Aber was sollte er zur Unterstützung der Royalisten unternehmen? Seine Truppen, wie seinerzeit gegen die Revolutionäre in Preußen, nun gegen die Republikaner in Neuenburg einsetzen? Eine Teilmobilmachung wurde angeordnet. Aber Friedrich Wilhelm scheute davor zurück, einen Krieg zu beginnen. Das hätte nicht nur die anderen europäischen Mächte, die eben in Paris zu einem Friedenszustand zurückgefunden hatten, gegen ihn aufgebracht, sondern auch seiner eigenen Friedfertigkeit widersprochen. Überdies hatte sich, wie ein Militärexperte, sein Flügeladjutant Prinz Kraft zu Hohenlohe-Ingelfingen feststellte, „die Unzulänglichkeit der damaligen Heeresorganisation" niemals „deutlicher erwiesen als zur Zeit der Neuenburger Verwicklung"; die „Ohnmacht Preußens" sei offenkundig geworden.

Da es weder wünschenswert noch angemessen erschien, den Neuenburger Knoten mit dem Schwert zu durchhauen, versuchte Friedrich Wilhelm eine Lösung mit anderen Mitteln. Er verlangte von der Schweiz die Einstellung des Hochverratsverfahrens gegen die Royalisten, die sich für seine Kronrechte eingesetzt hatten. Als dies abgelehnt wurde, rasselte er, um seiner Forderung Nachdruck zu verleihen, ostentativ mit dem Säbel, setzte jedoch seine Diplomaten in Bewegung. Als der Versuch, mit England einen Unterzeichner des Londoner Protokolls für sein Anliegen zu gewinnen, an der für die Schweiz und damit für die demokratische Legitimität Partei ergreifenden Queen Victoria scheiterte, wurde Napoleon III. um Unterstützung gebeten, der zwar auch die anachronistischen Ansprüche des Hohenzollern nicht billigte, aber jede Gelegenheit ergriff, um sich auf der internationalen Bühne in Szene zu setzen.

Unter französischem Druck stellte die Schweiz das Verfahren gegen die Royalisten ein und setzte sie in Freiheit, verließ sich jedoch auf die Andeutung Napoleons, dass dem König von Preußen wohl nichts anderes übrig bleiben werde, als über kurz oder lang auf Neuenburg zu verzichten. Dazu war Friedrich Wilhelm nach wie vor nicht bereit, aber er konnte den Lauf der Dinge nicht aufhalten. Durch das Sechsmächte-Abkommen (der fünf Großmächte plus der Schweiz) vom 26. März 1857 musste er auf sein Fürstentum Neuenburg verzichten; nur der Titel eines Fürsten von Neuenburg verblieb ihm.

Das demokratische Prinzip triumphierte über das monarchische Prinzip, und das war ein schwerer Schlag für Friedrich Wilhelm, der sich immer noch an letzteres zu klammern suchte, obwohl ihm die Zeitströmung davon ein Stück nach dem anderen entriss. „Nach langem, langem Zögern, bestimmt von dem Prinzen von Preußen, allen Großmächten und bewährten Diplomaten, gab der König endlich nach", bemerkte General Karl von der Gröben, „und seitdem ist er nie mehr ganz froh gewesen."

„Ach! Diese Neuenburger Sache ist ein Nagel zu meinem Sarge!", schrieb Friedrich Wilhelm am 18. Juni 1857 an seine Schwester Charlotte. „So etwas nach den großen Erlösungs-Jahren von Napoleon und von der 'Revoluzion' zu erleben, ist zum Todgrämen! Dass wieder ein Napoleon da ist, ist eigentlich das Wenigste. Das wirklich Furchtbare ist die Mutlosigkeit für die eigene gute heilige Sache, weil die Revoluzion Allen imponiert. Die notwendige Folge davon ist – ein neuer Ausbruch der Revoluzion in weitestem Kreise und wird dann der Mut vorhanden sein den allein das gute Gewissen geben kann und Anno 13-15 gegeben hat? Gott der Herr wolle uns gnädig sein!"

Die „Revoluzion", gegen die er sein Leben lang Front gemacht hatte, konnte von ihm nur zeitweise gehemmt, aber nicht in ihrem Fortschreiten aufgehalten werden. Diese bittere Erkenntnis verdüsterte ihm die Bilanz seiner Herrschaft und untergrub seine Gesundheit.

Der Brief an Charlotte, in dem er den Erfolg der Revolution in Neuenburg als einen „Nagel zu meinem Sarge" bezeichnete, war am 18. Juni 1857 in Marienbad geschrieben worden. Dorthin hatten ihn die Ärzte bereits im Sommer 1856 geschickt, um durch einen geregelten Kuraufenthalt Erregungen zu vermeiden, die zu einem Schlaganfall führen könnten. Im Mai 1857, beim Besuch des Prinzen Jérôme Napoléon in Berlin, verließ den König bei der

Vorstellung seines Gefolges „nicht nur seine sonstige Grazie, sondern auch sein Gedächtnis derart, dass er keinen Namen von uns allen hervorbringen konnte", wie der Flügeladjutant Prinz Kraft zu Hohenlohe-Ingelfingen bemerkte. Bei der Parade in Potsdam „geriet er in solche Erregung und Unsicherheit, dass er, nachdem er sich an die Spitze gesetzt hatte, das einzige Kommando, das er zu geben hatte, nämlich 'Antreten!', nicht vorbringen konnte".

Ein König von Preußen, der nicht mehr zu befehlen vermochte – das war ein Alarmsignal. Die Marienbader Kur im Jahre 1857 brachte keine nachhaltige Besserung. Dennoch bestand er auf einer Reise nach Wien, um mit Kaiser Franz Joseph ein enges politisches Einvernehmen, an dem ihm so viel lag, wiederherzustellen. Das Misslingen seines Vorhabens erschütterte ihn, die Sommerhitze setzte ihm zu und erschöpft gelangte er auf der Rückreise nach Pillnitz zum Besuch beim sächsischen Königspaar.

Am Tag nach der Ankunft, am 12. Juli, erlitt er einen Schlaganfall. „Das ist ein Wetterleuchten", befand sein Leibarzt Johann Lukas Schönlein, „wie bald kann der Blitz einschlagen!" Die Sprachstörungen wie der Gedächtnisschwund nahmen zu. Im Oktober 1857 erklärte Schönlein: „Hilfe sei jetzt nicht mehr möglich." Nach heutigem medizinischen Erkenntnisstand (Friedrich Vogel) litt Friedrich Wilhelm an einer „celebralen Gefäßerkrankung", an einer „Gehirnarteriosklerose", was nicht als „Geisteskrankheit" bezeichnet werden könne.

Am 8. Oktober 1857, nach dem neuen Schlaganfall vom Vortag, verschlechterte sich sein Zustand. „Der Kranke verrichtet seine Funktionen, spricht aber verwirrte Worte und Dinge, legt die Hand an den Kopf und lamentiert, ein Zeichen, dass er seinen verwirrten Zustand fühlt", notierte Leopold von Gerlach. „Die Königin sieht sehr schwarz, fürchtet einen dauernden Stumpfsinn, war aber sehr ergeben und standhaft; endlich aber brach sie zusammen."

Am 15. Oktober 1857 war sein 62. Geburtstag. Wie hatte er ihn früher festlich begangen, war leutselig aufgetreten, nicht nur von Höflingen, sondern auch von Untertanen gefeiert worden! Aber konnte er sich jetzt noch sehen lassen? Die gedrungene

Gestalt, die noch vor kurzem quick, fast quirlig gewesen war, wirkte nun schwerfällig, der aufgedunsene Kopf, die erschlafften Züge, die kurzsichtigen Augen hinter der dicken Brille – das alles erinnerte an den Spitznamen, den ihm seine Geschwister gegeben hatten, nun aber an einen „Butt", der schon seit geraumer Zeit seinem Element entzogen war.

„Was sind wir noch, wenn dieses *eine* Leben schwindet?", fragte sich der Historiker Leopold von Ranke, ein Zeitgenosse. „Was sind wir? Der größte Gedanke hängt ab von einer Faser im Gehirn."

Am Morgen seines 62. Geburtstages stand Friedrich Wilhelm früh auf, ließ sich ankleiden, die Türen seines auf die Terrasse führenden Zimmers öffnen und stammelte: „Schön, schön!" Zu seinem Bruder, dem Thronfolger, sagte er: „Wilhelm, es liegt alles" und meinte damit, dass wegen seiner Erkrankung seine Amtsgeschäfte unerledigt blieben. So durfte es nicht weitergehen.

Bei dauernder Regierungsunfähigkeit des Königs, so bestimmte die Verfassung, sei der Thronfolger als Regent einzusetzen. Wenn Wilhelm und mit ihm die liberalkonservative Wochenblattpartei ans Ruder käme, schrumpfe sein Einfluss in Nichts zusammen, erklärte der Generaladjutant Leopold von Gerlach, „ich bin also fertig, ebenso Raumer und Westphalen", die ganze Regierung Manteuffel. Die Kamarilla behauptete, Friedrich Wilhelm IV. könne nur vorübergehend die Amtsgeschäfte nicht mehr wahrnehmen. Wilhelm scheute sich, dem kranken Bruder das Zepter aus der Hand zu nehmen. So wurde der Ausweg einer auf drei Monate befristeten Stellvertretung gefunden, mit der Maßgabe, dass der Thronfolger die Politik des Königs weiterführe.

Am 23. Oktober 1857, als es dem König etwas besser ging, legte die Königin ihrem Gemahl den Erlass für die Stellvertretung zur Unterschrift vor. „Das habe ich schon längst gewollt, habe es aber nicht sagen können", erklärte Friedrich Wilhelm und unterschrieb. Wilhelm meinte, der Bruder sei nun einen Stein vom Herzen los, ihm aber einer auferlegt. „Ein großes Verdienst an der ruhigen Abwicklung dieser betrübenden Angelegenheit gebührt der Königin Elisabeth, die ohne Herrschsucht oder Eitelkeit, lediglich von ihrer Pflicht geleitet, bei allem half, und zu allem die

Hand bot, was im Interesse des Vaterlandes nötig war", bemerkte der Flügeladjutant Prinz Kraft zu Hohenlohe-Ingelfingen.

Im Winter und im Frühjahr veränderte sich der Krankheitszustand des Königs nicht wesentlich. Die Stellvertretung wurde im Januar, im April und im Juli 1858 jeweils um drei Monate verlängert. Im Sommer dieses Jahres ging Friedrich Wilhelm zur Kur nach Tegernsee, die sein Befinden nicht verbesserte. Dr. Schönlein machte sich rar, und so wurde zur ständigen Betreuung Dr. Böger berufen, ehemals Regimentsarzt des 5. Ulanen-Regiments, der am Rhein seine gut gehende Praxis aufgab. Er eröffnete der Königin, der König habe bereits mehrere Schlaganfälle gehabt, von denen sich ein Betroffener zwar teilweise, aber nie vollkommen erholen könne. Er werde alles tun, um den Patienten in seinem jetzigen, relativ günstigen Zustand zu erhalten, doch bestehe keine Hoffnung, dass es je besser werde.

Die Einsetzung der Regentschaft ließ sich nicht länger umgehen. Die Hochkonservativen am Hof wie in der Regierung sträubten sich nach wie vor dagegen, und Königin Elisabeth, die immer noch hoffte, dass es dem König wieder besser gehen könnte, wollte daran noch nicht denken. Aber sie fügte sich in das Unvermeidliche, als der Thronfolger nicht mehr länger Stellvertreter sein, sondern Regent werden wollte, die Regierung nach eigenem Ermessen zu führen gedachte und das Ministerium Manteuffel – mit Ausnahme des Innenministers Westphalen – der Auffassung des Justizministers Simons beipflichtete, dass verfassungsrechtlich eine Regentschaft unumgänglich sei.

Wiederum wurde Königin Elisabeth „ohne Herrschsucht oder Eitelkeit, lediglich von ihrer Pflicht geleitet," und sie bewog den König am 7. Oktober 1858 zur Unterzeichnung des Regentschaft-Erlasses. „Der König", notierte Leopold von Gerlach, „sagte kein Wort, hörte aufmerksam zu, ich erinnerte ihn noch daran, sich alles zu überlegen. Er unterzeichnete ohne alle Bemerkung, hielt sich hernach beide Hände vor das Gesicht und weinte einige Tränen."

Der Erlass des Königs beauftragte den Thronfolger, die königliche Gewalt, in der alleinigen Verantwortung gegen Gott „nach bestem Wissen und Gewissen in seinem Namen als Regent auszuüben und hiernach die erforderlichen weiteren Anordnungen treffen zu wollen". Der Prinz-Regent machte deutlich, dass er sein Amt auch in der Verantwortung gegenüber dem Parlament auszuüben gedächte. Er berief die beiden Häuser zum Beschluss über die Notwendigkeit der Regentschaft ein und leistete vor ihnen den in der Konstitution vorgeschriebenen Eid, „die Verfassung des Königreiches fest und unverbrüchlich zu halten und in Übereinstimmung mit derselben und den Gesetzen zu regieren" – obwohl Friedrich Wilhelm IV. von ihm gefordert hatte, einen solchen Eid nicht zu schwören.

Allen war bewusst, dass der König abgedankt hatte und ein reaktionäres System zu Ende gegangen war. Er selbst warf sich vor, den Posten verlassen zu haben, auf den Gott ihn gestellt hatte und von dem ihn nur Gott abberufen hätte können. König Ludwig I. von Bayern, sein Schwager, war von ihm wegen seiner Resignation im Jahre 1848 getadelt worden. Nun gab er selbst sein Zepter aus der Hand, krank wie er war, doch klar erkennend, dass er damit ein Grundprinzip des Gottesgnadentums aufgegeben hatte.

Aus Preußen, in dem er nicht mehr herrschen konnte und in dem nun nicht mehr nach seinen Vorgaben regiert werden würde, setzte er sich nach Italien ab, um nach dem Zusammenbruch seiner Monarchenwelt dort sein Traumreich wieder zu finden.

Noch im Oktober 1858 brach er mit Elisabeth in den Süden auf. Jenseits der Alpen genossen sie in einem offenen Landauer, der an der Spitze von 18 Wagen und einem Gefolge von 79 Personen fuhr, die Reize der italienischen Landschaft. Von Florenz, wo Friedrich Wilhelm die Statuen im Palazzo Pitti wie alte Bekannte begrüßte, ging es nach Rom, die Traumstadt seiner Jugend, aus der der Kronprinz am liebsten nicht mehr nach Berlin zurückgekehrt wäre. Einen Tag vor dem Heiligen Abend gelangte er durch die Porta del Popolo in die Ewige Stadt, stieg im Palazzo Caffarelli auf dem Capitol ab und genoss die Aussicht auf die Prozession der Kuppeln.

Er fühlte sich besser, konnte sich auf Italienisch verständlich machen und sein Gedächtnis schien nicht nachgelassen zu haben.

In der Statuengalerie des Vatikan blieb er an einer Stelle stehen und fragte: „Hier, wo ist das hin? O, wie schade, schade! Berühmtestes, schönstes, bestes fort!" Ein Wärter erklärte, hier habe sich früher der Kopf des Kaisers Augustus als Kind befunden; man habe ihn jedoch in einen anderen Saal gebracht. Friedrich Wilhelm war glücklich, diese Skulptur dort wieder zu finden, die er vor dreißig Jahren gesehen und geschätzt hatte.

Im März 1859 ging es von Rom nach Neapel. Der Patient schien in der Sonne aufzuleben, wollte möglichst viel sehen und alles genießen. Er ließ sich auf den Vesuv tragen, in Sorrent das Lied „La bella Sorrentina" vorsingen, wollte per Schiff nach Amalfi, das jedoch bis Cetara weiterdampfte, sodass er auf einem Einspänner mit zwei Rädern dorthin zurückfahren musste. Die Straße, ohne Geländer, zog sich hoch über dem Meere hin, mitunter hart an den Abgründen, sodass ihm schwindlig wurde und er die Schönheit der Amalfitana nicht genießen konnte. Einen Ausflug nach Capri, auf den er sich so sehr gefreut hatte, verhinderte das stürmische Meer.

In der Totenstadt Pompeji konnte er sich als Amateur-Archäologe betätigen. Mit einer Schaufel grub er in der Asche, stieß auf einen eisernen Ofen, freute sich über den Fund, ohne zu wissen, dass dieser für jeden hohen Besucher als Ausgrabungsobjekt bereit gehalten wurde. So manchem Beobachter, vielleicht auch ihm selbst, musste es vorgekommen sein, als schaufele ein Todkranker sein eigenes Grab.

Mitte Mai 1859 kam er nach Berlin zurück. Der Alltag des Patienten begann wieder, mit immer weniger Lichtblicken und immer mehr Schattenseiten. Am 9. August erlitt er in Potsdam einen neuen Schlaganfall. „Wir saßen eine halbe Stunde im Freien am Teetisch", berichtete Flügeladjutant Hohenlohe, „als mit einem Male das Aussehen des Königs sich veränderte. Er wurde blass und rot."

Sein Befinden verschlechterte sich mit jedem Tag. „Heute", notierte Generaladjutant Gerlach am 9. September 1859, „ist er auf die Wand zugegangen und hat, als wenn er die Tür sähe, durchgewollt. Wenn er im Bett liegt, faltet er die Hände und ruft in einer Art von Hast 'Gottes Erbarmen' an und sagt dann öfter wiederholt: 'Amen'."

Die Schlussformel des Gebets wurde auch die seines Daseins. Die Herrschaft war ihm entwunden worden und sein Leben ging zu Ende.

19.
Begraben in der Friedenskirche

In Preußen hatte die „Neue Ära" begonnen. Prinz-Regent Wilhelm entließ das konservative Ministerium Manteuffel und berief liberalkonservative und altliberale Minister. An die Spitze des Kabinetts trat Karl Anton Fürst von Hohenzollern-Sigmaringen, ein süddeutscher Grandseigneur; stellvertretender Ministerpräsident wurde Rudolf von Auerswald, der 1848 ein liberales Ministerium geführt hatte, Kultusminister Moritz August von Bethmann-Hollweg, das Haupt der Wochenblattpartei, der Außenminister Alexander von Schleinitz nahe stand, Finanzminister der Achtundvierziger Erasmus Robert von Patow, und als Kriegsminister kehrte General Eduard von Bonin zurück, den Friedrich Wilhelm IV. entlassen hatte.

Seinen Kurs verkündete der Prinz-Regent am 8. November 1858 vor dem Staatsministerium. Neue Töne ließen aufhorchen. „Mit allem Ernste" müsse „den Bestrebungen entgegengetreten werden, die Religion zum Deckmantel politischer Bestrebungen" machten, und müsse eine Abkehr von den reaktionären Schulregulativen erfolgen. „In Deutschland muss Preußen moralische Eroberungen machen, durch eine weise Gesetzgebung bei sich, durch Hebung aller sittlichen Elemente und durch Ergreifung von Einigungselementen, wie der Zollverband es ist."

Dies sei eine Revolution vom Throne aus, ließ sich aus England der Prinzgemahl Albert vernehmen, der bislang vergebens eine Liberalisierung Preußens als Voraussetzung seiner Einigungsaufgabe in Deutschland angemahnt hatte. Dabei schien er andere Töne der Programmrede überhört zu haben, die andeuteten, dass Prinz-Regent Wilhelm die monarchischen Vorrechte nicht durch Ansprüche einer Volksvertretung beeinträchtigen lassen wollte. Auch in der „Neuen Ära" sollten „die gesunden, kräftigen, konservativen Grundlagen" betont bleiben. „Vor allem warne ich vor der stereotypen Phrase, dass die Regierung sich fort und fort treiben lassen müsse, liberale Ideen zu entwickeln, weil sie sich sonst von selbst Bahn brächen."

Auch wenn er von „moralischen Eroberungen" sprach, so schloss Wilhelm nach wie vor eine militärische Eroberung, zumindest politischen Erfolg durch militärischen Druck nicht aus. „Preußens Heer muss mächtig und angesehen sein, um, wenn es gilt, ein schwerwiegendes politisches Gewicht in die Waagschale legen zu können." Der „erste Soldat Preußens" nahm sich eine Heeresreorganisation vor, von der er sich von niemandem, schon gar nicht vom Parlament, abbringen lassen wollte.

Auch wenn der Prinz-Regent eine Mittellinie zwischen Altem und Neuem einzuschlagen gedachte, so wich er doch eindeutig von Friedrich Wilhelms altständischem und Manteuffels bürokratisch-absolutistischem Kurs ab. Glücklicherweise schien dies dem schwer kranken König nicht voll und ganz bewusst geworden zu sein. Nur ab und zu blitzte in ihm die Erkenntnis auf, dass in der Innenpolitik wie in der Außenpolitik schon vor seinem Tod sein System beerdigt wurde.

Napoleon III. versetzte 1859 der Friedensordnung von 1815 einen weiteren schweren Schlag. Der Kaiser der Franzosen, der in den Fußstapfen Napoleons I. seine Macht in Europa auszudehnen suchte, verband sich mit der italienischen Nationalbewegung, potenzierte Imperialismus mit Nationalismus. An der Seite Sardinien-Piemonts, der Einigungsmacht Italiens, führte er Krieg gegen Österreich, das immer noch über die Lombardei und Venetien gebot.

Deutsche Patrioten erwarteten vom preußischen Prinz-Regenten, dass er sich gegen Frankreich wenden, Österreich Bundeshilfe leisten und den Rhein am Po verteidigen müsse. Auf preußischen Antrag wurde das Heer des Deutschen Bundes in Marschbereitschaft gesetzt, in das Vorstadium der Mobilmachung, für deren Fall Wilhelm den Oberbefehl übernehmen wollte. Pochend auf sein Heer gedachte er den Frieden zwischen dem Erbfeind und dem Intimfeind zu vermitteln, Frankreich in die Schranken zu weisen und Österreich Zugeständnisse zugunsten Preußens abzuverlangen.

Wenn König Friedrich Wilhelm noch zu bestimmen gehabt hätte, hätte er sich lieber heute wie morgen gegen den neuen

Napoleon gewandt, wäre an die Seite Kaiser Franz Josephs getreten, in alter Bundesgenossenschaft mit Österreich, im Namen des Deutschen Bundes, zur Verteidigung des auf dem Wiener Kongress eingerichteten Gleichgewichtssystems, an dem er noch nach einem halben Jahrhundert festhielt. Seine Erzfeinde erblickte er in den Revolutionären, den französischen wie den italienischen, die seine konservative, für ihn die beste aller Welten, bedrohten.

Nicht nur altpreußische Konservative, auch Liberale und selbst die Sozialisten Engels und Marx, auch Militärs wie der Kriegsminister Bonin und der Generalstabschef Moltke plädierten für Österreich und gegen Frankreich. Otto von Bismarck, der Protagonist einer anti-österreichischen Politik, war nicht mehr Bundestagsgesandter in Frankfurt, sondern preußischer Gesandter in St. Peterburg, konnte General Gustav von Alvensleben, der im Militärkabinett des Prinz-Regenten saß, nur brieflich sein Begehren mitteilen: „Die gegenwärtige Lage hat wieder einmal das große Los für uns im Topf, falls wir den Krieg Österreichs mit Frankreich sich scharf einfressen lassen, und dann mit unsern ganzen Armeen nach Süden aufbrechen, die Grenzpfähle im Tornister mitnehmen und sie entweder am Bodensee oder da, wo das protestantische Bekenntnis aufhört vorzuwiegen, wieder einschlagen."

„Nur zu gebrauchen, wenn das Bajonett schrankenlos waltet", hatte Friedrich Wilhelm IV. 1848 neben den Namen Bismarck an den Rand einer Liste geschrieben, auf der Ministerkandidaten aufgeführt waren. Er musste es nicht mehr mit ansehen, dass 1862 mit dessen Berufung durch König Wilhelm I. zum preußischen Ministerpräsidenten und Minister der Auswärtigen Angelegenheiten eine Epoche von „Eisen und Blut" begann.

Aber er erlebte es noch, dass die Interessenpolitik des Prinz-Regenten, welche die Prinzipienpolitik des Königs abgelöst hatte, 1859 nicht das Ziel einer „bewaffneten Vermittlung" erreichte. Nach Österreichs Niederlagen bei Magenta und Solferino wollten weder der Sieger noch der Besiegte eine Vermittlungsgebühr entrichten. Napoleon III. und Franz Joseph I. schlossen am 11. Juni 1859 den Vorfrieden von Villafranca. Österreich verlor die Lombardei an Italien, Frankreich gewann von Sardinien-Piemont Savoyen und Nizza. Der Prinz-Regent, der inzwischen mobilisiert hatte, Anstalten zu einer Intervention traf, erreichte nicht den militärischen Primat im Deutschen Bund und die politische Parität mit Österreich.

Im Herbst 1859 erlitt Friedrich Wilhelm einen weiteren Schlaganfall. „Von diesem Anfall blieb noch weniger Lebenskraft übrig", berichtete Flügeladjutant Hohenlohe. „Die linke Seite des ganzen Körpers blieb gelähmt. Die wenigen Worte, die der König sprechen konnte, waren schwer zu verstehen." Nun war er auf den Rollstuhl angewiesen. „Je schwieriger und mühevoller die Pflege des Königs wurde, umso höher wuchs die Selbstverleugnung und Opferwilligkeit der Königin. Sie wollte gar nicht mehr von ihm weichen und fasste bei den niedrigsten Hilfsleistungen mit an."

Da der König nicht mehr transportfähig war, blieb der Hof im Winter 1859/60 in Sanssouci. Wochenlang sprach er kein einziges Wort, aber er verlangte, dass ihm eine Stunde am Tag vorgelesen wurde. Frühjahr, Sommer und Herbst verliefen einförmig und trostlos. Am 4. November 1860 verfiel er nach einem neuen Schlaganfall in Besinnungslosigkeit. „Es war geradezu entsetzlich", bemerkte Hohenlohe, „mit anzusehen, wie aus diesem Körper der Geist atomweise herausgezogen wurde."

Mit dem Jahr 1860 ging auch des Leben Friedrich Wilhelms zu Ende. Elisabeth sagte ihm, sie werde zum Jahresschluss das erste Mal das heilige Abendmahl ohne ihn einnehmen. Er nahm ihre Hand, drückte sie an sich, und Tränen rannen aus seinen geschlossenen Augenlidern hervor. Hofleute erinnerten sich, dass er beim Herrschaftsantritt 1840 gesagt hatte: „Ich gebe mir zwanzig Jahre und nicht mehr." An deren Vollendung fehlte ein halbes Jahr, als er bei Anbruch des 2. Januar 1861, kurz vor 3/4 1 Uhr, in Sanssouci starb.

Um den Verstorbenen waren die nächsten Angehörigen versammelt, der Bruder, der nun König Wilhelm I. war, seine Gemahlin, Königin Augusta, ihr Sohn Kronprinz Friedrich Wilhelm und Kronprinzessin Victoria, die ihrer Mutter, der Queen Victoria, schrieb: „Es war so berührend, auf die ruhige, friedvolle Gestalt zu blicken, die endlich nach allen ihren Leiden Ruhe gefunden hatte, heimgegangen endlich aus dieser Welt ... Hier war nichts Schreckliches oder Furchtbares – nur himmlische Ruhe und himmlischer Friede ... Ich fürchte den Tod nicht mehr, und wenn mich diese Empfindung wieder einmal überkommen sollte, will ich an den feierlichen und stärkenden Anblick denken und sicher sein, dass der Tod nur einen Übergang zum Besseren bedeutet."

Aufgebahrt wurde der tote König in Sanssouci im Schlaf- und Sterbezimmer Friedrichs des Großen, das Friedrich Wilhelm IV. als Vortragszimmer gedient hatte. „Die gefalteten Hände, die einen grünen Kranz und eine Palme hielten, schienen ein natürliches Symbol seiner aufrichtigen und treu auch im Leide bewährten Frömmigkeit", bemerkte der ihm nahe stehende Theologe und Legationsrat Heinrich Abeken. An der Rückwand des purpurnen Baldachin, über dem Haupte des Toten, war das Gemälde Correggios angebracht, auf dem die heilige Veronika dem kreuztragenden Christus das Schweißtuch reicht.

Testamentarisch hatte Friedrich Wilhelm IV. verfügt: „Mein Herz soll in ein verhältnismäßig großes Herz aus märkischem Granit gelegt und am Eingange der Gruft im Mausoleum zu Charlottenburg (folglich zu den Füßen meiner königlichen Eltern) in den Fußboden eingemauert und von ihm bedeckt werden. – Meine Ruhestätte soll die Friedenskirche sein."

Dorthin führte am 7. Januar 1861, unter den Klängen des Chorals „Was Gott tut, das ist wohlgetan", durch Schnee und Eis der Leichenzug. Der auf dem Paradesarg ungenügend befestigte Reichshelm drohte herabzustürzen. Zwei Flügeladjutanten mussten auf den Wagen steigen und ihn eine dreiviertel Stunde lang festhalten.

In der Friedenkirche, die er im Stil altchristlicher Basiliken hatte erbauen lassen, wurde er an den Stufen des Altars bestattet. Während der Hofprediger den Segen sprach, ließen die Salven der Geschütze die Fenster der Friedenskirche erzittern.

„Alle die mittelalterlichen Traditionen hören mit ihm auf", notierte Leopold von Gerlach, eine ganze Epoche habe geendet und ein anderes Preußen begonnen. Dieses schien er nicht mehr erleben zu wollen; nach der Beerdigung seines Königs erkrankte er und starb drei Tage danach, am 10. Januar 1861. Am 10. August dieses Jahres folgte ihm Friedrich Julius Stahl, der Friedrich Wilhelm nachgerufen hatte: Seine Regierung „war nicht von Glück getragen. Sie war der Lauf des christlichen Dulders. Sein Los war Anfeindung, Verkennung, Verleumdung, war Undank von allen Seiten." Auf Gründe dafür verwies der ihm persönlich nahe stehende, aber politisch kritisch gegenüber stehende Josias von Bunsen, der ihm am 28. November 1860 vorausgegangen war: Friedrich Wilhelm IV. habe nicht in der Sprache des 19. Jahrhunderts zu sprechen und nicht Anforderungen der Zeit zu entsprechen vermocht. „Der König wollte die Politik allein führen; er wollte Diktatur üben neben der Konstitution, und dabei doch als freisinniger, konstitutioneller Fürst angesehen werden."

„Daher diese kolossale Unzuverlässigkeit", resümierte Ernst Ludwig von Gerlach. „Der Lichtpunkt ist mir sein Festhalten des Glaubens an den lebendigen Gott". Dies gereichte dem Christenmenschen zur Ehre, aber dem Oberhaupt eines aus der Vergangenheit in die Zukunft drängenden Staates nicht zum Ruhme.

Zeittafel

1795	15. Oktober: Friedrich Wilhelm wird in Berlin als Sohn des späteren Königs Friedrich Wilhelm III. und der Königin Luise geboren.
1801	Ludwig Delbrück wird Erzieher des Kronprinzen.
1806	Nach der Niederlage bei Jena und Auerstädt flieht die Königsfamilie nach Ostpreußen.
1807	Friede von Tilsit: Preußen wird halbiert.
1810	Zurück in Berlin. Ancillon neuer Erzieher des Kronprinzen. Tod der Königin Luise.
1813	Friedrich Wilhelm zieht nach der Konfirmation in den Befreiungskrieg gegen Napoleon I. Völkerschlacht bei Leipzig.
1814	Der Kronprinz im Feldzug in Frankreich. In Paris und bei der Siegesfeier in London.
1815	Europäische Friedensordnung, Heilige Allianz und Deutscher Bund. Friedrich Wilhelm zum zweiten Mal in Paris und am Rhein.
1816	Karl Ludwig von Haller: „Restauration der Staatswissenschaft".
1820	Friedrich Wilhelm auf der von Metternich geleiteten Konferenz der Mächte in Troppau.
1823	Der Kronprinz von Preußen heiratet die bayerische Prinzessin Elisabeth.
1823/24	Provinzialstände in Preußen.
1828	Friedrich Wilhelm in Italien. Nach seinen Skizzen vollendet Schinkel den Charlottenhof im Park von Sanssouci.
1829	„Fest der Weißen Rose" in Potsdam.
1830	Julirevolution in Frankreich und Auswirkungen auf Europa.
1835	Friedrich Wilhelm und Elisabeth in Oberitalien.
1840	Nach dem Tode Friedrich Wilhelms III. wird Friedrich Wilhelm IV. König von Preußen. Huldigungen in Königsberg und Berlin.

1841	Bei Borsig in Berlin wird die erste Lokomotive gebaut.
1842	Beendigung des Kölner Kirchenstreites. Grundsteinlegung zum Weiterbau des Kölner Doms. Stiftung der Friedensklasse des Pour le mérite.
1843	Erneuerung des Schwanenordens. Bettina von Arnim: „Dies Buch gehört dem König".
1844	Die Fundamente zu dem vom König projektierten evangelischen Dom in Berlin werden gelegt. Der Weiterbau unterbleibt. Allgemeine Deutsche Gewerbe-Ausstellung in Berlin. Weberunruhen in Schlesien.
1845	Friedenskirche in Potsdam nach Vorgaben Friedrich Wilhelms im Stil altchristlicher Basiliken errichtet.
1847	Vereinigter Landtag in Berlin.
1848	Februarrevolution in Paris. Märzrevolution in Berlin. Deutsche Nationalversammlung in Frankfurt. Preußische Nationalversammlung in Berlin. Diese löst der König am 5. Dezember auf und oktroyiert eine Verfassung.
1849	Friedrich Wilhelm IV. lehnt die ihm vom Frankfurter Reichsparlament angetragene Erbkaiser-Würde ab. Ende des Frankfurter Reichsgründungs-Versuches. Einführung des Dreiklassen-Wahlrechtes in Preußen. Thronfolger Wilhelm schlägt mit preußischen Truppen die Aufstände in der Rheinpfalz und in Baden nieder.
1850	Friedrich Wilhelm IV. legt den Eid auf die revidierte Verfassung ab. Plan einer kleindeutschen Fürstenunion unter Führung Preußens. „Parlament der deutschen Union" in Erfurt. In der „Olmützer Punktation" verzichtet Preußen auf den Unionsplan und stimmt der Wiederherstellung des Deutschen Bundes zu.
1851	Beginn des Baus der Orangerie in Potsdam (vollendet 1860).
1854/56	Krimkrieg – Frankreich und England an der Seite der Türkei gegen Russland. Friedrich Wilhelm IV. bleibt neutral. Auseinandersetzung des Königs mit dem Thronfolger Wilhelm, der für einen Anschluss an die Westmächte wirbt.

1857	Der König von Preußen muss auf sein in der Schweiz gelegenes Fürstentum Neuenburg verzichten. Schlaganfall Friedrich Wilhelms. Thronfolger Wilhelm wird Stellvertreter des Monarchen.
1858	Thronfolger Wilhelm wird Prinz-Regent und verkündet die „Neue Ära". Friedrich Wilhelm ein letztes Mal in Italien.
1859	Krieg Frankreich und Sardinien-Piemonts gegen Österreich. Preußen greift nicht ein. Weitere Schlaganfälle Friedrich Wilhelms.
1860	Verschlimmerung des Zustandes des Königs.
1861	2. Januar: Friedrich Wilhelm stirbt in Sanssouci. Bestattet in der Friedenskirche zu Potsdam. Neben ihm ruht seit 1873 seine Gemahlin Elisabeth.

Bibliographie

Friedrich Wilhelm IV.

So sprach der König. Reden, Trinksprüche, Proclamationen, Botschaften, Kabinetts-Ordres, Erlasse usw. Friedrich Wilhelms IV., Königs von Preußen. Stuttgart 1861.

Ranke, Leopold von: Aus dem Briefwechsel Friedrich Wilhelms IV. mit Bunsen. Leipzig 1873. – Brandenburg, Erich: König Friedrich Wilhelm IV. Briefwechsel mit Ludolf Camphausen 1848-1850. Berlin 1906. – Johann Georg von Sachsen / Ermisch, Hubert: Briefwechsel zwischen König Johann von Sachsen und den Königen Friedrich Wilhelm IV. und Wilhelm I. von Preußen. Leipzig 1911. – Granier, Herman: Prinzenbriefe aus den Freiheitskriegen. Briefwechsel des Kronprinzen Friedrich Wilhelm und des Prinzen Wilhelm von Preußen mit dem Prinzen Friedrich von Oranien. Stuttgart und Berlin 1922. – Küntzel, Georg: Briefwechsel zwischen König Friedrich Wilhelm IV. und dem Reichsverweser Erzherzog Johann von Österreich 1848-1850. Frankfurt 1924. – Andreas, Willy: Der Briefwechsel König Friedrich Wilhelms IV. von Preußen und des Zaren Nikolaus I. von Russland in den Jahren 1848 bis 1850. Berlin 1930. – Schoeps, Hans-Joachim: Briefwechsel zwischen Ernst von Bodelschwingh und Friedrich Wilhelm IV. Berlin 1968. – Betthausen, Peter: Friedrich Wilhelm IV. von Preußen. Briefe aus Italien 1828. München und Berlin 2001. – Arnim, Bettina von: Friedrich Wilhelm IV. König von Preußen. „Die Welt umwälzen – denn darauf läufts hinaus." Der Briefwechsel zwischen Bettina von Arnim und Friedrich Wilhelm IV. Hrsg. von Ursula Püschel u.a. Berlin 2001.

Kroll, Frank-Lothar: Friedrich Wilhelm IV. Die Königin von Borneo. Ein Roman. Berlin 1997.

Ranke, Leopold von: Friedrich Wilhelm IV. In: Allgemeine Deutsche Biographie, Bd. 7. Leipzig 1877. – Petersdorff, Herman von: König Friedrich Wilhelm der Vierte. Stuttgart 1900.

– Lewalter, Ernst: Friedrich Wilhelm IV. Das Schicksal eines Geistes. Berlin 1938. – Büsch, Otto: Friedrich Wilhelm IV. in seiner Zeit. Berlin 1987. – Bußmann, Walter: Zwischen Preußen und Deutschland. Friedrich Wilhelm IV. Berlin 1990. – Kroll, Frank-Lothar: Friedrich Wilhelm IV. und das Staatsdenken der deutschen Romantik. Berlin 1990. – Rothkirch, Malve Gräfin: Der „Romantiker" auf dem Preußenthron. Porträt Friedrich Wilhelms IV. Düsseldorf 1990. Blasius, Dirk: Friedrich Wilhelm IV. 1795-1861. Psychopathologie und Geschichte. Göttingen 1992. – Barclay, David E.: Anarchie und guter Wille. Friedrich Wilhelm IV. und die preußische Monarchie. Berlin 1995. – Krüger, Peter / Schoeps, Julius H.: Der verkannte Monarch. Friedrich Wilhelm IV. in seiner Zeit. Potsdam 1997.

Reumont, Alfred von: Elisabeth. Königin von Preußen. Berlin 1874. – Bissing, Wilhelm Moritz von: Königin Elisabeth von Preußen. Berlin 1974. – Haller, Elfi M.: Königin Elisabeth. In: Bayern-Preußen. Preußen-Bayern. München 1982.

Stamm-Kuhlmann, Thomas: König in Preußens großer Zeit. Friedrich Wilhelm III. Berlin 1992. – Petersdorff, Herman von: Königin Luise. Bielefeld und Leipzig 1903. – Taack, Merete Van: Königin Luise. Tübingen 1978. – Wilhelm I.: Briefe, Reden und Schriften. Hrsg. von Ernst Berner. I. Band 1797-1860. Berlin 1906. – Herre, Franz: Kaiser Wilhelm I. Köln 1980. – Börner, Karl Heinz: Kaiser Wilhelm I. Köln 1984. – Herre, Franz: Kaiser Friedrich III. Stuttgart 1987. – Ders.: Kaiserin Friedrich. Stuttgart und Leipzig 2006. – Vehse, Eduard: Illustrierte Geschichte des Preußischen Hofes. Bd. 2: Von Friedrich Wilhelm II. bis zum Tode Kaiser Wilhelms I. Stuttgart 1901.

Friedrich Wilhelm IV. in seiner Zeit. Beiträge eines Colloquiums. Hrsg. von Otto Büsch, mit Beiträgen von David E. Barclay, Winfried Baumgart, Walter Bußmann, Helmut Engel, Günther Grünthal, Hans-Christof Kraus, Frank-Lothar Kroll, Günter Richter, Cornelius Steckner, Friedrich Vogel, Gerd-H. Zuchold. Berlin 1987.

Schuster, Georg (Hrsg.): Die Jugend des Königs Friedrich Wilhelm von Preußen und des Kaisers und Königs Wilhelm I. Tagebuchblätter ihres Erziehers Friedrich Delbrück (1800-1809). 3 Teile.

Berlin 1907. – Haake, Paul: Johann Peter Friedrich Ancillon und Kronprinz Friedrich Wilhelm IV. von Preußen. München 1920.

Wagener, Hermann: Die Politik Friedrich Wilhelms IV. Berlin 1883. – Kettig, Konrad: Friedrich Wilhelms IV. Stellung zu Frankreich bis zur Errichtung des 2. Französischen Kaiserreichs. Berlin 1937. – Rachfahl, Felix: Deutschland, König Friedrich Wilhelm IV. und die Berliner Märzrevolution. Halle 1901. – Jordan, Erich: Friedrich Wilhelm IV. und der preußische Adel bei Umwandlung der Ersten Kammer in das Herrenhaus. 1850-1854. Berlin 1909. – Rassow, Peter: Der Konflikt Friedrich Wilhelms IV. mit dem Prinzen von Preußen im Jahre 1854. Eine Staatskrise. Mainz und Wiesbaden 1961. – Reumont, Alfred von: Aus König Friedrich Wilhelms IV. gesunden und kranken Tagen. Leipzig 1885.

Schaper, Ewald: Die geistespolitischen Voraussetzungen der Kirchenpolitik Friedrich Wilhelms IV. von Preußen. Stuttgart 1938. – Schmidt-Clausen, Kurt: Vorweggenommene Einheit. Die Gründung des Bistums Jerusalem im Jahre 1841. Berlin und Hamburg 1965. – Schütz, Christiane: Preußen in Jerusalem 1800-1861. Karl Friedrich Schinkels Entwurf der Grabeskirche und die Jerusalem-Pläne Friedrich Wilhelms IV. Berlin 1988.

Dehio, Ludwig: Friedrich Wilhelm IV. von Preußen. Ein Baukünstler der Romantik. Berlin 1961. – Poensgen, Georg: Die Bauten Friedrich Wilhelms IV. in Potsdam. Berlin 1930. – Friedrich Wilhelm IV. Künstler und König. Preußische Schlösser und Gärten Berlin-Brandenburg. Ausstellungskatalog. Potsdam 1995. – Preußische Facetten: Rheinromantik und Antike. Landesamt für Denkmalpflege Rheinland-Pfalz. Ausstellungskatalog. Regensburg 2001. – Hasenclever, Catharina: Gotisches Mittelalter und Gottesgnadentum in den Zeichnungen Friedrich Wilhelms IV. Berlin 2005. – Johannsen, Rolf H.: Von Borneo nach Rom. Sanssouci und die Residenzprojekte Friedrich Wilhelms IV. Kiel 2006.

Zeitgenossen

Abeken: Abeken, Heinrich: Ein schlichtes Leben in bewegter Zeit. Berlin 1910.

Bismarck: Bismarck, Otto von: Gedanken und Erinnerungen. 3 Bde., Stuttgart und Berlin 1922. – Pflanze, Otto: Bismarck. 2 Bde., München 1997-1998. – Herre, Franz: Bismarck. Köln 1991. – Gall, Lothar: Bismarck. Berlin 1980.

Bunsen: Ruppel, Hans-Rudolf: Universeller Geist und guter Europäer. Christian Carl Josias von Bunsen 1791-1860. Korbach 1991. – Geldbach, Erich: Der gelehrte Diplomat. Zum Wirken Christian Carl Josias Bunsens. Leiden 1980. – Höcker, Wilma: Der Gesandte Bunsen als Vermittler zwischen Deutschland und England. Göttingen 1952.

Fouqué: Schmidt, Arno: Fouqué und einige seiner Zeitgenossen. Darmstadt 2/1960. – Bruyn, Günter de: Romantik in Harnisch. Frankfurt 1980. – Ders.: Ein märkischer Don Quijote. Berlin 1980. – Seibicke, Christa Elisabeth: Friedrich Baron de la Motte Fouqué. München 1985.

Franz Joseph I.: Herre, Franz: Kaiser Franz Joseph von Österreich. Köln 1978.

Gerlach, Ernst Ludwig: Von der Revolution zum Norddeutschen Bund. Politik und Ideengut der preußischen Hochkonservativen 1848-1866. Aus dem Nachlass von Ernst Ludwig von Gerlach. Hrsg. von Helmut Diwald. 2 Teile. Göttingen 1970. – Gerlach, Ernst Ludwig von: Aufzeichnungen aus seinem Leben und Wirken 1795-1877. 2 Bde. Schwerin 1903.

Gerlach, Leopold: Denkwürdigkeiten. 2 Bde. Berlin 1891-1892.

Hohenlohe-Ingelfingen: Prinz Kraft zu Hohenlohe-Ingelfingen: Aus meinem Leben. Bd. 1 und Bd. 2. Berlin 1897 und 1906.

Humboldt, Alexander: Alexander von Humboldt und das preußische Königshaus. Briefe aus den Jahren 1835-1857. Hrsg. von Conrad Müller. Leipzig 1928. – Beck, Hanno: Alexander von Humboldt. 2 Bde. Wiesbaden 1959-1961. – Scurla, Herbert: Alexander von Humboldt. Düsseldorf 1982.

Jacoby: Johann Jacoby Briefwechsel 1816-1849. Hrsg. von

Edmund Silberner. Hannover 1974. – Silberner, Edmund: Johann Jacoby. Bonn-Bad Godesberg 1976.

Ludwig I.: Gollwitzer, Heinz: Ludwig I. von Bayern. München 1986. – Herre, Franz: Ludwig I. Stuttgart und Leipzig 2005.

Manteuffel: Unter Friedrich Wilhelm IV. Denkwürdigkeiten Otto von Manteuffels. Hrsg. von H. von Poschinger. 3 Bde. Berlin 1901.

Metternich: Bertier de Sauvigny, Guillaume de: Metternich. Gernsbach 1988. – Herre, Franz: Metternich. Köln 1983.

Napoleon I.: Tulard, Jean: Napoleon oder der Mythos des Retters. Tübingen 1978. – Herre, Franz: Napoleon Bonaparte. München 1988. Neuausgabe Regensburg 2003.

Napoleon III.: Herre, Franz: Napoleon III. München 1990. – Ders.: Eugenie. Kaiserin der Franzosen. Stuttgart und München 2000.

Niebuhr: Witte, Barthold C.: Der preußische Tacitus. Barthold Georg Niebuhr. Düsseldorf 1979.

Persius: Das Tagebuch des Architekten Friedrich Wilhelms IV. 1840-1845. Hrsg. von Eva Börsch-Supan. München 1980. – Bohle-Heintzenberg, Sabine / Hamm, Manfred: Ludwig Persius. Berlin 1993. – Ludwig Persius – Architekt des Königs. Stiftung Preußische Schlösser und Gärten Berlin-Brandenburg. Ausstellungskatalog. Regensburg 2003.

Radowitz: Josef von Radowitz. Nachgelassene Papiere und Aufzeichnungen zur Geschichte der Jahre 1848-1853. Hrsg. von Walter Möring. Osnabrück 1967. Neudruck der Ausgabe 1922. – Meineke, Friedrich: Radowitz und die deutsche Revolution. Berlin 1913.

Schinkel: Grisebach, August: Carl Friedrich Schinkel. München und Zürich 1981. – Ohff, Heinz: Karl Friedrich Schinkel. Berlin 1981. – Karl Friedrich Schinkel 1781-1841. Staatliche Museen. Ausstellungskatalog. Berlin 1981. – Bergdoll, Berry: Karl Friedrich Schinkel. München 1994.

Stahl: Volz, Otto: Christentum und Positivismus. Die Grundlagen der Rechts- und Staatsauffassung Friedrich Julius Stahls. Tübingen 1951. – Grosser, Dieter: Grundlagen und Struktur der Staatslehre Friedrich Julius Stahls. Köln und Opladen 1963. –

Füssl, Wilhelm: Professor in der Politik. Friedrich Julius Stahl. Göttingen 1988.

Stein: Ritter, Gerhard: Freiherr vom Stein. 2 Bde. Stuttgart 1931. – Herre, Franz: Freiherr vom Stein. Köln 1973.

Stolberg-Wernigerode: Stolberg-Wernigerode, Otto Graf zu: Anton Graf zu Stolberg-Wernigerorde. Ein Freund und Ratgeber Friedrich Wilhelms IV. München und Berlin 1926.

Stüler: Börsch-Supan, Eva / Müller-Stüler, Dietrich: Friedrich August Stüler. 1800-1865. München und Berlin 1997.

Varnhagen von Ense: Varnhagen von Ense, Karl August: Werke in fünf Bänden. Hrsg. von Konrad Feilchenfeldt. Frankfurt 1987 ff. – Varnhagen von Ense, Karl August: Tagebücher. Bde. 1-15. Berlin 1861 ff. Neudruck Berlin 1972.

Allgemeine Geschichte

Treitschke, Heinrich von: Deutsche Geschichte im 19. Jahrhundert. 5 Bde. Leipzig 1928. – Schnabel, Franz: Deutsche Geschichte im 19. Jahrhundert. 4 Bde. Freiburg 1947-1951. – Nipperdey, Thomas: Deutsche Geschichte 1800-1866. München 1983. – Huber, Ernst Rudolf: Deutsche Verfassungsgeschichte seit 1789. Bde. 1, 2, 3. Stuttgart 1957-1963. – Wehler, Hans-Ulrich: Deutsche Gesellschaftsgeschichte. Bde. 1 und 2. München 1987. – Handbuch der deutschen Wirtschafts- und Sozialgeschichte. Bd. 2: Das 19. und 20. Jahrhundert. Hrsg. von Wolfgang Zorn. Stuttgart 1976.

Heinrich, Gerd: Geschichte Preußens. Frankfurt, Berlin und Wien 1981. – Preußen. Zur Sozialgeschichte eines Staates. Eine Darstellung in Quellen. Bearbeitet von Peter Brandt. Reinbek bei Hamburg 1986. – Ribbe, Wolfgang (Hrsg.): Geschichte Berlins. 2 Bde. München 1987. – Streckfuss, Adolf: 500 Jahre Berliner Geschichte. Bde. 1 und 2. Berlin 1878-1879.

Valentin, Veit: Geschichte der deutschen Revolution von 1848-1849. 2 Bde. Berlin 1930-1931. Neuausgabe Köln 1970. – Klein,

Tim (Hrsg.): 1848. Erinnerungen, Urkunden, Berichte, Briefe. Ebenhausen und Leipzig 1914. – Jensen, Hans (Hrsg.): Die Deutsche Revolution von 1848/49 in Augenzeugenberichten. Düsseldorf 1968. – Herre, Franz: Nation ohne Staat. Die Entstehung der deutschen Frage. Köln und Berlin 1967.

Botzenhart, Manfred: Deutscher Parlamentarismus in der Revolutionszeit 1848-1850. Düsseldorf 1977. – Obenaus, Herbert: Anfänge des Parlamentarismus in Preußen bis 1848. Düsseldorf 1984. – Grünthal, Günther: Parlamentarismus in Preußen 1848/49-1857/58. Düsseldorf 1982. – Behnen, Michael: Das Preußische Wochenblatt (1851-1861). Göttingen 1971.

Schoeps, Hans-Joachim: Das andere Preußen. Stuttgart 1952. – Schoeps, Julius H.: Von Olmütz nach Dresden 1850/51. Köln und Berlin 1972.

Borries, Kurt: Preußen im Krimkrieg. Stuttgart 1930. – Baumgart, Winfried: Österreich und Preußen im Krimkrieg 1853-1856. Köln und Wien 1983. – Ders.: Der Friede von Paris 1856. München und Wien 1972. – Bonjour, Edgar: Der Neuenburger Konflikt 1856/57. Basel und Stuttgart 1927.

Meisner, Heinrich Otto: Die Lehre vom monarchischen Prinzip im Zeitalter der Restauration und des Deutschen Bundes. Breslau 1913. – Reiss, Hans: Politisches Denken in der deutschen Romantik. Bern und München 1966. – Scheuner, Ulrich: Der Beitrag der deutschen Romantik zur politischen Theorie. Opladen 1980. – Günzel, Klaus: Die deutschen Romantiker. 125 Lebensläufe. Zürich 1995.

Klein, Adolf: Der Dom zu Köln. Köln 1980. – Rathke, Ursula: Preußische Burgenromantik am Rhein. München 1979. – Schumann, Carl Wolfgang: Der Berliner Dom im 19. Jahrhundert. Berlin 1980. – Börsch-Supan, Eva: Berliner Baukunst nach Schinkel. 1840-1870. München 1977. – Mielke, Friedrich: Potsdamer Baukunst. Das klassische Potsdam. Frankfurt, Berlin und Wien 1981. – Eckardt, Götz: Die Orangerie im Park von Sanssouci. Potsdam 1976. – Badstübner-Gröger, Sibylle: Die Friedenskirche zu Potsdam. Berlin 1986.

Personenregister

Abdülmecid I., Sultan des
Osmanischen Reiches 151

Abeken, Heinrich, Theologe 175

Albert von Sachsen-Coburg und
Gotha, Prinzgemahl 171

Albrecht, Prinz von Preußen 10

Alexander I., Zar von Russland
16, 25-28, 30, 35, 40 f.

Alexander II., Zar von Russland 157

Alexandrine von Preußen, Großherzo-
gin von Mecklenburg-Schwerin 10

Alexis, Willibald, eigentlich Georg
Wilhelm Heinrich Häring, Dichter
89

Alvensleben, Gustav von, General
173

Amalie Auguste von Bayern, Königin
von Sachsen 165

Ancillon, Jean Pierre François,
Staatsmann und Prinzenerzieher
19 f., 34, 48, 61, 177

Arago, François, Physiker 87 f.

Argelander, Kaufmann in Memel 16

Arndt, Ernst Moritz, Dichter und
Historiker 64

Arnim, Bettina von, Schriftstellerin
61, 95-97, 178

Arnim-Boitzenburg, Adolf Graf
Heinrich von, Staatsmann 93

Auerswald, Rudolf von, Staatsmann
118, 120, 171

Augusta von Sachsen-Weimar-
Eisenach, Köngin von Preußen,
deutsche Kaiserin 154, 156, 174

Basedow, Johann Bernhard, Pädagoge
12

Becker, Nikolaus, Dichter 74

Beckerath, Hermann von, Bankier
und Politiker 107

Bethmann-Hollweg, Moritz August
von, Jurist und Politiker 143, 171

Bismarck, Otto von, Staatsmann
7, 65, 86, 108, 115, 134, 138, 151,
173

Blücher, Gerhard Leberecht von,
Feldmarschall 32

Bodelschwingh, Ernst von,
Staatsmann 92, 109, 111, 113

Böger, Leibarzt 167

Boisserée, Melchior, Schriftsteller und
Kunstsammler 30

Boisserée, Sulpiz, Architekt und
Kunstsammler 30

Bonin, Eduard von, General und
Staatsmann 153-155, 171, 173

Borsig, Albert, Unternehmer 94

Borsig, August, Unternehmer 92

Borstell, Karl Heinrich von, General
31

Boyen, Hermann Ludwig von, General und Staatsmann 64

Brandenburg, Erich, Historiker 114

Brandenburg, Friedrich Wilhelm Graf
von, General und Staatsmann
121, 137

Brentano, Clemens, Schriftsteller 61

Brühl, Friedrich Wilhelm Graf von,
Diplomat 77

Bunsen, Christian Karl Josias von, Diplomat 49-51, 54, 75, 79 f., 90, 107, 110, 116, 124, 127 f., 130, 140, 151, 153 f., 176

Camphausen, Ludolf, Unternehmer und Politiker 93, 107, 116-118, 120

Charlotte von Preußen, als Alexandra Feodorowna Zarin von Russland 10, 26 f., 44, 55, 58, 63, 73, 120, 131, 157, 164

Clausewitz, Carl von, General 20 f.

Cornelius, Peter, Maler und Zeichner 90

Cosentius, Kaufmann in Memel 16

Dahlmann, Friedrich Christoph, Historiker 64

Dam, Polizeileutnant 147

de la Motte Fouqué, Friedrich Freiherr, Dichter 23-25, 28, 55

Delbrück, Friedrich, Prinzenerzieher 12, 15-19, 21, 177

Diericke, Otto Friedrich von, General, Obergouverneur 18

Droste-Vischering, Clemens August zu, Erzbischof 76 f.

Dunin-Sulgutowski, Martin von, Erzbischof 76 f.

Eichendorff, Joseph von, Dichter und Regierungsrat 67, 78

Eichhorn, Johann Albrecht Friedrich, Staatsmann 81

Elisabeth Ludowika von Bayern, Königin von Preußen 42 f., 45-47, 49 f., 59, 63, 78, 87, 101, 113, 148, 165-168, 174, 177 f.

Engels, Friedrich, Politiker und Philosoph 173

Ernst August, König von Hannover 64, 128

Ernst II., Herzog von Sachsen-Coburg und Gotha 156

Eylert, Rulemann Friedrich, Hofprediger und Bischof 45 f.

Ferdinand I., Kaiser von Österreich 127

Fliedner, Theodor, Pfarrer 97

Fontaine, Pierre François Léonard, Architekt 29

Franz I., Kaiser von Österreich 26 f., 35, 40

Franz Joseph I., Kaiser von Österreich, König von Ungarn 137 f., 141, 152, 165, 173

Friederike Luise von Hessen-Darmstadt, Königin von Preußen 9

Friedrich II., Kurfürst von Brandenburg 82

Friedrich II., der Große, König von Preußen 9, 13, 31, 52, 72, 84 f., 87, 90, 131 f., 149, 175

Friedrich III., deutscher Kaiser, König von Preußen 174

Friedrich, Prinz der Niederlande 10, 32

Friedrich Wilhelm I., König in Preußen 109

Friedrich Wilhelm II., König von Preußen 9, 121

Friedrich Wilhelm III., König von Preußen 7 f., 10-17, 19, 21 f., 24-33, 35, 37, 40, 42-45, 48, 56-58,

189

61, 63, 66 f., 72, 86, 91, 104 f., 107, 177

Friedrich Wilhelm, Kurfürst von Hessen 136

Fry, Elisabeth, Sozialreformerin 98

Gagern, Heinrich von, Politiker 126 f.

Gaudy, Friedrich Wilhelm von, Oberst, Prinzenerzieher 18

Geißel, Johannes von, Erzbischof 77

Gentz, Friedrich von, Philosoph und Staatsmann 37

Gerlach, Ernst Ludwig von, Jurist und Politiker 65 f., 72, 75, 82, 118, 122, 134, 140, 149, 161 f., 176

Gerlach, Leopold von, General und Politiker 65 f., 72, 75, 87, 118, 140, 144, 148 f., 157, 165-167, 169, 175 f.

Gerlach, Otto von, Theologe 75

Gerson, Hermann, Kaufmann 139

Gilly, David, Oberbaurat 11

Gneisenau, August Neidhart von, Feldmarschall 18, 33

Goethe, Johann Wolfgang von, Dichter und Staatsmann 15, 17

Görres, Joseph von, Publizist 77

Gregor XVI., Papst 76 f.

Grimm, Hermann, Kunsthistoriker 52

Grimm, Jakob, Gemanist 88

Grimm, Wilhelm, Germanist 64

Gröben, Karl von der, General 48, 147, 164

Hadrian VI., Papst 8

Haller, Karl Ludwig von, Staatsrechtler 36-39, 60, 65, 177

Hansemann, David, Unternehmer und Politiker 93, 107

Hardenberg, Karl August von, Staatsmann 18, 38

Harkort, Friedrich, Unternehmer und Politiker 93, 99

Hausrath, Adolf, Theologe 83

Hegel, Georg Wilhelm Friedrich, Philosoph 60, 88

Heine, Heinrich, Dichter 8, 85, 89, 96

Herder, Johann Gottfried, Dichter und Philosoph 14

Herwegh, Georg, Dichter 89

Hinckeldey, Karl Ludwig Friedrich von, Polizeipräsident 143 f., 146-148

Hohenlohe-Ingelfingen, Prinz Adolf Karl zu, General und Politiker 148

Hohenlohe-Ingelfingen, Prinz Kraft zu, General, Flügeladjutant 133, 163, 165, 167, 169, 174

Hohenzollern, Karl Anton Fürst von, Staatsmann 171

Huber, Viktor Aimé, Sozialreformer 98

Hufeland, Christoph Wilhelm, Arzt 47

Humboldt, Alexander von, Naturforscher 61, 63, 72, 83, 87 f., 91, 107, 116

Humboldt, Wilhelm von, Staatsmann 145

Jacoby, Johann, Arzt und Politiker 70 f.

Jahn, Friedrich Ludwig, „Turnvater" 64

Jarcke, Karl Ernst, Jurist 63

Jean Paul, Dichter 12

Jérome Napoléon, König von Westphalen, Marschall 164

Johann, Erzherzog von Österreich,
Reichsverweser 125

Johann, König von Sachsen 165

Joséphine de Beauharnais, Kaiserin
der Franzosen 29

Kant, Immanuel, Philosoph 17 f.,
67, 90

Karl II., Herzog, dann Großherzog
von Mecklenburg-Strelitz 22

Karl Theodor, Prinz von Bayern 46

Karl X., König von Frankreich 56,
110

Karl, Prinz von Preußen 10, 32

Karoline von Baden, Königin von
Bayern 42 f., 45 f.

Krausnick, Heinrich Wilhelm,
Berliner Oberbürgermeister 69

Krüger, Franz, Maler 86

Ladendorf, August, Journalist 144

Lafontaine, August, Feldprediger 12

Langhans, Karl Gotthard, Architekt
51

Leopold I., König der Belgier 56 f.

Lessing, Gotthold Ephraim, Dichter
8, 90

Louis Charles, Dauphin (= Ludwig
XVII.) 28, 32

Louis Ferdinand, Prinz von Preußen
10

Louis Philippe, König der Franzosen
56 f., 63, 110

Ludwig I., König von Bayern 42, 45,
48, 74 f., 77 f., 90, 151, 168

Ludwig XVI., König von Frankreich
28, 71, 95, 105, 110, 112

Luise von Mecklenburg-Strelitz,
Königin von Preußen 9-13,
15-17, 19, 21 f., 27, 29, 90, 177

Luise von Preußen, Prinzessin der
Niederlande 10

Manteuffel, Otto von, Staatsmann
137 f., 141-144, 158, 167, 171 f.

Maria von Sachsen-Weimar, Prinzessin von Preußen 10

Marianne der Niederlande, Prinzessin
von Preußen 10

Marie von Hessen-Darmstadt, als
Maria Alexandrowna Zarin von
Russland 157

Marx, Karl, Politiker und Philosoph
173

Massow, Ludwig von, Hofmarschall
48

Maximilian I. Joseph, König von
Bayern 42 f., 45

Maximilian II., König von Bayern
133

Mendelssohn-Bartholdy, Felix, Komponist 80, 89

Menzel, Wolfgang, Literaturhistoriker
115

Metternich, Klemens Wenzel Lothar
Fürst, Staatsmann 34 f., 39-41, 56
f., 78, 88, 94, 103 f., 111, 150,
152, 177

Mevissen, Gustav von, Unternehmer
und Politiker 93, 99, 107

Meyendorff, Peter von, Diplomat 138

Meysenburg, Wilhelm Rivalier, Diplomat 161

Mirabeau, Gabriel de Riqueti, comte de, Politiker 85, 95

Moltke, Hellmuth von, Feldmarschall 173

Müller, Adam Heinrich, Staatsphilosoph 36

Napoleon I., Kaiser der Franzosen 14, 16, 19, 23-26, 28, 31 f., 34 f., 58, 65, 74, 125, 150, 157, 161, 164, 172, 177

Napoleon III., Kaiser der Franzosen 150, 152, 161, 163-164, 172 f.

Niebuhr, Barthold Georg, Historiker und Staatsmann 31-33, 48, 50

Niebuhr, Marcus Carsten, Kabinettsrat 87, 140, 144, ,157

Nikolaus I., Zar von Russland 10, 55-57, 104, 136 f., 141, 150-152, 157

Novalis, Dichter 23

Otto I., König von Griechenland 151

Oudinot, Charles-Nicolat, Marschall 24

Patow, Erasmus Robert von, Staatsmann 171

Paul Friedrich, Großherzog von Mecklenburg-Schwerin 10

Persius, Ludwig, Architekt 54

Perugino, Maler 49

Peter III., Zar von Russland 17

Pfuel, Ernst von, General und Staatsmann 120

Pourtalès-Steiger, Karl Friedrich von, Offizier 162

Prutz, Robert, Dichter 83

Radowitz, Josef Maria von, General und Staatsmann 65, 131 f., 134, 137, 142

Raffael da Urbino, Maler 49

Ranke, Leopold von, Historiker 8, 61, 88, 166

Rauch, Christian Daniel, Bildhauer 48, 90

Raumer, Friedrich von, Historiker 39, 88

Raumer, Karl Otto von, Staatsmann 145, 166

Reiche, Ludwig von, Offizier 31

Reichensperger, August, Jurist und Politiker 79

Rochow, Karoline von, Hofdame 13

Rochow-Plessow, Hans von, Offizier und Gutsbesitzer 147 f.

Roon, Albrecht von, General und Staatsmann 156

Rossini, Gioacchino, Komponist 88

Rumohr, Karl Friedrich von, Kunsthistoriker 49

Rust, Johann Nepomuk, Leibarzt 48

Sack, Friedrich Samuel Gottfried, Oberhofprediger 25

Savigny, Friedrich Karl von, Jurist 60, 64 f., 82

Schadow, Johann Gottfried, Bildhauer 9 f., 88, 90

Schadow, Wilhelm von, Maler 90

Scharnhorst, Gerhard von, Feldmarschall 18

Schelling, Friedrich Wilhelm Joseph, Philosoph 60, 88

Schenkendorf, Max von, Dichter 24

Schinkel, Karl Friedrich, Architekt
und Maler 51-54, 79, 91

Schleiermacher, Friedrich, Theologe
37, 80

Schleinitz, Alexander von, Staatsmann
171

Schneckenburger, Max, Dichter 74

Schön, Heinrich Theodor von, Staatsmann 67, 71, 116

Schönlein, Johann Lukas, Arzt
89, 165, 167

Schwarzenberg, Felix Fürst zu, Staatsmann und General 137 f.

Schwarzenberg, Karl Philipp Fürst zu,
Feldmarschall 28

Sefeloge, Max, Attentäter 136

Sieyès, Emmanuel Joseph, Abbé 71

Simon, Heinrich, Politiker 106

Simons, Ludwig, Staatsminister 167

Simson, Eduard, Politiker 134

Stahl, Friedrich Ludwig, Staatsphilosoph 59 f., 83, 134, 140, 145, 176

Stein, Heinrich Friedrich Karl Reichs-
freiherr vom und zum, Staatsmann
10 f., 19, 21, 38

Stieber, Wilhelm, Polizeidirektor
143 f.

Stolberg-Wernigerode, Graf Anton zu,
Staatsmann 64

Strauß, David Friedrich, Philosoph
und Theologe 7

Stüler, Friedrich August, Architekt
54, 79, 90 f., 139

Thiersch, Friedrich, Erzieher und
Altphilologe 42

Thile, Ludwig Gustav von, General
und Staatsmann 64

Thorwaldsen, Bertel, Bildhauer 88

Tieck, Ludwig, Dichter 88 f.

Treitschke, Heinrich von, Historiker
7, 47, 50, 55, 77

Tschech, Heinrich Ludwig, Attentäter
101 f.

Tzschoppe, Gustav Adolf von,
Geheimer Rat 64

Ungern-Sternberg, Alexander Freiherr
von, Schriftsteller 103

Varnhagen von Ense, Karl August,
Diplomat und Schriftsteller
64, 69, 87, 95, 148

Victoria von Großbritannien, deutsche Kaiserin, Königin von Preußen
174

Victoria, Königin von Großbritannien
und Irland 76, 109 f., 154, 156,
163, 174

Vincke, Georg von, Beamter und
Politiker 107

Voß, Sophie Marie Gräfin von, Oberhofmeisterin 9, 11, 15, 30

Waldeck, Benedikt Franz, Politiker
144

Waldersee, Friedrich Graf von, General und Staatsmann 154

Wellington, Arthur Wellesley, Herzog
von, Feldmarschall und Staatsmann
32

Westphalen, Ferdinand Freiherr von,
Staatsmann 143, 148, 166 f.

Wichern, Johann Heinrich, Theologe
97 f.

Wilhelm I., König von Preußen und
  Deutscher Kaiser   10 f., 21, 27, 29,
  58, 72 f., 82, 85, 104, 106 f., 111
  f., 114, 118, 130 f., 133, 147 f.,
  151, 153-156, 159, 162, 166, 168,
  171-174, 178 f.
Wilhelm II., deutscher Kaiser, König
  von Preußen   160
Wilhelm I., König von Württemberg
  133
Winckelmann, Johann Joachim,
  Archäologe   90
Wittgenstein, Wilhelm Fürst zu
  Sayn-W.-Hohenstein, Staatsmann
  64, 72
Wolzogen, Ludwig von, Offizier   31
Wrangel, Friedrich Graf von, Feld-
  marschall   120, 122
Yorck von Wartenburg, Ludwig Graf,
  Feldmarschall   94

Bildnachweis

AKG Images, Berlin: Umschlag, 5a, 6, 8, 9, 11

Bildarchiv der Österreichischen Nationalbibliothek, Wien: 1, 2a,
2b, 3, 4, 7a, 12

Bildarchiv Preußischer Kulturbesitz, Berlin: 7b, 10a, 10b

Werner Meier, Gernsbach: 5b

Casimir Katz Verlag · Gernsbach

Jörg-Peter Findeisen

Axel Oxenstierna

Architekt der schwedischen Großmacht-Ära
und Sieger des Dreißigjährigen Krieges

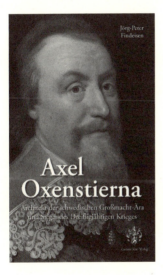

2007, 500 Seiten
Farb- und S/W-Abbildungen,
Register, gebunden
ISBN: 978-3-938047-24-8

„Bet', Kindlein, bet'
Morgen kommt der Schwed'
Morgen kommt der Oxenstern
Der wird den Kindern beten
lehrn"

Volkslied

 Casimir Katz Verlag
Bleichstr. 20-22 · D-76593 Gernsbach
Tel. 07224/9397-151 · Fax 07224/9397-905
http://www.casimir-katz-verlag.de

Casimir Katz Verlag · Gernsbach

Heinz Rieder

Napoleon III
Abenteurer und Imperator

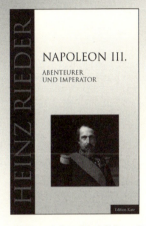

2006, 368 S., Abbildungen,
Register, broschiert
ISBN 3-938047-16-X

Kein anderes Staatsoberhaupt des 19. Jahrhunderts dürfte ein derartig vielfältiges Maskenspiel betrieben haben wie Louis Napoleon Bonaparte. Der durch ein Plebiszit zum Kaiser der Franzosen gewählte Napoleon III. wollte alles das sein, was sein Onkel Napoleon I. gewesen war. Er hatte allerdings weder die Anlagen noch die Fähigkeiten des genialen Vorbildes. Seine Qualitäten lagen anderswo. Mit seinem diplomatischen Geschick und seinem modernen europäischen Bewusstsein hat er nicht nur Frankreich zur tonangebenden Macht in Europa gemacht, sondern auch – direkt und indirekt – den italienischen und deutschen Einheitsstaat geschaffen. Heinz Rieder vermittelt ein lebendiges Bild dieses Staatsmannes, der Frankreich in eine glänzende Zukunft zu führen versprach, sich schwärmerisch in politische und private Abenteuer verstrickte und schließlich Bismarck unterlag.

Casimir Katz Verlag
Bleichstr. 20-22 · D-76593 Gernsbach
Tel. 07224/9397-151 · Fax 07224/9397-905
http://www.casimir-katz-verlag.de